资本与债务陷阱

——向全球危机中的合作社学习

逍遥（Claudia Sanchez Bajo）
罗兰滋（Bruno Roelants） 著

中华全国供销合作总社国际交流促进中心 译

中国商业出版社

图书在版编目（CIP）数据

资本与债务陷阱 /逍遥（Claudia SANCHEZ BAJO）、罗兰滋（Bruno ROELANTS）著．中华全国供销合作总社国际交流促进中心译．—北京：中国商业出版社，2014. 10

ISBN 978 - 7 - 5044 - 7857 - 3

Ⅰ. ①资…　Ⅱ. ①逍…　②罗　Ⅲ. ①金融危机 - 研究 - 世界　Ⅳ. ①F831 - 59

中国版本图书馆 CIP 数据核字（2014）第 018758 号

责任编辑：刘洪涛

中国商业出版社出版发行
010 - 63180647　www. c - cbook. com
（100053　北京广安门内报国寺 1 号）
新华书店总店北京发行所经销
北京军迪印务有限责任公司印刷

*　*　*　*

700 × 1000 毫米　16 开　18 印张　320 千字
2014 年 10 月第 1 版　2014 年 10 月第 1 次印刷
定价：56. 00 元

*　*　*　*

（如有印装质量问题可更换）

First published 2011 by
PALGRAVE MACMILLAN

Palgrave Macmillan in the UK is an imprint of Macmillan Publishers Limited, registered in England, company number 785998, of Houndmills, Basingstoke, Hampshire RG21 6XS.

Palgrave Macmillan in the US is a division of St Martin's Press LLC, 175 Fifth Avenue, New York, NY 10010.

Palgrave Macmillan is the global academic imprint of the above companies and has companies and representatives throughout the world.

Palgrave® and Macmillan® are registered trademarks in the United States, the United Kingdom, Europe and other countries.

ISBN 978-0-230-25238-7

This book is printed on paper suitable for recycling and made from fully managed and sustained forest sources. Logging, pulping and manufacturing processes are expected to conform to the environmental regulations of the country of origin.

A catalogue record for this book is available from the British Library.

Library of Congress Cataloging-in-Publication Data
Sanchez Bajo, Claudia B.
Capital and the debt trap: learning from cooperatives in the global crisis/Claudia Sanchez Bajo, Bruno Roelants.
p. cm.
Includes index.
Summary: "The financial crisis is destroying wealth but is also a remarkable opportunity to uncover the ways by which debt can be used to regulate the economic system. This book uses four case studies of cooperatives to give an in-depth analysis on how they have braved the crisis and continued to generate wealth"— Provided by publisher.
ISBN 978-0-230-25238-7 (hardback)
1. Cooperative societies—Finance—Case studies. 2. Debts, External—Case studies. I. Roelants, Bruno, 1954– II. Title.
HG4027.4.S26 2011
334—dc22 2011011735

10 9 8 7 6 5 4 3 2 1
20 19 18 17 16 15 14 13 12 11

Printed and bound in Great Britain by
CPI Antony Rowe, Chippenham and Eastbourne

目　录

译者序

时光荏苒，岁月如梭，从最开始接到翻译任务，到《资本与债务陷阱》一书付梓出版，一路走来，披荆斩棘，虽然辛苦，但感觉收获更多。

目前，中国市场上关于国内合作社发展的书籍不难发现，但介绍国外合作社情况的图书却寥寥无几。对于渴望学习国外合作社发展经验，探索自己发展道路的中国合作社来讲，这本书无异于雪中送炭。因此，中华全国供销合作总社国际交流促进中心决定将这本书引入国内，希望这本书能够启迪国人的思维，为中国合作社的发展提供借鉴。作者在书中详细讲述了墨西哥、法国、加拿大和西班牙四个国家的不同类型、不同规模的合作社案例，追溯它们的发展历程和重大历史事件，介绍它们的发展战略和经验，并生动刻画了合作社人踏实上进、勇于探索、服务社员、回报社会的形象。作者在书中既深入分析了金融危机爆发的根源，阐释经济如何陷入“债务陷阱”，又从企业的组织结构出发，回顾了企业所有权与控制权背后的股权与债务之争，从现代企业管理的角度揭示了合作社在经济危机优异表现的制度根源，对我们认识合作社的发展提供了全新的思维视角。

本书的成功翻译出版离不开领导的关怀与支持。国际合作社联盟副主席、国际合作社联盟亚太地区主席、中华全国供销合作总社理事会副主任李春生获悉本书的信息后，指示有关部门要全力支持本书的翻译出版工作，并多次询问工作的进展情况。北京商业管理干部学院院长、中华全国供销合作总社交流促进中心主任杨谦抽出时间为本书作序。北京商业管理干部学院副院长、中华全国供销合作总社交流促进中心副主任刘孝好多次就合作社理论和国内合作社发展现状对翻译人员提供指导。此外还有很多同事无私地为翻译校对工作提供了帮助。在此，全体翻译校对人员对领导和同事的关心和帮助表示衷心的感谢。

再次衷心感谢《资本与债务陷阱》的两位作者逍遥（Claudia Sanchez Bajo）、罗兰滋（Bruno Roelants），以及中国社会科学院经济研究所研究员唐宗焜，他们对本书的翻译出版工作提出了很多良好的建议并给予了极大的帮助。

本书的翻译校对人员有：吴萍（第四章和第六章）、陈斐（第一章和第二章）、龚丽娜（第五章、第八章和第九章）、胡旭东（第三章和第七章）。

本书是近年来很少有的一本反映金融危机环境中合作社价值的著作，得到了国际合作社联盟的倾情推荐。作者文笔非常生动，用词十分考究，且对中文也有极高的造诣，这让整个翻译团队一直诚惶诚恐。由于译者的知识和翻译水平有限，译稿难免存在一些疏误，欢迎读者批评指正。

2014 年 6 月于北京

序　一

合作社作为一种经济组织存在的历史已经长达两个多世纪。如今，它已被所有主流文化所接纳并广泛存在于各个国家。据联合国估计，合作社帮助整个世界近二分之一的人口满足其一种以上的重要需求。参与合作社的人都热衷于一些比较繁复的讨论，这些讨论往往是关于其潜在的经济贡献、基本价值和原则、经营方式和其独特品质。恰恰由于这些讨论，以及合作社模式的多样性和环境的复杂性，使大多数人对合作社的概念不清晰。

事实上，合作社和合作社运动并未获得应有的利益和尊重。它们很少在公众场合被人提及，甚至在一些它们有可能发挥作用的议题上也很少拥有话语权。在大多数学术界，包括合作社对其做出过显著贡献那些国家的学术界，合作社也几乎完全被忽略。虽然政府常常在不同的时间、地点和情景下意识到合作社的重要作用，但在公共政策的制定上却显著低估了合作社。合作社经常受到资本主义企业的簇拥者和专家的质疑、无知的批评，甚至更为严重——被边缘化和贬低。人们往往想当然地认为合作社只存在于激进和专制的经济体中。

与上述令人沉闷和沮丧的情况相反，本书列举了合作社在当今社会生活中可以扮演的角色或能够胜任的角色。在众多关于合作社运动的研究中，有五个问题至关重要。

第一，它所处的经济社会背景。书中首先讨论的是当前世界面临的重大问题，而不是合作社的“内在理论”。本书对最近几年金融危机的前因后果进行了发人深省的讨论。这证实了作者提出的我们这个时代面临的“陷阱”——消费模式、流动性以及债务积累。这就为后文继续研究合作社模式以及为何选择合作社道路提供了世界经济大背景。

换句话说，作者旨在更加真实和清楚地告诉我们，在“真正的商业”失灵的情况下，合作社是如何摆脱简单的“附属”身分，成为当今国际经济中的重要组成部分。合作社模式研究者常囿于虔诚颂扬合作社的价值，本书作者却未落窠臼。本书是基于对当前全球形势的仔细论证和审视，使他们不得不说合作社有着独特的深刻性和必要性。

第二，作者非常重视合作社运行准则潜在的价值观和原理。他们充分认识到合作社模式的重要性；同时，他们也重视合作社的核心价值观——在“社交”商业流行的时代，合作社能做到绝不仅是粉饰业绩或盲目扩大市场份额。最重要的是，正是因为这种核心价值观，才使得合作社模式风靡当代。

第三，本书对经济宏观调控的重要性进行了发人深省的探讨。本书描述了在当前资本主义企业和全球经济中，对金融系统和短期效益进行转向调控的几种方法。它认为这种调控扭曲了人们生产和消费产生的“真实价值”。这就必然导致对合作社内部“控制”重要性的争论。合作社的企业组织结构是一种旨在达成民主共识的经济形式，这就为把控制权交到主要利益相关方（通常为消费者和生产者）奠定了基础。然而，即使在现在这样一个沟通不断拓展的时代，如何维系和改善这种调控仍是一个巨大的挑战。合作社人和合作社组织的持续深入发展也是如此。在某种意义上来说，外部环境给予的认可也可以看做合作的一种形式。

第四，本书给出了四个合作社组织的案例研究。它们所处的环境大相径庭，分别在墨西哥、法国、西班牙和魁北克。这些案例展示了合作社模式的多样性，表现出合作社多样的方式方法、不同文化和外部环境的重要性以及各种各样的合作社企业家精神。它们给我们的启示在于组织机构应对并处理一些重要的经济和社会时代的变迁所采取的策略。这也正是为什么我们需要更多类似的研究、更多类似的合作社调研活动的原因。

最后，本书之所以如此有趣是因为它提出了一个“宏伟蓝图”。它站在了经济开放和社会变革的高度展开研究，并未囿于一时一地的成就或创举。这在众多关于合作社模式的研究中独树一帜，令人耳目一新。在合作社的研究领域，学者们往往过于关注合作社的起始阶段，在这个阶段，大多是靠通过一小部分人的合作来创造并抓住成功的机会。在有些人看来，这种成功是一种“浪漫的合作”。不管是否有合作社运动，合作社都将成为大型的经济组织并积极参与到规模经济中去。这种现象正在成为一种趋势。

本书创造性地提出了另一个可能性。它大胆预测合作社企业将在当今和未来的经济社会中处于核心地位。书中提到的研究项目以严谨的态度全面探讨了目前的形势，并阐述了合作社模式的重要性，可供合作社倡导者和普通公众阅读和讨论。

谨以此言抛砖引玉，寄望本书为今后的全球合作社年庆典献上第一份大礼。本书提出了许多值得深入探讨的议题，并为之提供了一个非常实用的框架。

加拿大不列颠哥伦比亚省、维多利亚
维多利亚大学
历史学名誉教授伊恩·麦克弗森（IAN MACPHERSON）

序　二

金融危机中的合作社价值

2008 年全球金融危机重创了世界经济，至今经济的复苏依然十分缓慢，美国经济复苏的脚步沉重蹒跚，欧盟的主权债务危机则有愈演愈烈的危险，新兴市场国家则正在与越来越明显的通货膨胀较量，国际货币基金组织不断下调经济增长的预期，全球经济发展前景充满了太多的不确定性。对这场金融危机，全球的政商领袖都在进行反思，各行各业的专家发表言论，无数的研讨会和学术论文，经济危机显然使全世界朝着越来越理性的方向发展。

与其他类型的经济组织一样，在金融危机中，合作社也同样经受着考验。我们欣喜的看到，国际合作社联盟出版了自己的最新研究报告，用非常详实的资料总结了处于经济危机过程之中的合作社发展，不失时机的向世界证明了合作社的价值。这份报告所提供的信息，不仅提振全球合作社组织的发展信心，而且回答了 100 多年来有关合作社价值的疑问。

合作社作为一种共同所有和民主控制的企业组织，是弱者维护自我权益的经济组织，作为一个世界性运动，在全球发展已经超过 160 年的历史。它一直在与自私、贪婪的资本主义抗争。今天，合作社已经在社会经济各个方面都发挥着积极的作用。在经济发展中，合作社始终在与大资本的竞争中完善自己，成为非常重要的经济组织。资本主义以其高速的膨胀傲慢地对待合作社，也促使合作社不断学习。但是，对合作社的嘲笑始终没有消失，对合作社的价值始终存在争论。借由国际合作社联盟的报告，我们看到了从欧洲到美洲再到亚洲，合作社运动以及合作社企业愈加成熟，带给世界的是一股和谐的力量。无数的农民以及经济发展中的弱者，通过合作社的组织形成与资本抗衡的力量，不仅维护了自我生存的方式和利益，也使得不同国家经济发展中的很多矛盾容易解决，降低了社会成本。

国际合作社联盟在考察多国的合作社发展实践后发现，在 2008 年的金融危机中，合作社的表现普遍优于其他类型的经济组织，特别是与贪婪而失去节制的金融资本相比，合作社银行不仅有着更加良好的业绩，而且有着更加可靠的稳定性。在这样一个前所未有的系统性危机中，合作社的稳定发展充分反映出坚持民主控制原则的合作社组织能够更加有效地应对市场的不确定性。我们看到，在金融危机系统性风险发生的时候，建筑在贪婪理念基础之上的资本主义系统如同一个不堪一击的大厦。对公平与效率这样一个古老的命题，全世界的政府官员、学者和企业界的人士显然又多了一个思考案例和全新的角度。牺牲未来所换来的效率显然不是这个世界真正的需要，而合作社发展所带来的均衡以及对社会的贡献，也向世界证明了合作社制度的综合优越性。

报告对正在步入新经济的世界各国政府具有非常明显的借鉴意义。在日益全球化的世界经济发展中，和谐始终是发展的主题。然而，我们这个世界依然有很多不完美的景象。世界发展的不平衡现象愈加明显，马太效应无论是在一国之内还是在世界范围内都普遍存在。这使我们不由不想起在英国工业革命时期发端的罗虚代尔公平先锋社，以及它所确立的合作社制度的理念。今天与 160 年前不同的是，世界范围内正在发生的是虚拟世界搅动的信息革命，伴随金融资本的推波助澜，远比蒸汽机给世界所带来的影响要深刻和深远的多。但是，均衡发展的主题却比 160 年前遇到了更大的挑战。一国经济已经很难独善其身，且单纯的经济发展已经很难带来社会稳定，政府要履行自己的职责，不仅要发展经济，更要追求均衡，而合作社与合作社企业显然是一支值得重视的力量。

中国作为一个新兴市场国家，合作社的发展起步较晚。2007 年，中国通过了《中华人民共和国农民专业合作社法》，为合作社的发展创造了良好的法律环境，目前中国注册的农民专业合作社已经超过 100 万家，而且正在以每月 1 万家的速度增长；中国传统的合作社组织供销合作社也在根据中国政府对供销合作社的改革安排，努力建设农村商品流通网络，发展农民专业合作社，近三年来，供销合作社经营规模一年一个新台阶。2008 年销售总额首次突破 1 万亿元人民币，2009 年突破 1.2 万亿元人民币，2010 年突破 1.5 万亿元人民币，达到15636.97亿元人民币，是2007年1.7倍，三年来年均增长18.53%，全国21602个基层合作社社，全年实现销售总额3538.73亿元人民币，利润11.6亿元人民币，分别比2007年增长77.8%和152.2%。组织农民兴办的各类专业合作社54817个，比2007年增长近一倍。村级综合服务站21.97万个，比2007年增加4.23万个，覆盖了全国三分之一以上的行政村。世界性的金融危机虽然也对中国经济形成了冲击，但是中国的供销合作社则在金融危机影响不断深化过程中获得了长足发展，以浓重的中国特色体现了合作社的价值。我们非常自豪的是，中国合作社的表现与国际合作社联盟的报告所做出的判断是完全一致的。在国际合作社联盟的版图中，中国正在成为愈加靓丽的区域。

国际合作社联盟的报告让我们更加感慨于合作社的先人们所追求的理想。经过160年的洗礼，合作社的理想在现实中不断被加入时代的元素，但至今依然坚守着与资本相对立的人本原则。一场旷世的金融危机让人本原则闪烁出更多耀眼的光芒。我们有理由相信，国际合作社运动在抵御了金融危机的冲击后，更有条件在经济发展中发挥作用，也更有机会为人类做出自己的贡献。

杨　谦
中华全国供销合作总社培训中心主任
中华全国供销合作总社国际交流促进中心主任

致 谢

首先需要感谢的是那些早已经离开我们的导师：乔治·施瓦泽（Jorge Schvarzer）教授，她是逍遥（Claudia Sanchez Bajo）的博士论文评审老师，并且支持了克劳迪亚在卡塞尔大学德国德意志学术交流中心（DADD）项目中的教学计划；鲁广明（Lu Guangmian）、邱斌广（Que Bingguang）和伊夫·雷吉斯（Yves Régis），他们把罗兰滋（Bruno Roelants）带入合作社的世界里。

我们还要感谢资助和倡议我们撰写这本书的人：首先是在伦敦东方和非洲研究学院的乔治·欧文教授；伊娃·欧特姆（Eva Othomb）和亚米尼安·阿马德（ArminianAmad）邀请我们在布鲁塞尔奥马尔的文化中心举办关于消费模式趋势发展的会议，这次会议的研究成果作为第二章消费陷阱和第三章消费函数的基础部分；国际合作社联盟亚太区副主席拉吉夫·梅塔（Rajiv Mehta）两次邀请罗兰滋（Bruno Roelants）在2008年和2009年的亚洲会议上介绍合作社和危机。从亚洲政府以及合作社联盟参会代表那里我们获得了非常有用的反馈。我们也非常感谢吉安·克劳德·蒂特罗斯（Jean Claude Detilleux）、吉安·路易丝·班赛尔（Jean - Louis Bancel）和艾田·弗林姆兰（Etienne Pflimlin），他们作为重要的法国合作社银行家们提出的危机观点，这对我们帮助很大。感谢阿迈·泰碧特（Imad Tabet）和迈克·史派克（Marc Spiker）提供的关于国际财务报告准则及其演化的宝贵信息。我们也感谢所有评论者的反馈意见以及帕尔格雷夫（Palgrave）编辑对这本书的信心。

需要特别感谢实证案例研究中帮助我们的人：在墨西哥纳蒂维达德岛（Natividad）渔业合作社，埃斯特班·樊艾尔（Esteban Fraire）主席将所有面谈人员以及需要信息提供给我们；赛若莱普（Ceralep）案例中，法国里昂工人合作社阿尔卑斯（Rhne - Alpes）区域联盟部长米歇尔·罗哈得（Michel Rohart）组织所有的面谈；合作社主席罗伯特·尼盖斯（Robert Nicaise）在工厂中热烈欢迎并热情介绍各种各样的情况；多米尼克·阿尔托（Dominique Artaud）细致地重读并修改章节；加鼎（Desjardins）和安·拉沃伊（Ann

Lavoie）介绍各种资源和受访者；埃尔班·达摩斯（Alban D' amours）不厌其烦地重读和注解；皮埃尔·波林（Pierre Poulin）重读材料并校正所有的历史信息；麦克·勒扎弥斯（Mikel Lezamiz）确认受访者并组织面谈；艾德里安·热拉亚（Adrian Zelaia）投入的资金和建议；贾维·萨拉伯利亚（Javier Salaberria）重读和修改章节。我们也非常感谢在四个实证案例中所有的受访者，这些受访者的姓名将列在本书末尾。

有很多人为我们提供了非常宝贵的关于合作社的信息：在国际经济领域的议题中，我们要感谢罗德里格·戈维亚（Rodrigo Gouveia）和托马斯·万·让（Thomas Van Zwol）；在两次全球合作社对应危机的弹性调查中，我们尤其需要感谢住房合作社雇员戴维·罗杰（David Rodger）及国际工业、工匠和服务业生产者合作社组织（CICOPA）/ CECOP在工业和服务业中的所有成员；在国家范畴内，感谢日本的山田·亚麻答（Yoshiko Yamada）、加拿大的哈泽·柯克（Hazel Corcoran）、中国的田丽华（Tian Lihua）、印度的圣托斯·库玛（Antesh Kuma）、俄罗斯的娜塔莎·库特斯克娃（Natasha Pruttskova）、巴西的乔安娜·诺盖拉（Joana Nogueira）、英国的米瑞恩·威尔森（Mervyn Wilson）、法国的卡罗琳·纳特（Caroline Naett）和杰拉德·雷塞（Gérard Leseul）、意大利的斯蒂芬妮·马尔科内（Stefania Marcone）、德国的保罗·安巴斯特（Paul Armbruster）和霍曼·马库斯（Klaudia Marcus）、西班牙的卡洛斯·洛萨诺（Carlos Lozano）；我们也非常感谢克莱克·奥斯（Claire Orts）帮忙校对书稿，玛丽亚·洛佩兹德（Maria Lopez de Verolo），奥迪尔·万·德·瓦任（Odile Van der Vaeren）和艾伯特·卡顿（Albert Carton）和我们一起激烈地讨论；我们也衷心地感谢家人和朋友，正是他们的鼓励，我们才笃定地执行此项目。

作者和出版商希望感谢允许我们参考以下受版权保护的材料的人员及机构：布鲁金斯研究院、英国创新技能部、道琼斯、欧盟观察员、每日电讯报、欧洲中央银行、财务会计基金会、诺贝尔基金会和联合国贸易发展联盟。我们已尽全力联系版权持有者，如有任何疏漏请联系作者或出版商。

最后，我们希望向意大利托斯卡纳山区（Corezzo）村庄的人们致以特别感谢，感谢他们的宽容、坚韧和睿智，感谢他们对我们最后的撰写工作给予的支持。

逍遥（Claudia SANCHEZ BAJO）
罗兰滋（Bruno ROELANTS）

简　介

世界经济发生了什么？我们该如何理解这场在2011年仍在给实体经济带来惨重损失的全球金融及经济危机？尽管在未来几十年内我们可能一直会讨论这一问题，但我们脑海中出现的第一个解释是美国的次贷危机以及由此导致的金融公司间停止互相拆借资金。

随着2008年美国第四大投行雷曼兄弟的破产，危机从美国迅速扩散，爆发全球性恐慌。为了挽救整个金融系统，美国政府慷慨解囊，积极干预，积累了大量赤字。虽然金融系统得到了挽救，实体经济、公司、家庭和个人却尝到了信用紧缩的苦果。最后，很多国家不得不采用货币疗法，缩减开支及公共服务。

对大多数人而言，危机的爆发很突然，因为之前关于正在形成新的经济形态的说法已经不绝于耳。新形态下经济周期的影响不再像以前那样大了。这个新的经济形态高度金融化，以放松管制、私有化、自由化政策为特点，在政府减弱监管力量并进行结构性改革的环境下繁荣发展。诸多重要的私有经济实体，特别是金融机构和跨国公司，规模不断扩张，而政府则变得越来越小。这些政策被描述为“新自由主义”或“华盛顿共识”的一部分。因而实现金融及经济的全球化，构建起高度联系的全球金融、生产、经销链条。为了避免意识形态的分歧和政治压力，需要进行持续不断的改革。随着时间的推移，对“自由市场”的追求最终将演化为积极、稳定、始终遵循的趋势，这将惠及所有人。

与此相反，在2008年9月，我们目睹了金融及经济活动的瞬间崩溃。在不同国家、不同大陆曾发生过许多危机，但这次，高度联系的世界经济整体被压垮了。

人们在关于责任、罪行、惩罚的讨论中发泄愤怒。谁应当对危机负责？联系到市场上的投机行为、场外交易、金融企业高管的巨额奖金，我们对市场的监管是否不足？爆发危机是否是因为政府的政策太过宽松，使个人能够轻松获得贷款？是因为政府容忍监管机构的过度分散，使其失去监管能力？亦或，这仅仅是因为少数交易商的贪婪而造成的？治理的灾难良方是什么？普遍的观点是，银行应当克制，所有市场参与者应当遵守“道德规范”。

本书中我们将进行更深层次的研究（三种陷阱机制和作为最深层次原因的控制方式的变化），将宏观和微观，金融机构和实体经济相结合起来，探寻全球危机的起因。其次，在探寻防止未来发生危机和如何增加社会财富的方案中，我们从危机中合作社的实际行动及其在危机中表现出的灵活性中总结出一些有启发性的东西。

尽管全球都经受了金融及经济混乱，但因为北美及欧洲是危机的中心，所以本书重点关注于这两个地区。考虑到在世界经济中的重要地位，中国也要特别关注。

首先我们要回顾危机的时机，以及其仍存在的影响，危机对财富的破坏的最大程度，迄今为止已经讨论到的主要问题，以及经济恢复的初期战略（第一章）。

然后我们要审视对这次危机的各种理论解释。然而各种解释只能告诉我们部分真相，我们将关注于引发危机的三种机制：消费陷阱，流动性陷阱和债务陷阱（第二章）。这能够帮助我们深入分析危机的起因。从不同的立场来看，我们观察到债务行为导致了金融及经济系统的不可持续性。债务活动将金融机构及实体经济部门连接起来，是资本主义金融化不可缺少的一部分。因为缺乏制约平衡系统，金融化危及资本和长期的财富创造。三种陷阱之中，债务陷阱是最基本的。

在更深层次，生产者、消费者、投资者角色的不断变化，反映出在实体经济体中所有权和控制权边界的不断变化，同时还有全球生产、分销、金融链条的加强（第三章）。所有权从控制权里分离出来，在宏观上，它与家庭和企业的债务杠杆联系在一起，在微观和中观，它与经济实体联系在一起。

我们认为全球经济现阶段的复杂和联系需要一种新的组织形式，来确保企业运营中的适当的代表权、透明度、及时的信息披露、可信赖的行为。造成系统风险的因素不止在于某些经济实体太过庞大，还因为这些大企业直接参与到与政府的联合监管中，很难对其行为设限。

大企业插手监管和企业责任使我们需要改变价值观念：这显然很重要，但得将其转化成制度化的行动，否则这些呼声很容易就被遗忘掉。因此，我们需要反思经济实体，比如银行、公司的组织形式，这次危机是我们这么做的绝好机会。但是我们从哪里找到必要的切入点呢？在要求改革的众多呼声中，我们听到很多个人激励和大而不倒的争论。关于建立防止异常行为的控制机制的讨论趋向于关注外部控制的效率和企业内部激励机制的改变，却忽略了利用公共控制机制来制约平衡这样的重要问题。

在经济的众多参与者中，我们发现合作社拥有一种特殊的制衡控制方式，在危机中表现出惊人的适应力。本书的第二部分先要给大家介绍合作社的经验，大致描绘合作社在我们社会经济生活中的业务，合作社对危机的反应和应对措施，合作社存在的合理性，以及从政治经济学的观点来看待合作社的演变（第四章）。然后，在本书的第五至第八章，我们将研究四个案例，分别来自金融服务、工业、分销、渔业四个不同行业，企业规模从中小企业到大型商业集团，从刚刚诞生几年的新企业到已经有百年历史的老企业，在地理分布上，它们都来自爆发危机的核心地带：墨西哥的纳蒂维达德潜水员和渔民合作社、法国的赛若莱普合作社、加拿大的加鼎集团和西班牙的蒙德拉贡合作社。我们将要讨论合作社能够在哪些方面帮我们反思控制的问题并避开债务陷阱。

更具体地说，我们将会看到合作社一些特别有意思的地方，因为他们：

* 拥有一些特有的惯例，包括系统地建立财务储备金；

* 满足重要的利益相关人的需求，比如，生产者、消费者，以及银行、社会服务、住房、能源等合作社企业的服务对象，而这些利益相关人恰恰又是这些合作社企业的所有者和控制者；

* 永远从长期发展的角度看问题，关注经济增长和财富创造；

* 能从所有者——控制者处获得信息流，为企业决策和实施提供合法性依据，这比一般公司更透明和及时。

在最后一章，我们将要讨论从合作社中我们能学到什么有用的东西，用来解决债务危机，特别是对实体经济控制的再次平衡。我们认为，尽管会实施很多措施，但是这才是解决问题的关键部分，并且会随着时间的推移越来越显得重要。

为了利用我们各自的知识和经验，我们决定合著此书：逍遥，研究方向为政治经济学、全球化、地区化、经济参与者、生产与分销、合作社等；罗兰滋，发展问题专家，并从事于全球及欧洲地区合作社的研究。

在2010年底，本书即将完稿之时，还尚不清楚危机是渐渐离我们而去，还是仍存在变数。满脑子新自由主义的政策制定者经过了巨量的资金援助，甚至将主要的银行和企业国有化之后，又回到“一往如常”的道路上来了，继续推行他们先前的结构改革政策。发生危机的病灶并未被消除。如果继续陷在债务陷阱中，我们将来可能会再次遇到危机，带来严重的社会和政治影响，甚至会动摇全球政治经济的核心基础。我们认为，如果想要改变现在的路线，我们需要搞明白企业控制权和所有权的关系，将新的价值观和规则制度化，实现长期可持续的财富增长。

尽管本书在2010年底完成，一些新事物，有些还很有戏剧性，还在不断地发生。欢迎读者和我们一起继续关注。

第一章　危机之源?

引　言

毫无疑问，我们正在经历一场严峻的全球金融经济危机，但这场危机是所有危机的源头吗？本章列举了2010年年底之前发生了哪些具体事件和主要角色在面对危机时的态度和反应，部分问题留待第二章进行解释和分析；本章也不会过多涉及以往的泡沫和危机，详情请参看其他章节。我们采取的是归纳法，这是进行深入讨论之前的必要步骤。

危机始于何时？欧洲央行（ECB）行长让·克洛德·特里谢（Jean – Claude Trichet）认为金融风暴始于2007年8月。[①] 联邦储备银行的圣路易斯（Fed – St Louis），[②] 认为危机早在2007年2月27日房地美（Freddie Mac）公开宣布，由于审计规则的变化，将在同年8月停止次级贷款抵押贷款时就已爆发。[③] 这则公告很可能就是导致金融风暴的“蝴蝶”。下文中，我们将首先回顾危机是怎样开始的，然后列举有哪些迹象表明全球问题在不断升级，最后讲述全球泡沫的破灭。

---

① Trichet, J. C. , 9 October 2009. For the USA, see Jickling, M. , 29 January 2009.

② 请参考“危机年表”，http：//timeline. stlouisfed. org/。美联储圣路易斯银行是分权后产生的12家地区银行之一，这12家银行占美国联邦储备系统的三分之一。美国圣路易斯联邦储备银行的高级副总裁朱莉·斯塔克豪斯（Julie Stackhouse）的文章很好地解释了美国的危机，请参看2009年9月21日” The Financial Crisis：What Happened?”。

③ ‘Freddie Mac Announces Tougher Subprime Lending Standards To Help Reduce The Risk Of Future Borrower Default ’, http：//www. freddiemac. com/news/archives/corporate/2007/20070227 _ subprimelending. html.

危机伊始只是一场金融灾难，后来却演变成一场经济灾难。金融资产蒸发，实体经济同样受挫匪浅。在“财富缩水”一节中，我们将从金融和其他角度评估财富受损的规模。私人企业信贷萎缩，又不得不承受其债务带来的杠杆效应（即债务相对资产或收入的比例），最终导致财富大幅缩水。毫无疑问，如果没有政府对银行的救市计划和财政刺激方案，这一损失将更不可估量。穆迪的首席经济学家马克·赞迪（Mark Zandi）和艾伦·布林德（Alan Blinder）在普林斯顿大学进行的建模研究表明，美国通过高达1.7万亿美元的刺激计划保住了850万个就业机会，并避免了美国经济产出继续下降6.5%的厄运。①

接下来，我们将研究截至目前为止各国为遏制危机、恢复经济增长采取的措施和主要策略。在2010年8月，美国财长盖特纳在《纽约时报》上刊登了《欢迎复苏到来》的文章。② 但是危机造成的伤痛是长期的，而且政府的救市方案令公共部门背上了更多债务，不久之后，麻烦便卷土重来。

此外，在2010年8月，斯坦福大学的约翰·泰勒（John Taylor）也对能否尽快复苏产生了疑问，他认为债务的数额远高于预期，这会引起人民对增税的担忧。③ 受“减少赤字”观念的影响，许多国家已开始减少国家权力对国民经济的影响，并降低多种如养老金等公众福利水平，但经济仍饱受活性、信贷、就业和消费下降之苦。直到2010年年底，都没人能肯定我们已经走出危机，这种疑虑令人们呼吁国家应进一步削减支出以保持国家的信用评级，维持财政支持量入为出。④ 这种“紧缩”政策可能会令欧洲联盟（EU）经济出现双谷衰退，多年的经济停滞和高失业率必不可免。2010年，除德国和法

① Blinder, Alan S. and Mark Zandi, 2010.

② Geither, Timothy F., ‘Welcome to the recovery”, ‘Welcome to the recovery’, op－ed contribution, 2 August, 2010, New York Times.

③ ‘Economists spar on effectiveness of US stimulus response’, 2 August, 2010, at http://bloomberg.com/news/2010－08－03/taylor－contests－blinder－zandi－study－that－stimulus－spurred－strong－recovery.html.

④ 2010年8月17日，穆迪的AAA主权评级监测机构确认，三个最大的AAA级欧洲国家英国、法国和德国已经开始实施财政紧缩政策……美国实施的稳定债务战略还未成型……并强调经济复苏是各国面临的首要难题。穆迪对四个国家进行了详细调查，最终决定下调爱尔兰的评级。由于上述国家已不能再选择财政工具作为应对措施，穆迪号召实施信用中期财政调整计划和政策，进一步增加劳动力供给，削减由于人口老龄化带来的成本增加。穆迪认为：“危机造成的另一个后果是留给政府应对挑战的时间越来越短”。By Moody’s: US, UK, France, Germany ‘Distance to Downgrade’ reduced, on http://marketnews.com, 17 August 2010.

国外，[①] 欧盟的经济增长已然受到紧缩政策的连累，而刚露出复苏苗头的美国经济又畏缩不前。[②] 不确定性就是通过这样一个恶性循环使得公司在增加投资和就业时裹足不前。

危机从何而来：美国次级房贷市场

第一块倒下的多米诺骨牌是美国的房价。博斯沃思（Bosworth）和弗莱恩（Flaaen 2009）写道："从 20 世纪 90 年代后期开始，美国房价迅速上升，到 2000 年，房价增幅已远远超过了收入和租金的增长幅度。房价在 2006 年达到顶峰，比历史上定义的房价与家庭收入的正常比高出近 50%"。[③] 2002 年迪安·贝克（Dean Baker）证实美国房地产泡沫已经出现，并警告美国可能会因此重蹈日本在 20 世纪 80 年代中后期房地产和股市泡沫破灭的覆辙。从联邦地产企业监督办公室显示的房屋价格指数可以看出，从 1995 年到 2002 年，房价的上涨比总体通货膨胀的上涨还要高出近 30%。[④] 银行业却完全无视市场的危险信号，仍然为低收入人群[⑤]提供大量贷款，并将这笔大额债务作为资产面向全球再次出售。这种做法被称为抵押债务"证券化"（CDOs 定义见表 1.1）。然而，回过头看，这无异于在流沙上建房，不堪一击。

房地产市场的火爆有很多原因。美国政府积极鼓励为低收入人群——主要是非白种人——提供住房。这主要是为了获得民众对政府的政治支持，以

---

① 'Eurozone austerity takes toll on growth', 24 August, 2010, Financial Times, p. 1.

② 'Wall Street slips on fears data point to weak recovery', Reuters, 24 August, 2010.

③ Bosworth, B. and A. Flaaen, 2009, p. 2.

④ "本文认为，只有住房需求大量增长才会导致价格上涨，而实际上需求并没有显著增加。购房价格相对于租金价格的上涨也没有找到令人满意的解释。如果没有其他令人信服的理论解释，房地产泡沫就是房价突然飙升的惟一合理解释。这意味着房屋买卖的主要动因是人们对未来房价上涨的预期。虽然在一定时间内，价格会持续上涨，但终将难以为继……日本经济在 20 世纪 80 年代中后期同时出现了楼市和股市泡沫。泡沫的破裂造成日本经济十多年来停滞不前。美国同样面临着股市和房地产泡沫破裂的风险。" Dean Baker, 2002, 'The run - up in home prices: is it real or is it another bubble?' (pdf), Center for Economic and Policy Research, briefing paper.

⑤ Dean Baker, "2004 到 2006 年间调息按揭所占比例为 35%，调息按揭刚开始两年的起息点往往很低，但两年后不论利率是否提高，利息都会大幅提高。'2 - 28' 式抵押贷款在次级信贷多见，次级信贷在 2002 年所占的市场份额还不到 9%，2005 年已增至 25%。此外，选择 'ALT - A' 次优级抵押贷款的购房者并没有完整的信用记录，很多人是用于投资，只能支付全价、甚至更高的价格。很多在 2005 到 2007 年申请贷款的次优级抵押贷款者，至少要用五年时间来偿还不含本金在内的利息。在泡沫最严重时，次级抵押贷款和次优级抵押贷款占到所有贷款的 40%"。http://www.paecon.net/PAEReview/issue46/Baker46.pdf.

及实现人人有私产、人人有住房的美国式理想。

表格 1.1　　　　债务抵押债券（CDOs）

债务抵押债券最早出现于 1987 年，是银行家为转移账面债务想出的对策。虽然债务抵押债券经常宣称自己是为了转移风险和筹措资金，但更为核心的目的仍是为了转移账面债务。债务抵押债券一经出现，很快就成了最畅销的金融产品，因为它与公司债券和 2001 年网络泡沫破灭后美联储制定的低利率相比有更高的资本回报率。

债务抵押债券类型很多，最简单的方法是看它们的资产负债表。银行通常将一笔债务作为一种债务抵押债券，以离岸信托的形式卖给一个特殊目的载体（SPV）或特殊目的实体（SPE），存入现金抵押账户，指定一名受托人，该受托人同时也是抵押品管理人，这样银行就能把债务从自己的资产负债表中移除。在承销商的帮助下，特殊目的实体出售债务抵押债券给投资人，由投资人支付初始购买价，相当于投资人购买了原始债务。这样一来，债务抵押债券（多数由银行发行）就变成了有结构性资产支撑的债券，它的价值和给付来自有固定收入的标的资产（债券与贷款，包括按揭贷款）的组合。因此，债务抵押债券投资组合被分为三个不同的层级或“批次”（优先级、中间级和普通级），按照不同层级支付本金和利息，优先级优于普通级。此外，顶层投资人还受信用违约互换（CDS）的保护。投资者按照喜好购买自己的“批次”，可以从普通投资到投机性投资，后者享有较高的回报率。之后，特殊目的实体再将其贷给新的借款人，如购房者。

投资银行通过债务抵押债券将实体经济与世界各地的金融投资者联系在一起。银行的级别为普通级，一旦出现债务违约，则首当其冲。债务违约出现时，债权变成实物资产，即银行将在住房抵押贷款违约出现时获得房产。另一点是原始债务（金融资产）是否高度相互关联。合成债务抵押债券不能像债券或借贷那样直接变现资产，因为他们不拥有这些资产，只能通过信用违约互换实现。2010 年美国证券交易委员会以高盛为被告提起的民事欺诈诉讼的诉讼标的就是合成债务抵押债券。

为了实现这一目标，美国政府允许除银行外的其他经济实体提供信贷服务。博斯沃思和弗莱恩（Bosworth 和 Flaaen）认为：“经营次级、准优级和房屋净值贷款业务依赖于独立抵押贷款发起人，该发起人是与传统的抵押贷款（由政府赞助的企业（GSEs）发行并证券化）并行发展的金融网络的组成部分”。①

“次贷”大多数情况下指的是有较高违约风险的贷款，但人们还未就次级

① Bosworth, B. and A. Flaaen, 2009, ibid, p. 2.

按揭贷款的准确定义达成共识。次级按揭贷款能够定义不同借款人和贷款人的基本特征、贷款的预期违约率和抵押合同的类型。尤利娅·蒂缅科（Yuliya Demyanyk）和奥托·范·赫默特（Otto Van Hemert）公开的证据表明自危机爆发前6年开始，贷款质量就不断恶化，而券商对此心知肚明。①

问题很大程度上出在这一信用体系并不为政府赞助企业独享，也为与此平行的借贷发起人系统所用。实际上，债务抵押债券（CDOs）是政府赞助企业担保的替代品，根据标准彼此混搭在一起，分批出售。低级投资人吸收原始违约风险，而高级投资人往往拥有3A评级。这种自诩的按揭证券缺乏政府赞助企业拥有的所有信用风险保障。更有趣的是，虽然早在危机爆发六年以前，贷款质量就不断下降，造成违约风险的次次级贷按揭息差（次级贷款加成）却不升反降，券商对此同样心中有数。

把2007年2月份作为泡沫破灭和危机开始的并不只有美联储圣路易斯一个人。2007年3月7日，高盛按揭交易首席丹·斯帕克斯（Dan Sparks）在给他女朋友的消息中写道："这笔买卖做不下去了，可怜的次贷借款人撑不了多久了"。② 与此同时，大型券商正在参加国际会计准则委员会（IASB）及其工作组会议，讨论设定国际财务报告标准（IFRS）中的负债估值、资产负债表表内和表外项目和应当用公允价值代替账面价值。他们也由此提前得知，实施国际财务报告准则必然会对所有使用以前会计规则的经济实体造成困难。但是，只要大家都信心满满，那就万事无虞，而且这种"创新"产品一直销路很好。这种自诩的按揭证券从2001年的8%跃升至2006年的20%，而证券化的次级抵押贷款市场份额也从2001年的54%增长至2006年的75%。③

山雨欲来

在全球层面上，早在2006年，危机的信号就已经显而易见，但没有人采取行动，等到2007年再要行动却为时已晚。在2007年5月，担任联邦储备体系的国际金融部主任长达20年的埃德温·杜鲁门（Edwin Truman）宣布，金

① Demyanyk, Yuliya and Otto Van Hemert, 2008.

② http://www.nytimes.com/2010/04/25/business/25goldman.html scp = 4&sq = goldman%20sachs&st = Search.

③ Demyanyk, Yuliya and Otto Van Hemert 2008.

融体系灾难性崩溃的可能性已经达到了10%至15%。[①]

美国和西班牙的房价在2006年达到峰值，随即开始回落，于此同时，住房抵押贷款违约率开始升高。早在2004年，西班牙的房地产泡沫就已经开始回落，但直到2006年，西班牙银行才证实了这一点。[②] 在2006年年初的几个月，家庭贷款仍保持超过20%的高速增长，资产负债率和经济负担再创新高，加上新的货币政策更加严苛，变得更加脆弱不堪。[③] 然而，人们都忽视了这一点。[④] 只有券商们了解这些趋势，甚至早在2006年他们就曾有过遭受损失的经历。正如我们上面讲到的，美国按揭贷款的优质度从2001年起就不断下降，[⑤] 但证券化产品的息差或增价无论在价格还是质量上，并没有随之下降。

就国际贸易来讲，2006年的表现给那些期望获得高额短期利润的发达国家企业来发出了不利的信号。贸易自由化多哈回合谈判止步不前，[⑥] 全球竞争则导致了产能过剩，多个行业的利润空间都面临大幅缩水。多哈会谈的僵局表明，发达国家不能再轻易操控发展中国家和新兴经济体。大型公司更期望实现服务业贸易自由化——包括金融、会计和物流——这对其保持在全球市场上的领先地位极其重要。后来各国为克服金融危机所做的努力也表明，实

---

① 'Why economists worry about who holds foreign currency reserves', Frederick Kempe, http://online. wsj. com/public/article/SB114710757447146758 – [conturl] vgS6pBo _ YDBwbCu5e9LjfsSVBgg _ 20070508. html mod = blogs.

② 西班牙银行2006年年度报告："由于住房价格的增长放缓（第四季度增速约为4个百分点），金融和房地产资产的升值幅度比去年有所下降。这一变量的增长幅度在2007年年初的几个月里下降了近2个百分点"，第22页（作者译）。http://www. bde. es/webbde/Secciones/Publicaciones/PublicacionesAnuales/InformesAnuales/06/inf2006. pdf.

③ Banco de Espa? a, April 2006, Boletín Económico, Informe trimestral de la economía espa? ola, Madrid, p. 16, http://www. bde. es.

④ "2006年12月，高盛负责购买和销售房地产贷款证券的抵押贷款部连续10天发布损失惨重的消息。首席财务官风险控制负责人大卫·维尼亚（David Viniar）私下要求逐渐减持这类不良资产。但是，该部门并未将这一情况告知客户，反而继续销售该产品。当泡沫破灭时，高盛自己已经赚足利润，而债务抵押债券的买家却一败涂地。" 17. 04. 10 http://www. lemonde. fr/economie/article/2010/04/17/le – systeme – goldman – sachs – en – accusation_ 1335177_ 3234. html. 2010年，房价持续下降。"今年房价可能会出现自2006年以来的首次上涨，使业主资产升值"。据全国房地产经纪人协会预计，二季度房价中值很可能由目前的167600美元升至177200美元。据该协会统计，"去年美国房价跌至172500美元，下跌了13%，是自20世纪30年代以来出现的最大年降幅"。2008年这一数字下降了9.5%。拉法基斯（Lafakis）认为，如果你在2006年或2007年买了房，由于价格下跌，资产几乎蒸发，如果是在2003年或2004年买的房，那么还有可能有足够的"本钱"获得房屋净值贷款资格。" http://www. businessweek. com/print/lifestyle/content/mar2010/bw20100311_ 624208. htm.

⑤ Taylor, John B., 2008.

⑥ 'About That Free Trade', Spiegel Online, May 15, 2006, http://service. spiegel. de/cache/international/0, 1518, 416217, 00. html.

现复苏需要结合发展中国家的需求。①

危机的另一个迹象是发展中国家和新兴国家十分注意增加外汇储备。自1997年亚洲金融危机以来，许多国家不得不放弃紧盯美元的策略，虽然这样做他们就要重回以出口带动经济增长之路。经过一连串痛苦的金融/经济危机，许多发展中国家和新兴国家意识到，最好不要向国际货币基金组织（IMF）求助；这意味着这些国家会不惜任何代价累积外汇储备，中国就是一个最好的例子。有些国家开始利用政府控制的基金投资国外资产、投资股票和储蓄。有些国家转向出口，在这个过程中抛弃国际货币基金组织开出的处方，因为他们已经被证明没多大帮助：他们要么偿还对国际货币基金组织（IMF）债务，要么干脆停止支付。

国际货币基金组织的数据显示，在过去10年的时间里，发展中国家的官方外汇储备提高了400%，而同期发达国家仅提高了150%，所占份额由近50%减少到30%。② 1997年亚洲金融危机之后，发展中国家逐步加快提高外汇储备的步伐，到2006年已累计占全球外汇储备的70%，其中美元占66.5%，在劳伦斯·萨默斯（Lawrence Summers）看来，这是一个“惊人的积累”。③ 萨默斯对这一转变表示担心，因为它削弱了现有机制对国内政策调整和跨境资金流动供应的影响，这会影响全球稳定性。鲁比尼（Nouriel Roubini）也对这种全球失衡表达了类似担心，他认为正是这些新兴市场购买美国国债导致了美国利率的长期低靡。但鲁比尼还认为，这只是造成市场泡沫和随之而来的全球经济大衰退的诸多因素之一。④

在2006年，埃德温·杜鲁门（Edwin Truman）对累积外汇的做法做出了如下解释：

“首先，他们通过严格的贷款条款，确保自己不需要在危机突发时向西方

---

① 自2005年香港会议后，世界贸易组织举行了第一次主要部长级会议，希望重启多哈谈判。http://blogs.telegraph.co.uk/finance/edmundconway/100002355/trade-a-tragedy-in-the-making/.

② ‘Why economists worry about who holds foreign currency reserves’, Frederick Kempe, http://online.wsj.com/public/article/SB114710757447146758-[conturl]vgS6pBo_YDBwbCu5e9LjfsSVBgg_20070508.html mod = blogs

③ “我一直在强调全球金融版图中出现的两个新元素——美国的收支往来帐户赤字主要反映在非传统工业国家的盈余上、新兴市场国家的储备积累令人吃惊，这都表明以七国集团/八国集团为主导的国际金融论坛已经过时了。” Lawrence H. Summers, 24 March, 2006, ‘Reflections on Global Account Imbalances and Emerging Markets Reserve Accumulation’, L. K. Jha Memorial Lecture, Reserve Bank of India, Mumbai, India, http://www.hks.harvard.edu/fs/lsummer/speeches/2006/0324_rbi.html.

④ Roubini Global Economics, ‘Global Imbalances Outlook, Q3 2009’, http://www.roubini.com/analysis/96789.php.

或国际货币基金组织（IMF）求助。其次，许多新兴经济体用这笔钱维持本国汇率不变，保持竞争力。这个办法尤其适用于中国，据预计，截至到今年年底，中国的外汇储备将达到 1 万亿美元。”

对此，美国决策者采取了那些措施呢？埃德温·杜鲁门写道：“什么都没做……美国市场仍然是世界上流动性最强、透明度最高的市场，如果美元贬值，投资美国市场就变得更具吸引力，美国国债更加抢手，新增出口减少了贸易赤字。”① 对跨国公司（TNCs）来说，保持面向出口、竞争力强的生产平台极其重要，这也是原因之一。在金融危机爆发之前，中国人民币惟一的一次升值发生在 2005 年 7 月，当时美元确实处于不利地位，利率上升。②

但今日不同往昔，现在的经济全球化和金融全球化相互交织、交错复杂。

另一个迹象是股市全球化。一个能自动调节的跨洲无缝系统正在接受考验。2006 年 6 月见证了首个由全球化进程催生的跨大西洋股市的诞生，股市的成立始于美国纽约证券交易所（NYSE）对欧洲交易所的并购，入主总部设在巴黎的泛欧证券交易所。纽约证交所目前控制着多家证券交易所，如巴黎、布鲁塞尔、阿姆斯特丹、里斯本证券交易所和总部设在伦敦的伦敦国际金融期货交易所（LIFFE）。之后是米兰和意大利交易所。③ 并购名单上还有日本东京证券交易所（首席执行官兼董事长赞成并购）和欧洲的金融衍生产品市场，如泛欧证券交易所旗下的国际金融期货交易所。④ 纽约泛欧交易所由美国控股，总部设在纽约，以约翰·塞恩（John Thain）为首，有 11 位理事来自纽约证交所，9 位来自泛欧交易所。也许只有塞恩能够实现这样一个目标。2004 年 1 月，他接管了丑闻缠身的纽约证券交易所。由于与欧洲联系紧密，⑤塞恩与身为法国大使和花旗集团法国主席的埃斯唐（Bujon de l' Estang）达

① Frederick Kempe, 9 May, 2006, 'Why economists worry about who holds foreign currency reserves', Wall Street Journal, p. A8.

② 2005 年 7 月，中国实行了新的汇率制度，人民币（CNY）不再紧盯美元，转变为面向多种货币、有管理的浮动汇率制。人民币从最初的 1 美元兑换 8. 28 元人民币升值为 8. 11 元，2006 年 11 月升值为 1 美元兑换 7. 87 元人民币，OECD, 2007, 'Agricultural Policies in Non – OECD Countries, Monitoring and Evaluation 2007', p. 4.

③ 纽约证券交易所与泛欧交易所完成了 100 亿美元的并购交易，计划组建全球金融帝国，The Guardian, 3 June, 2006.

④ “我们有能力通过伦敦国际金融期货交易所让新产品进入美国”，约翰·塞恩（John Thain）先生说，“我们也可以收购一家美国期货交易所，我不认为这是二选一的局面”，http: // business. guardian. co. uk/story/0,, 1801033, 00. html.

⑤ http: //business. guardian. co. uk/story/0, 1789532, 00. html 他是法美基金会、三边委员会和英美商会国际董事会的成员。

成并购协议，埃斯唐盛赞这一并购是横跨大西洋的桥梁。① 这样一来就只剩下英国伦敦证券交易所（LSE）仍在孤军奋战。即便如此，海湾同行也在2006年6月加盟英国伦敦证券交易所，成为了重要投资方：迪拜证券交易所占20.56%的股份，纳斯达克交易所占了25.1%。②

当纳斯达克购买股份时，伦敦证券交易所首席执行官克拉拉·弗尔斯（Clara Furse）也在寻求与泛欧证交所和德意志证券交易所合作。③ 2009年初，前雷曼兄弟行政官泽维尔·罗睿铎（Xavier Rolet）取代了弗尔斯成为首席执行官。④ 德意志交易所只有改变其组织结构才能加入伦敦证交所，这对德意志来说很困难，因为它与伦敦的交易及结算业务垂直交叉。此外，从监管的考虑来讲，由于德意志证券交易所和泛欧证交所控制了欧洲两个主要金融衍生品交易市场，这会给并购造成障碍。⑤

股市全球化的背后，是跨大西洋伙伴关系协议。⑥ 实际上，欧洲和美国在经济和金融方面的联系非常紧密，相互之间经济和金融市场上的投资都占到

① 它通过伦敦和纽约建立了与美元区的联系，摆脱了如欧元区般的孤立境地。它允许欧洲投资者在美国市场实现资产多元化，并大大拓展了欧洲企业融资的机会。一批新的跨国公司把总部建在巴黎和阿姆斯特丹开发新市场，伦敦的分支机构鼓励新兴企业（巴西、中国、印度、俄罗斯）离开伦敦，到巴黎去选择适合自己的交易。埃斯唐（Bujon de l' Estang）是法国大使和法国花旗集团董事长，他建议纽约证券交易所同意这场交易。'Paris, future capitale financière', 27 June 2006, http://www.lemonde.fr/web/article/0, 1-0@2-3232, 36-788239, 0.html.

② 2005年12月，伦敦证券交易所拒绝了澳大利亚麦格理银行15亿英镑的收购要约；2006年3月，又再次拒绝了纳斯达克24亿英镑的要约。2006年4月12日，纳斯达克购买了伦敦证券交易所15%的股份，随后提高到了近30%。请参考'NASDAQ OMX Group', on http://en.wikipedia.org/wiki/NASDAQ_ OMX_ Group.

③ 'Nasdaq in driving seat as LSE studies options' 16 April 2006, http://observer.guardian.co.uk/business/story/0, 1754478, 00.html.

④ 'London Stock Exchange cuts jobs as recession hits revenues', http://www.telegraph.co.uk/finance/markets/5832006/London-Stock-Exchange-cuts-jobs-as-recession-hits-revenues.html, 15 Jul 2009.

⑤ 值得一提的是，2010年再度启动了向股票市场无缝连接的集中过程。

⑥ 2005年2月22日，欧洲联盟国家元首和美国总统在布鲁塞尔举行会见，并于2005年6月20日在华盛顿召开了欧盟-美国峰会。美国国会于2005年2月9日通过了第77号跨大西洋关系决议草案，欧洲委员会则在2005年5月18日通过了题为"21世纪加强欧盟和美国伙伴关系，进一步开放市场"的公告COM（2005）0196。2006年5月，欧洲议会的大会报告起草人艾尔玛·布鲁克（Elmar Brok）提交了美国-欧盟伙伴关系报告（2005/2056（INI）外事委员会）终稿。美国-欧盟伙伴关系旨在建立一个开放的自由市场、实现多部门合作、与其他国家（如中国、俄罗斯和乌克兰）协调行动。跨大西洋合作协议不只涵盖商业领域，还涉及政治、监管和安全领域，如确保能源安全和原材料供应。2005年11月成立了工作组，以保障知识产权、边境执法合作、公私营部门的合作伙伴关系并协调技术援助。大西洋立法者对话曾提议成立跨大西洋议会、召开立法委峰会，欧洲议会还提出要在华盛顿成立常设代表处。

对方外资的60%至75%。[①] 这样一来，双方都会出现如安然和帕玛拉特等类似的财务丑闻，主要是错误的定价和估值，这是一个重大的战略弱点。为了解决类似问题，会计、审计和管理政策必须统一，否则就无法打造股票与金融衍生品的无缝市场和达成企业无缝收购的目标。事后证明，他们当时的想法是正确的，但并不全面。他们最主要的目标是扩大外资并购，却从来没想过负债会成为他们的弱点。

受股市全球化的驱动，会计及财务信息领域发生了巨大的变化。20世纪90年代末，美国主导了由国际会计标准（IAS）向国际财务报告标准（IFRS）的转变，从核算财务收益变为报告财务收益。这一转变是通过总部设在伦敦的国际会计准则委员会（IASB）实现的。从2001年起，人们开始逐渐重视委员会的工作。然而，美国决定要等到2007年才开始实施国际财务报告准则（IFRS），这也是房地美决定停止发放次级贷款的一个重要原因。下一节会对这一点进行更为详尽的论述。

正如上文所说，早在危机爆发之前，全球范围内就已经给出了一系列预警信号，快速却无章法的变化使危机一触即发。在金融危机爆发之前，人们正向着统一的全球股市大踏步前进。美国和欧盟之间的“跨大西洋”监管项目于2006年年初开始付诸实施。首个全球监管规范正从关注实体经济的传统财务政策转向重视财务报表和财务需求的新规范。整个世界首次真正成为了一个每时每刻相互关联的封闭系统，各种信息和定价在世界各地不停流转。我们所做的每一件事都会对这个系统产生无止无歇的关联效应，产生意想不到的后果。风险逐步升级：一个封闭的系统很可能会发生内爆。

---

① “欧洲仍是美国海外投资的首选，60%的美国海外资产都在欧洲，过去5年，美国对欧洲的投资约占所有美国海外投资的75%……欧洲和美国的资本市场占全球债券和股票市值的68%，互为金融服务的主要出口市场，2003到2004年，欧洲投资者在美国股市进行了价值850亿欧元的交易，美国在欧盟进行的交易额达到了400亿欧元……然而，像世界通讯公司和帕玛拉特企业发生的丑闻突出了欧盟和美国之间加强合作、改进跨大西洋审计和监管政策的必要性……2005年4月美国和欧盟通过了‘路线图’计划，这一计划有利于推进审计等价和欧美之间统一审计标准的进程。然而，距离建成一个开放的、深层次的、动态的跨大西洋金融市场和服务市场还相去甚远。如果能移除现有的投资壁垒，可能会对跨大西洋经济产生显著的经济效应：流动性更高、获取资本的成本更低、交易和贸易成本更低（根据委员会测算，股东资本成本将下降9%、交易成本降低60%、交易量随之上升50%）。想要达成这一目的，就需要美国方面对所有权的诸多限制，尤其是国防、航空和媒体部门，并开启旨在实现公平、充分竞争的结构性政策对话，进行有关公司治理的合作与对话有助于避免适用如《2002年萨班斯－奥克斯利法案》这种给欧盟企业带来破坏性后果的歧视性法律。”来源：European Parliament Rapporteur Elmar Brok report 8 May 2006（2005/2056（INI）Committee on Foreign affairs, European Parliament.

与此同时，人们还习惯用传统思路看待这些最终会导致危机的迹象，有些理论甚至产生于300年以前。人们看起来很理性，坚信世界是不停向前发展进化的，这和19世纪有关“发展”的观点十分相近。但是，人们怎么会在国内生产总值增长率只有5%甚至更低的情况下，仍然坚信金融回报率能够始终保持15%呢？这就像伏尔泰笔下的老实人一样，觉得一切都会好的。[①] 出于这种思维方式，人们认为把债务作为资本出售（有关债务的数据不会出现在财务报告中）来获得更多的流动资金是大有可为的。这个系统越不晦涩就越容易通过离岸交易、对冲基金和“金融工具”达成目的。这样一来，真相便不为人知。银行同业市场出现震荡和冻结反而成了常态。整个金融系统都在进行快速的调整，以期达到无缝整合，不断出现的不稳定迹象则被完全忽视。虽然有人注意到一些迹象，但传统的声音更为强势，足以把这些反对意见排挤出人们的视野。持不同意见的人根本无法令当政者听到他们的呼声。即使是那些如鲁比尼等担心全球失衡的人们也无法预见那只煽动翅膀的“蝴蝶”，也无法从主要西方银行和对冲基金的资产负债表上看出“不良”债务抵押证券才是触发危机的导火索。

全球泡沫的破灭

150年来第一次银行挤兑发生在2007年初的英国。北岩银行的前身是一家信用度很高的建房互助协会，是一家实行会员制的类合作社组织。后来在玛格丽特·撒切尔（Margaret Thatcher）当政时期被改为一家以营利为目的的公司，这是一次极具讽刺意味的国有化案例，仅还清贷款和给储户提供担保就花掉英国600亿英镑。随后杰罗姆·科维尔（Jér me Kerviel）实施的法国兴业银行转轨花掉了70亿美元。[②] 罗宾·布莱克伯恩（Robin Blackburn）对危机如何开始做出的解释简洁明了。泡沫的破灭与把有价债券与美国房地产市场相连有关。这种证券成了各大银行资产的主要组成部分。在囤积现金出现后，这些证券只能依靠美国联邦储备或发展中国家主权财富基金的支持才能得以保全。这是一个不断吞噬大量财富的黑洞：从2007年7月到2008年3月高达1750亿美元。银行在2008年1月新收入的750亿美元资本根本是杯水

① Voltaire, Candide.

② Robin Blackburn, ‘The Subprime Crisis’, New Left Review 50, March - April 2008, p. 63.

车薪。[①] 范·但博格（Van Denbergh）和哈姆林克（Harmelink）指出：

“2007 年 8 月次级信贷市场的震荡几乎使美国商业经济中高达 28 万亿美元的信贷循环处于停滞状态。主要金融市场的参与者，包括贝尔斯登、房利美、房地美、雷曼兄弟和美国国际集团，都是这场不断蔓延的金融危机的受害者。只有联邦储备委员会和财政部采取前所未有的大规模行动……才使得信贷市场和其他主要金融机构不会彻底冻结或丧失支付能力。”[②]

文中提到的突发市场冻结发生在雷曼兄弟破产一年前。

2007 年 8 月，美林证券分析师公开表示，由于抵押贷款证券市场低迷，美国最大的抵押贷款商全国金融公司有可能被迫申请破产。美国银行同意收购全国金融公司的消息避免了市场的恐慌。然而，该公司的 CEO 在 2006 年就曾表示次级贷款有害无利。评级机构穆迪在一年之后，才降低了该公司的信用评级。[③]

2007 年年底几个月和 2008 年的上半年见证了金融市场的每况愈下。2008 年 3 月，受美联储资助的摩根大通收购贝尔斯登才避免了贝尔斯登的彻底崩盘。[④] 贝尔斯登的杠杆率高达 40 比 1，最终走向了破产。但其高管詹姆斯·凯恩（James E. Cayne）却收到了数亿美元的破产赔偿。凯恩在 2010 年 5 月对美国金融危机调查委员会说：“大家都是这么做的，真的只是行业惯例。现在回

---

① Blackburn, 2008, ibid.

② Van Denburgh, William and M Harmelink, Philip J, ‘Accounting Implications of the Subprime Meltdown’, The CPA Journal, 1 December 2008, 43. http://www.allbusiness.com/trends－events/audits/11729624－1.html. 文章第四页写道：“2007 年年底的报表显示，全国金融公司（后被美国银行接管）、富国银行、花旗集团、汇丰金融公司和桑恩柏格房贷公司的次贷敞口数以亿计。花旗集团的直接次级抵押贷款敞口达 550 亿美元，潜在收入风险敞口达 110 亿美元。银行倒闭……9 月 25 日华盛顿互惠银行的破产数额可以称得上破纪录，但即使如此庞大的数字都大大低估了金融市场危机的严重程度。次贷问题带来的影响在纳斯达克银行指数上可见一斑：与 2007 年 6 月相比，2008 年 10 月的指数下跌了约 50%。2007 年 9 月，网上银行公司破产，破产金额达 25 亿美元，后被联邦存款保险公司（FDIC）收购，这件事彻底扭转了认为会计盈余毫不重要的谬见。”

③ http://www.spiegel.de/international/business/0, 1518, 692007, 00.html#ref=nlint.

④ “在最近这场危机中，贝尔斯登（Bear Stearns）受 2008 年年初的信贷紧缩影响，成为华尔街第一家倒闭的银行，并为当年秋天爆发的金融危机埋下了伏笔。2007 年 6 月，由于在次级抵押贷款市场下错了赌注，贝尔斯登两支资本金共 18 亿美元（12 亿英镑）的对冲基金均告失败，触发多米诺骨牌，最终导致贝尔斯登在 2008 年 3 月濒临崩毁……凯恩（Cayne）个性张扬……当这两支对冲资金失败时，据说在 21 个工作日中凯恩共翘了 10 天班……打高尔夫、翘班打桥牌。凯恩在他准备好的证词中说：在 2008 年 3 月 10 日的那个星期，人们‘毫无根据’地感到担忧，市场上出现关于贝尔斯登无力偿付的‘谣言’，这使公司的经纪客户撤出了资产，其他公司也取消了被称为回购协议的专项贷款。” http://www.guardian.co.uk/business/2010/may/05/bear－stearns－credit－crunch－inquiry.

过头看，我会说当时的杠杆率确实过高。”① 美联储拿出300亿美元的信用担保，确保这次收购能够在2008年3月17日（星期一）金融市场开市前完成。

在收购贝尔斯登之前，美国联邦储备委员会还宣布实施总额2000亿美元的方案，允许金融机构使用按揭证券作为政府基金的保证金。

同时，美国银行收购了美林：截至2008年3月，美国五大投资银行里的三个都丧失了独立性，被商业银行所控。2008年麦西切特纽约的分析师宣称："投资银行模式"已经被打破，即便是高盛，也要进行整改来适应这个趋势。美国银行的肯·刘易斯（Ken Lewis）解释道，七年前他们就意识到会有这么一天！出于维持资金流动性的考虑，商业银行终将收购投资银行。危机令银行业进一步整合，数量更少，规模更大。② 美国联邦政府最终拯救了花旗集团和美国银行，担保为其偿还所有债务。

无论我们怎样形容2008年这场金融造成的灾难都不为过。2008年8月8日（星期日），美国政府控制了房利美和房地美，因为虽然这两家企业虽属于私人企业，但都是重要公共服务的提供商。财政部长亨利·保尔森（Henry Paulson）解释道，未来这些企业将不能只着眼于股息最大化，因为这种战略会导致金融体系出现系统性风险。如果出现清算，财政部将对其所有资产享有优先受偿权，并由当局重新指定管理层。国际货币基金组织赞成了这一决议。③ 世界其他地区则对美国政府对经济采取的干预政策感到惊讶，因为美国一向反对政府对经济进行干预。

灾难发生在2008年9月，当时金融的流动性几乎为零，信贷流通完全冻结。9月12日到15日之间，美国政府同意雷曼兄弟的破产申请，这无异于推倒了第一块多米诺骨牌，并最终导致了全球危机的爆发。直到此时，政府和媒体才如梦方醒。

2008年9月15日，就在周末拯救雷曼兄弟谈判破裂的第二天，雷曼兄弟提出了破产保护的神情。雷曼兄弟负债6000多亿美元，是美国历史上最大的破产案。由于有美国政府居中调停，英国巴克莱银行曾尝试收购雷曼兄弟。

---

① 贝尔斯登的凯恩承认杠杆过高，http：//www. reuters. com/article/idUSTRE64420N20100505.

② 雷曼兄弟破产和美林被售意味着华尔街的破产 15/09/2008 http：//www. eleconomista. es/mercados – cotizaciones/noticias/751842/09/08/Wall – Street – cae – tras – la – quiebra – de – Lehman – Brothers – y – la – venta – de – Merrill – Lynch. html.

③ ‘EEUU – Tesoro inyecta 200. 000 mln usd para Fannie Mae y Freddie Mac’, 8 September 2008, http：//www. eleconomista. es/empresas – finanzas/noticias/739114/09/08/EEUU – Tesoro – inyecta – 200000 – mln – usd – para – Fannie – Mae – y – Freddie – Mac. html.

然而，美国政府拒绝为其不良资产提供担保。没有美国政府的担保，无论是英国总理还是英国金融服务管理局（FSA）都不会批准这笔交易。此外，英国金融服务管理局还要征得巴克莱银行股东的同意。巴克莱却不愿惹祸上身。当时的美国财政部长亨利·保尔森（Henry Paulson）对此十分愤怒，甚至公开出言侮辱英国，直到2010年，才出面致歉。英国公民从自身的角度出发，乐于摆脱收购雷曼兄弟可能带来的债务和政治危机。

此外，英国与雷曼兄弟的倒台还有另外一层联系。美国法院曾指派检察官调查雷曼兄弟破产案。根据美国法律，如果法院认定某公司的债务超过500万美元，就可以指派检察官进行调查。2010年3月11日，这份揭露雷曼兄弟资不抵债和其破产全过程的长达2200页的报告被公开。[①] 这份受美国法院委派做出的报告显示，伦敦在雷曼兄弟的破产过程中起了关键作用。雷曼兄弟的回购105交易正是伦敦年利达律师事务所批准的，[②] 因为没有任何一家美国公司愿意做。[③] 每次提交季度报表之前，雷曼兄弟都利用表外交易工具机制来减少报表中的净财务杠杆比率/债务，实际上却没有发生任何实际的经济行为。雷曼兄弟将交易额以销售科目入账，而这些交易的发生纯粹是为了撰写财务报表：交易金额高达500亿美元。季报之后，雷曼兄弟再迅速实施回购。艾伦·格林斯潘（Alan Greenspan）在对金融危机调查委员会的公开证词中表示，在他看来，回购的确是个问题。[④] 法院指派的检察官解释说，纽约联邦储备银行曾同意接受雷曼兄弟以回购作为短期贷款的抵押，这并不合法，而且一段时间内隐瞒了雷曼兄弟资不抵债这一事实。

当美国政府出乎市场预料拒绝救助雷曼兄弟的时候，债权人突然开始担心向他们借款的银行是否有足够的偿付能力。

虽然人们都知道银行遭受了重大损失，但没人知道每个银行资产负债表

---

① 该案例为‘Lehman Brothers Holdings Inc, U. S. Bankruptcy Court, Southern District of New York, No. 08 - 13555’, http: //uk. biz. yahoo. com/11032010/325/lehman - examiner - report - public. html Reuters. 该案在2月份提交，却没有公开，因为大部分的信息分属保密协议，为了方便公众查阅而做了相应改动，尤其是第12页的芝加哥商品交易所母公司CME集团股份有限公司的信息。

② Lehman Brothers: Repo 105 and other accounting tricks; http: //www. guardian. co. uk/business/2010/mar/12/lehman - brothers - repo - 105 - enron.

③ Lehman Brothers Holdings Inc. case at the United States Bankruptcy Court Southern District of New York, Report by Anton Valukas, http: //lehmanreport. jenner. com/VOLUME% 203. pdf, page 740.

④ 格林斯潘（Greenspan）说道：“不是指他们出售给了表外交易工具，而是之后不得不买回来。用会计术语来说会显得模棱两可。” http: //www. guardian. co. uk/business/2010/apr/07/blame - Europe - alan - greenspan - tells - congress.

上的不良资产到底有多少。资产无法定价导致银行同业市场一夜之间发生冻结。银行早已习惯通过同行拆借获取短期资金，却突然发现自己无法按期还贷。为了降低财务杠杆比率，银行必须获取新的资金或出售部分资产。出于同样的原因，银行同业拆借市场也成了无源之水，很难找到新的资金源。

华盛顿互惠银行（WAMU）位于西雅图，是美国最大的储蓄和贷款公司，它从德州太平洋集团私募基金的投资人处获得了70亿资金，德州太平洋集团的创始人之一还曾在1996年到2002年之间担任华盛顿互惠银行的理事。华盛顿互惠银行在遭受2000多亿美元资产减记和信贷损失后，不再通过经纪人发放抵押贷款。华盛顿互惠银行只是在2007年底到2008年初十几家急于寻求现金的大型银行之一。[①] 2008年9月25日，华盛顿互惠银行被政府监管部门接管，紧急出售给摩根大通。[②] 美国参议院在2010年4月举行的公开听证会上证实，华盛顿互惠银行按揭贷款涉嫌欺诈，但尚未决定是否提起刑事诉讼。信贷员按照所揽贷款的多少和快慢（次级按揭贷款）获得报酬，如果能多收放款费用或征收罚金还能得到额外奖励。[③]

上文提到的会计准则改革加剧了危机。用国际财务报告准则代替国际会计准则目的在于：（1）统一全球公司价值比较规则，鼓励兼并和收购，这是企业参与全球竞争必不可少的一部分；（2）通过“公允价值”评估企业价值，即采纳企业未来的短期市场评估价值，而不是历年账面价值。危机发生时，公允价值的概念造成了一个恶性循环，因为根据公允价值的规定，每三个月就要重新进行财务评估，在充满不确定性和商业不断贬值的大背景下，企业只有通过不断地出售资产才能维持生存。与此同时，银行开始囤积现金，并通过贱卖资产来降低资产负债表的负债率。此外，银行还减少了信贷供应，要求提供更多抵押物，并提高了利率。这样一来，许多以信贷额度为生的企业不得不通过减少投资和裁员来削减成本。

为与国际财务报告准则对接进行的周期性评估系统加剧了股市的暴跌。

---

① http：//www. guardian. co. uk/business/2008/apr/08/creditcrunch. useconomy.

② “2008年9月25日，美国联邦存款保险公司（FDIC）接管了华盛顿互惠银行后——这是史上最大的银行倒闭案—立即以19亿美元的价格把所有的银行存款、贷款及分行都卖给了摩根大通。所有帐户，无论大小，哪怕已经超过了美国联邦存款保险公司的限额，都转到了摩根大通。华盛顿互惠银行的存款没有受到任何损失”，参见‘What the WaMu collapse means for its customers’，http：//www. washingtonpost. com/wp－dyn/content/article/2008/09/30/AR2008093000803. html.

③ ‘Senate panel finds major fraud at Washington Mutual’，AP，Associated Press，13 April 2010，Washington Post.

但主导这次会计改革的美国实际上并没有让新规则自动取代本国立法。在美国，很多种企业——如中小企业和合作社——都不需要遵循国际财务报告准则，危机爆发后，美国政府甚至决定暂停使用公允价值。此外，自2010年1月起，那些没有写入报表但实际上属于银行通过“有资质的特殊目的实体（QS）”控制的资产（通常指的是境外资产，包括抵押贷款信托），都要被写进资产负债表。在危机爆发前，“只要银行设立一个特殊目的实体，它就可以自动运作，由于证券的发行者并不是银行，银行就可以从自己的资产负债表上移除这部分资产”。2010年，财务会计标准委员会主席罗伯特·赫茨（Robert Herz）曾写道：①

“他们就像‘自动驾驶仪’，因为没有规定应该由谁来控制这些特殊目的实体（SPE）……一系列复杂的数学运算构成了它的运作机制，而这些运算往往排除了如流动性等重要风险的影响……看起来SPE的运作结构完美地实现了从资产负债表中移除金融资产和债务的目的，并降低了报表中的现存风险和杠杆率。但从投资者的角度来看，这种做法实际上混淆了银行的重大风险和债务。”②

欧盟却不能这么做。说起来可能有些令人难以置信，虽然欧盟在创建国际财务报告准则体系的国际会计准则理事会和国际会计准则联盟没有任何席位，却在2002年宣布整套国际财务报告准则在欧盟内部具有相同约束力。③虽然有个别欧盟成员国表达了对新会计准则的担忧，也只能少数服从多数。欧盟拿到的是已经定稿的文本，因为没有知识产权，所以连一个逗号都不能改动。按照规则，必须同时有两家咨询机构同时表示反对，欧盟委员会才能拒绝执行新国际财务报告准则，但这种情况几乎从未发生。危机爆发之后，欧盟曾威胁要修改国际会计准则理事会的规定。国际会计准则理事会的回复是：如果要修改，就要花费数月时间重新起草并咨询各界意见，这比在危机期间任何政府或议会修订政策都要花费更长的时间。关于公允价值最大的冲突无非有二：第一是证券监管机构要求披露更多信息，而银行业监管机构希望能在最大程度上保护银行，遏止危机的蔓延；第二是如何解决资产负债表

① ‘Floyd Norris accountants misled us into crisis’, 13 September 2009, blog at nytimes. com/Norris.

② FASB chairman Robert Herz, declaration to the US House Financial Services Committee, 19 April, 2010, http: //www. fasb. org/cs/ContentServerc = Document _ C&pagename = FASB% 2FDocument _ C% 2FDocumentPage&cid = 1176156813156.

③ 欧盟委员会是否有权采纳国际财务报告准则由第1602/2002条法规（修正案297/2008）规定。其中第3条授权委员会全权处理，除非该准则与欧洲公共利益相悖、或与78/660和83/349号令不符。

表外操作的问题，不过这个问题在美国已经迅速得到了解决。

2008 年 10 月，美国国会通过了总价值高达 7000 亿美元的不良资产救助计划（TARP）。直到 2010 年，房利美和房地美仍在公众的监管下运行，虽然亏损不断，却始终有公众财政的扶持。2009 年 12 月，美国总统奥巴马宣布，即使所需的援助金额超过之前承诺的 2000 亿美元，美国也会一直为两房支付预计亏损，直到 2012 年。然而，2010 年 2 月 24 日房地美没有继续要求公共财务补贴当年发生的 215 亿美元的亏损。由于房地美的主要作用是保证房地产和住房抵押贷款，房地美的退出就意味着发生的损失将由最初发放贷款的银行承担。[①] 英国的联合莱斯特银行、布拉德福德宾利银行和邓弗姆林建房互助协会都被收购。

比斯曼（Bijlsma）和兹瓦特（Zwart）解释道："次级抵押贷款市场受到的冲击是如何能发展成一场全球性危机？次级抵押贷款违约率的不断上升造成次级抵押贷款证券资产价值的下降。银行也同样受到了冲击，因为银行的资产负债表上显示其持有该证券资产，或者是他们或明或暗地为购买了这些资产的影子银行做了担保。银行资产价值的下降，导致了银行资本的相应减少。"[②]

最早接受国际货币基金组织监管的国家见证了一波波政局的动荡和政府的倒台。拉脱维亚和匈牙利政府在人民的怒火中集体辞职。20 世纪 90 年代，中欧和东欧国家疯狂购买以外汇计价的抵押贷款。但这些国家使用贷款的方法各有不同。有些国家利用这些信贷提高出口能力和竞争力，例如波兰；另外有些国家则用这些借来的钱投资建房和建购物中心，比如拉脱维亚。[③] 前者改善了贸易部门，后者却没有。此外，正如丹斯克银行指出的那样，波罗的海沿岸的国家还面临极高的信用违约互换风险（信用违约互换的定义见表 1.2）。[④]

---

① 'Freddie Mac annonce une perte nette de 21, 5 milliards en 2009' LEMONDE and AFP 24. 02. 10 http: //lemonde. fr/economie/article/2010/02/24/freddie – mac – annonce – une – perte – nette – de – 21 – 5 – milliards – en – 2009_ 1310866_ 3234. html.

② Michiel Bijlsma and Gijsbert Zwart, Ch. 2 'The Great Recession: CPB about the credit crisis', http: //www. degroterecessie. nl/ chapter02. htm, website of the Centraal Planbureau.

③ http: //www. nytimes. com/2008/10/19/world/Europe/19hungary. html.

④ http: //www. dw – world. de/dw/article/0,, 3721020, 00. html.

表 1.2　　　　　　　　　　信用违约互换（CDS）

信用违约互换是一种完全不受监管的、面向公司债务的保险政策，据威尔·赫顿（Will Hutton）统计，2008 年 10 月信用违约互换价值已经超过全球 GDP 总额，达到了 60 万亿美元。*

信用违约互换本是一种保险行为，但由于投资者和违约风险保护购买者不需要拥有被投保的资产就可以获得收益，信用违约互换就逐渐变成了对企业和国家违约预期的一种投机行为。

信用违约互换指的是投资者或信用风险购买方就标的资产定期向信用保护出售方（通常每季度支付一次）支付保费（信用违约互换点差）的双向合同。标的资产可以是任何物品（公司、国家、债务或债券）。“信用违约事件”发生后，保单将以现金或者实物形式结算。如果以现金形式结算，信用保护出售方以面值—减去回收率的赔率给付信用风险保护方。以实物结算更为常见，信用违约互换购买方必须以实物形式将标的物交付信用保护出售方，信用保护出售方以现金形式支付全部票面价值，全面规避信用风险。国际掉期及衍生工具协会对哪些属于“信用违约事件”做了规定，其中最具争议的是“重组”。

*资料来源：2008 年 10 月 17 日 the bigscreen 发布的 BBC 新闻之夜邀请亚历克斯·里特森（Alex Ritson）做的“五分钟了解信用违约互换”视频 http://www.youtube.com/watch? v = jHVnEBw93EA&feature = related.

拉脱维亚首当其冲，国内生产总值下降了 25% 以上。据国际货币基金组织预测，拉脱维亚总产出受到的损失将达 30%，从比例上来讲，这一数值甚至高于美国大萧条时期遭受的损失。拉脱维亚的固定汇率政策是欧盟加入欧元区的马斯特里赫特条约的一部分，不幸的是，这种政策导致拉脱维亚国家的货币一直估值过高。保罗·克鲁格曼（Paul Krugman）曾把拉脱维亚与阿根廷相提并论。[①] 实际上拉脱维亚的境况要比阿根廷好得多，因为拉脱维亚可以出口到富裕的欧元区，获得欧洲的支持，其公民也能够自由地在其他欧盟国家工作。但与波兰和其他中欧和东欧国家相比，拉脱维亚又处于劣势。国内工资下降、物价下跌、经济失活、产出下降、投资减少和创业不足都导致了

① Krugman, P., 23 December, 2008 ‘Latvia is the new Argentina (slightly wonkish)’, New York Times, http://krugman.blogs.nytimes.com/2008/12/23/latvia-is-the-new-argentina-slightly-wonkish/.

国家通货紧缩。国际货币基金组织再次开出了常用药：实行财政紧缩政策，减少国家干预，削减10%的公共开支。结果拉脱维亚公司破产，失业率上升，投资进一步减少；技术工人开始移民；用于支付利息的一揽子援助计划大大增加了公共债务本金；促进增长的政策空间不断压缩。根据救助条款，拉脱维亚保证其赤字水平将由2007年GDP的7.9%降至5%以下。人们预计，拉脱维亚的债务将在2010年达到GDP的74%，2014年会达到89%。① 最终，拉脱维亚政府于2009年2月的全国暴乱后引咎辞职。

匈牙利的信贷热潮始于奥地利银行，大部分债务是瑞士法郎。为了避免出现通货紧缩，瑞士国家银行在2003年将贷款利率下调至0.75%，这令瑞士成了贷款利率最低的国家，导致贷款疯长。国际清算银行的数据显示，瑞士的对外贷款在2006年达到了6430亿美元。

2006年以来，新签住房贷款的80%和给小企业和个人贷款的50%均以瑞士法郎结算。②

当时的利率非常低，现有信息表明匈牙利也同样如此。这股热潮在2008年10月走到了尽头，这使国家一部分人的资产和收入以当地货币计算，负债却以更为强劲的外国货币计算，导致利息居高不下。2008年11月，国际货币基金组织、世界银行和欧盟通过了对匈牙利高达251亿美元的一揽子救援计划。后来的希腊因为货币贬值和国际货币基金组织的监管也采取了类似措施，包括削减社会福利、取消十三薪、延迟退休年龄。匈牙利还关闭了部分大使馆和领事馆。③ 2009年3月，总理辞职。愤怒是政治多极化的向量。在2010年的选举中，匈牙利极右势力成为多数派，获得了近17%的选票，赢得了47个议会席位。

第一次世界大战后，奥匈帝国解体，匈牙利牙利签署特里亚农条约并割让了72%的国土。获得过半数选票的右翼赢家青民盟（Fidesz）承诺给予身在其他国家的匈牙利血统的人匈牙利国籍，希望借此重新找回“失籍的匈牙利人”。

发生在中欧和东欧这些事件并没有得到西欧媒体的足够重视。所以当危

---

① Mark Weisbrot and Rebecca Ray, February 2010, ‘Latvia’ s recession: the cost of adjustment with an internal devaluation’; Center for Economic and Policy Research http: //www. cepr. net/documents/publications/latvia – recession – 2010 – 02. pdf.

② http: //www. straightstocks. com/hungary/and – so – it – ends – hungarys – government – announces – foreign – currency – loan – wind – up – package.

③ Hungary closing embassies due to economic crisis, 17 June 2009, http: //euobserver. com/9/28315.

机最终降临希腊时，许多欧洲人还没有认识到国际货币基金组织早已插足欧盟事务，而欧盟也会采取类似东欧的银根缩紧政策。2010 年初，资产负债经营仍然是个大问题，人们仍然担心发生通货紧缩，但全球咨询公司已经开始关注公共债务的问题：他们认为，既然杠杆率可以根据不同的经济部门采取不同的方法衡量，那么仅在私营部门探讨债务问题就是片面的。如此，与国内生产总值相比数额巨大的公共债务就成了人们关注的焦点。

财富缩水

即使在成书时断言受损规模也仍然为时尚早。我们只有找出危机带来的所有后果，才能从中吸取教训。大体而言：截至 2010 年初，美国公民的金融资产蒸发了 25%，欧元区蒸发了 35%。[①] 但是，财富不仅仅包括金融资产。

正如罗伯特·海尔布罗纳所说："财富是经济学中的基本概念，甚至可以说是整个学科概念的出发点。然而，尽管它一直处于中心地位，人们却从未就财富的概念达成共识。"……我们可以将国家的财富定义为所有与经济有关的私人和公共资产的总和，包括实物资本（或自然）、金融资本、人力资本和社会资本……此外，人们很容易忽视财富的创造同样包括财富的分配，从生产的先决条件到产出，再到消费和投资的使用和分配，始终贯穿其中。事实上，生产和分配的相互交织是创造财富过程中的固有联系。[②]

在本节中，我们将探讨危机到底在房地产市场、股市和贸易、就业和收入、企业破产、退休金、公共服务、投资下降、培训和研发、信用和生活、社会凝聚力、有些国家的声誉和软实力的丧失等方面给财富造成了多大的损失。

最早感知危机影响的是地方和省级政府（如法国和比利时的地方政府受到了德克夏银行影响、英国地方政府受冰岛网路储蓄银行的影响、美国加州政府面临破产）。接着，危机造成的影响扩大到了如美国通用汽车公司这样的大公司，随后是成千上万的中小企业。企业开始裁员，人们开始担心失去工作，消费受到抑制。此外，养老基金的减少给个人和家庭都带来了消极的影响。保险公司、能源单位和运输公司也受到影响。人们开始怀疑经济是否出

① 'La crise selon Patrick Artus'. interview with Mr. Artus, Director of Natixis, 13 February 2010, Le Monde.

② Enderle. 2007.

现了衰退或大萧条。跨国合作、季节性用工的工资、商品价格、富裕国家的市场需求，对这些国家的出口都受到了威胁。生产链全球化催生了零库存和全球化战略，运输却只能依靠海运和航运，这导致了库存不足，贸易量大幅下滑。当中小企业和个人信用变得昂贵且稀缺时，不少企业开始抛售股票。所有投资金融市场的私人机构（包括大学）都遭受了巨大的损失。除了房地产市场价格下跌，危机的连锁反应还波及到了所有没有合适的国际机构来处理此类问题的领域。

危机在全球范围内同步发生，造成的后果可以分为短期性和结构性两种。金融领域的流动性陷阱可以看作短期性损害，应对措施也是如此。一些企业和就业受到的限制也可以视为短期性损害，如果有快速反应能力、强大的安全网络和良性股权和/或资产，就可以度过危机。在这种情况下，受政府援助的部门会产生新的机遇，市场需求也会迅速回暖。但是，危机造成的现金流受限、市场需求急剧下降、全球供应链的突然中断对于那些没有政府资助的部门来说都是巨大的打击，即使这些企业和工人生产效率高、操作熟练、发展前景广阔也无济于事。没有机会重组的公司突然遭受如此大规模、突发性的损失，熊彼特的“创造性破坏”概念并不适用。①

结构性损害表现在公共和私人投资率上，这是因为新发生的信贷和已有或不断增加的债务使运营成本不断增加。政府和企业都在努力降低成本，包括减少员工培训开支。如果没有国家为中、长期发展提供支持，很多为研发所做的努力都可能会受阻，导致受危机打击最严重的国家竞争力下滑。此外，劳动力的流动性也有可能下降，这是因为房价的下跌可能使家庭无法出售房产，或者变为不良资产继续持有，无法搬迁。在就业减少的情况下，不少企业不愿在培训方面投资，反而更加重视留住现有员工，害怕被其他竞争对手“挖墙角”，也就是怕失去那些签订了固定期限劳动合同、训练有素的员工。②

---

① 约瑟夫·熊彼特（Joseph Schumpeter）的《资本主义、社会主义与民主》（1942）一书曾谈到：“工业突变是从内部不断改革经济结构、不断破坏旧的经济结构、并不断创造新的经济结构的过程。”这是通过实体经济企业创新实现的。

② 欧洲委员会的专家小组曾起草了《新技能、新工作》的报告，小组中的斯瑞艾斯卡·艾琳娜（Strietska Ilina）认为，很多企业不再提供终身制的工作，越来越不愿意投资培训。国际劳工组织（ILO）技能国际劳工政策专家奥尔加·斯瑞艾斯卡·艾琳娜（Olga Strietska Ilina）在接受记者采访时表示，这会造成劳动力技能水平的进一步恶化……必须强调投资 IT 操作、语言和绿色就业等培训的重要性。参见‘As crisis bites，companies wind down training programmes’，24 March 2010，http：//www. euractiv. com/en/enterprise – jobs/crisis – bites – companies – wind – down – training – programmes – news – 372425.

结构性损害包括包括全球财富净值的减少和社会经济凝聚力的下降，甚至有大量企业家和工人选择结束自己的生命。

家庭和养老金

由于多米诺骨牌效应，美国城市分别遭遇了失业、信用卡违约和止赎。房价下跌造成借款人实际上的资不抵债，将近一半的贷款都受到了影响。美国政府从不良资产救助计划中拨款 300 亿美元救市。① 德国和日本也经历了类似的通货紧缩。2010 年年初，高盛和摩根士丹利手中一些投资基金掌握的成千上万的商业资产、酒店及办公楼的总市值仅为 2009 年底的三分之一甚至更少。② 美国的局势同样不容乐观。2011 年到 2014 年之间，面向写字楼、商店和工厂的到期商业地产贷款令 2988 家银行遭受了高达 3000 亿美元的损失。③

英国的英格兰银行承认其 2009 年第三季度的信用卡坏账从 8. 12 亿英镑一跃升至 16 亿英镑。④ 惨遭重创的并不只是英国一国。国际货币基金组织曾在 2009 年 11 月发出警告：由于家庭拖欠债务，预计 7% 的消费债务（总额 1. 49 万亿英镑）可能沦为坏账，信用卡危机将会蔓延到整个欧洲。⑤

虽然财产价值不断下跌，负债累累的所有权人却还要继续按合同规定还款。但是这些债务人所负的债务与抵押品当前和将来的价值没有任何关系。既然如此，那么留着一幢永远无法恢复其原有价值的房子还有什么用呢？当地产泡沫达到高峰时更是如此。他们发现自己拿钱拯救的银行高管反而能拿数百万的奖金。于是他们选择放弃，甚至破坏自己的房子和/或陈设。民众的应激性反映和挫败感到底会造成怎样的后果还是个未知数。当前劳动力市场的疲软已经使美国家庭不愿再背上新的债务。据美联储数据显示，直到 2009 年 12 月，消费信贷水平已经连续 11 个月下滑，总计 17. 3 亿美元，这也是美

---

① http：//www. guardian. co. uk/business/2010/feb/11/banks – crisis – commercial – property – loans.

② ‘Le système Goldman Sachs en accusation’, 18 April 2010, http：//lemonde. fr/economie/article/2010/04/17/le – systeme – goldman – sachs – en – accusation_ 1335177_ 3234. html.

③ ‘US banks facing $ 1. 4tn crisis over commercial property loans’, http：//www. guardian. co. uk/business/2010/feb/11/banks – crisis – commercial – property – loans, 11February 2010.

④ ‘Fears of credit card crisis as bank write – offs double’, The Daily Telegraph, UK, 30 November 2009, http：//www. telegraph. co. uk/finance/newsbysector/banksand – finance/6694719/Fears – of – credit – card – crisis – as – bank – write – offs – double. html.

⑤ ‘Fears of credit card crisis as bank write – offs double’, The Daily Telegraph, 30 November 2009, http：//www. telegraph. co. uk/finance/newsbysector/banksandfinance/6694719/Fears – of – credit – card – crisis – as – bank – write – offs – double. html.

联储自1943年有记录以来发生连续信贷下降的最长时间。[①] 希勒房价指数显示，2007年到2008年年底之间，房价实际下降了30%以上：地产泡沫财富的亏损超过了7万亿美元（平均每个业主损失约100000美元）。单这一项损失的财富就几乎等于2010年GDP的50%。[②] 2010年受损最严重的内华达州按揭贷款的48%都沦为负资产。[③] 据地产跟踪数据显示，2007年12月到2010年6月期间，美国有约236万的资产以止赎的形式收归债权人所有，348万登记了违约通知书，346万进行了定赎拍卖。2010年第一季度，银行收回了近258000处房产，比去年同期增长了35%。[④]

2009年1月，美国出台了住房可偿付调整计划，试图调整住房贷款，控制超过700万面临止赎风险的隐性库存贷款。然而，到2010年7月，只有442000个借款人的情况得到了永久性改善，成功将旧贷款转为新贷款，利息率以市值为基础计算，月供只占所有权人月收入的三分之一。[⑤] 问题是他们只支付利息，并不支付债务本金，这就有可能在30年期满后导致债务激增。不幸的是，2010年的产权抵押贷款只适用于房产价值大于债务的业主。美国银行是美国最大的贷款人，其中430亿美元的贷款都资不抵债。[⑥]

---

① December consumer credit down for 11th straight month, Feb 5, 2010, http: //www. reuters. com/article/idUSTRE61450A20100205.

② Dean Baker, ‘The housing bubble and the financial crisis’, in Real – world Economics Review no. 46, p. 75. 这一结论以希勒20个城市指数2007年10月和2008年1月的数据比较分析为基础 http: //www2. stan – dardandpoors. com/portal/site/sp/en/us/page. article/0, 0, 0, 0, 1145923002722. html.

③ ‘One in five homeowners with mortgages under water’, 31 October 2008, Reuters.

④ ‘Home repossessions hit record high; new foreclosure filings level off’, April 16 2010, http: //www. palmbeachpost. com/money/real – estate/home – repossessions – hit – record – high – new – foreclosure – filings – 567071. html cxtype = rss_ news.

⑤ ‘Program to modify loans loses steam’, August 23 2010, the Wall Street Journal.

⑥ 出自首席执行官布赖恩·莫伊尼汉（Brian Moynihan）的解释，参见’Home equity lending that fuelled consumer spending to recover’, March 11, 2010, http: //www. businessweek. com/print/lifestyle/content/mar2010/bw20100311_ 624208. htm. 2010年10月，美国50个州的最高法庭开始联合调查抵押贷款公司收回房屋的做法是否正确。主要问题是所有权问题：只有贷款人能够证明其拥有房屋的所有权，止赎权才是合法的。当贷款被打包成证券时，所有权链就会中断。‘US October 2010 wide probe into home repossessions’, 13 October 2010, http: //www. bbc. co. uk/news/business – 11535939.

这场危机对所有人、穷人和婴儿潮一代造成的损失尤为严重。[①] 2009 年 2 月 25 日，迪恩·贝克（Dean Baker）在参议院老龄问题特别委员会作证时曾说，年龄在 45 至 54 岁的这批人大量投资置业，他们是损失最多的人。除了产权之外，由于美国储蓄率几乎为零，这些深陷地产泡沫的人也没有多少储蓄。婴儿潮这一代人几年后就会退休。股市和房价的双重崩溃，再加上所欠债务带来的杠杆作用，婴儿潮时期出生的美国人遭受了巨大的损失，不仅体现在金融资产方面，还包括退休福利、养老金和健康服务方面。许多人不得不支付已经资不抵债的家园。迪恩·贝克说，他们将被迫延长工作年限，或降低生活水平。[②]

危机对家庭造成的影响同样蔓延到了其他国家。法国并没有出现类似的家庭资产和养老金问题，因为危机爆发时，法国还没有推行全系统金融化的想法。尽管如此，法国家庭也受到了危机的强烈影响，质高价廉的住房供应不足，导致许多工薪家庭陷入贫困。2007 和 2008 两年平均家庭可支配收入分别减少了 0.8% 和 3.1%，这是自 1960 年以来出现的最大降幅。[③] 另一方面，虽然地方当局可以向保护业主的政府基金追偿，但为了防止局势已经一触即发的市场上出现“限制住房供给”的风险，政府还是选择拒绝付不起租金的家庭。该政府基金从 2005 年的 780 万欧元削减至 2008 年的 310 万，降幅超过 50%。冬季紧急措施结束后，很多家庭无家可归。2010 年 3 月，60 余个法国协会走上街头进行抗议。[④]

---

① “2004 年至 2009 年之间，所有五分位数的有产者净资产损失都比无房户大。据预计，第五分位有产者的平均净债务为 1600 到 14000 美元之间，而同分位的其他家庭财富值在 2000 到 2400 美元之间。以 2004 年净财富损失的百分比来说，收入越低，损失越惨重。2004 年，45 到 54 岁之间收入最低的 20% 的家庭基本没什么财产—平均只有 3500 美元。五年后，预计第五分位的平均净财富将变为负 2300 美元；第二分位的净财富将比 2004 年减少 54%；第三分位将减少 42%，第四分位将减少 35%。2004 年第一分位的平均净财富为 250 万美元，据预计，到 2009 年这一数字会减少 35%——约平均减少 900000 美元”。参见‘The wealth of the baby boom cohorts after the collapse of the housing bubble’，by David Rosnick and Dean Baker，February 2009，Center for Economic and Policy Research，PDF on www. cepr. net.

② 2009 年 2 月 25 日，迪恩·贝克（Dean Baker）在参议院老龄化特别委员会所做的证词。http：//aging. senate. gov/events/hr204db. pdf.

③ “考虑到价格通胀对家庭支出的影响，可支配收入（RDB 或 Revenu disponible）的购买力会大幅下降，（只有 0.6%，而 2007 年这一数字为 3.1%）。实际上，2008 年的家庭购买力下降了 0.8%，接近 1980 年的 0.7%，是自 1960 年以来下降幅度最大的一年”，来源：http：//www. insee. fr’Revenu disponible ménages et évolution du pouvoir d’achat’.

④ lemonde. fr/societe/article/2010/03/13/manifestations – en – france – pour – appuyer – un – moratoire – des – expulsions – locatives_ 1318605_ 3224. html.

就业与工厂

据国际劳工组织统计，自2008年10月以来，这场危机已累计减少全球2000万个就业机会，全球失业人数达到前所未有的2亿人。[①]

从2007年12月到2009年12月，美国经济失去了840万个就业机会。2010年1月，“求职失败”的人数达到了110万，还有630万人已经超过27周没有工作。[②] 联邦政府2010年进行人口普查时重新启用了一半一个月前被解雇的工人（96000人中的40000个），暂时提高了就业率。公司让工人延长工时。然而，截至2009年12月，制造业减少了23000个就业机会，建筑业减少了32000个。虽然2010年初曾出现一些复苏的迹象，但那时劳动者的承受力仍然逼近极限。根据美国商务部统计，2009年10月全国失业率达到10.1%，是近26年以来最高值，2010年2月降至9.7%，2009年第四季度经济年增长率一度高达5.9%，这是近六年来美国最好的经济发展时期。[③]

2009年，英国金融服务业损失了60000份工作，主要包括证券交易、建房互助协会和保险业。英国工业联合会与普华永道的行业季度报告得出了与国际货币基金组织类似的结论：英国可能面临无就业复苏。[④] 建造业的未来也不容乐观。2009年10月5日公布的英国建筑产品协会（CPA）报告认为，建筑业的产出要等到2021年才有可能达到2007年的水平，并警告2009年和2010年英国建造业的产出将分别下降15%和2%，只有在2011年才有可能出现缓慢复苏。由于房价下降，人们不愿投资盖房。金融服务业和建筑业是英国经济增长的两大引擎，英国过于依赖这两个行业，不得不寻找新的增长引擎。[⑤] 政府部门不会产生新的工作机会。2010年4月，英国新政府首次曝光公共部门裁员情况：缩减120亿英镑开支，这意味着裁掉20000到40000个岗位。[⑥] 虽然人们曾认为制造业能够提供就业岗位，但是新增就业岗位显然也不

---

① Le commerce mondial n' avait pas connu un niveau aussi bas depuis 1945 lemonde. fr avec AFP, 24 february 2010.

② 'US jobless rate hits 5 - month low but payrolls fall', http: //www. reuters. com/article/idUSN1416882220100206.

③ 'Home Equity Lending That Fueled Consumer Spending to Recover, March 11, 2010, http: //www. businessweek. com/print/lifestyle/content/mar2010/bw20100311_ 624208. htm.

④ http: //www. guardian. co. uk/business/2009/oct/05/financial - job - losses - cbi.

⑤ http: //www. guardian. co. uk/business/2009/oct/05/financial - job - losses - cbi.

⑥ General Election 2010: Tories' public sector savings 'could cost 40, 000 jobs'.

会来自制造业，因为该行业在过去的几年里一直以年均3.7%的速率持续下滑。[①] 英国制造业受到了信贷紧缩和价格下降的沉重打击。捷豹、路虎、本田、伟世通和钢铁制造商哥鲁氏和吉百利都未能幸免。

德国、瑞典、比利时、爱尔兰和法国等国都受到了工厂倒闭的影响，引发了不断的抗议浪潮，有的甚至十分激进，比如发生在德里克宣威斯（Derek Sherwin）卡帕欧洲（Scapa Europe）总部惠普子公司五个经理身上的“绑架老板”事件，和对法国贝尔卡尔德河畔（Bellegarde - sur - Valserine）英资工厂的威胁。这些事件令政府不得不把工厂倒闭现象提上政治议程，帮助工人与企业谈判，达成更好的条款，拿到更高的失业救济金，甚至帮助他们找到新东家。反例则是一些不声不响的女工，最后只拿到了1500欧元。

尽管如此，法国的原聚化学工业股份有限公司（Sodimatex）、人造聚乙烯（Poly Implant Prothèses）、Sullair Siedoubs，Fonte ardennaise，Sin et Stes，德尔福（Delphi），Surcouf，Gardy，Grass Valley，France Transfo，Interval，Lejaby，埃塞克斯（Essex）等企业在多个地区都爆发了公开冲突，殃及汽车、机床、内衣、清洁服务和零售等行业。甚至负责税收和工人福利的行政机关URSSAF都爆发了罢工。莫仕（Molex）和飞思卡尔（Freescale）等一些企业在2009年爆发的工人罢工甚至延续到了2010年。[②]

2009年初，地处北爱尔兰贝尔法斯特（Belfast）的汽车零部件企业伟世通（Visteon）在恩菲尔德（Enfield）、巴塞尔顿（Basildon）和贝尔法斯特三地提前一小时通知560名工人被解聘，引发了工人占领工厂（更准确地说，占领屋顶）事件的发生。敦提（Dundee）Prisme Packaging也上演了类似的失业工人占领工厂的戏码。Kilbarry沃特福德（Waterford Crystal）工人与企业谈判，希望保留110份全职和50份兼职工作，结果爆发了工人对访客中心为期七周的占领。

2010年，德国采取了分享工作岗位和缩短工时的办法保住了约两万个工作岗位，从而避免了大规模骚乱，只爆发了几起公开冲突事件，如在2009年4月8日戴姆勒公司的年度大会上，数百名工人抗议公司对73000名白领人员实施减薪（最高达14%）并缩短工时进行抗议。

欧洲虽然通过削减临时岗位、采取灵活用工政策、减少税赋和补贴保住

① http: //www. guardian. co. uk/commentisfree/2009/jul/15/rebalancing - economy - unemployment - figures.

② ‘La grogne sociale monte discrètement’, Le Monde, 16 April 2010.

了部分长期的就业机会，但仍然面临经济何时才能复苏的问题。按照规定，终身员工如被解雇，可以领取失业救济。但失业救济的初衷只是为了救济短时失业，由于危机不断发展，这一福利是否能够继续下去还要取决于进一步的立法，否则就会因超出预期失效。2010 年，关于工资和工作条件的国家和部门级谈判进入白热化阶段。比利时企业破产的高峰出现在 2010 年 4 月，共有 1015 家企业申请破产。从 2010 年 1 月到 4 月，至少有 3470 家企业破产，主要集中在餐饮、建筑和零售业，这一数字甚至超过了 2009 年。①

比利时决定放宽短期解雇员工的临时许可，造成了 2009 年大批人群失业，导致了 2009 年 12 月比利时各大工会联合组织示威游行。② “临时”措施的延续（如公开为卡特彼勒［Caterpillar］等跨国公司的就业岗位提供补贴）和就 2010 年新裁员的谈判不断加剧了劳资关系的紧张局面。③

在英国和欧洲，像“康迪（Conti）”这样的工人组织已经开始与其他倒闭工厂的工人相互联络，互相支持。这些行动大多独立于全国性的工会联合会，个别情况下也会获得当地工会的支持。此外，这场危机还催生了特定行业全球工会组织的建立。世界上最大的建筑和采矿设备制造商卡特彼勒于 2010 年 4 月 29 日成立了由来自七个国家的工人（德国、比利时、意大利、法国、日本、美国和英国）组成的公会联盟，成为国际五金联合会的新成员。④ 70 名代表就世界各地就业、工作规划、供应商和分包商等话题交换了第一手信息。

那些曾因被诱导而与公司产生经济关系的工人不满管理层得到的奖金。2009 年 4 月 14 日，美国航空公司地面工人和机械师举行了示威游行，反对公司在裁员时仍然支付高管奖金。另一些人不满养老金的贬损。2009 年 3 月，愤怒的人群因为前苏格兰皇家银行老板弗雷德·古德温爵士（Sir Fred Goodwin）的福利问题攻击了其在英国的住处。同年 2 月份，一些英国银行的工人在国会外举行抗议示威游行，质疑四大前银行家在金融危机中所起的作用。

---

① Faillites：une année record en Belgique，5 April 2010，http：//www. lalibre. be/economie/actualite/article/580325/faillites – une – annee – record – en – belgique. html.

② http：//www. rtbf. be/info/belgique/politique/la – fgtb – manifestera – vendredi – a – bruxelles.

③ 2010 年 8 月，卡特彼勒（Caterpillar）裁掉了 4000 名蓝领、7500 名白领和 8000 名临时工。http：//www. lavenir. net/article/detail. aspxarticleid = 244037 On the trade union FGTB position 工会 FGT 见 http：//www. econosoc. be/files/memorandumFGTB – rw. pdf.

④ ‘Global trade union network established at Caterpillar’，http：//www. imfmetal. org/index. cfmc = 22885&l = 2.

不断恶化的工作条件导致法国电信两年内（2008 年和 2009 年）共有 35 名员工自杀。法国目前已经设立专门监管此类案件的机构，而其他欧盟国家，如德国，仍拒绝把员工自杀和企业或工作条件联系在一起。① 自杀是虚无主义背景下出现的极度绝望的表现，与涂尔干（Durkheim）的“失范”一词相关。尽管看上去危机才是罪魁祸首，但实际上工人的绝望与生产和分配体系的变化息息相关（我们将在第三章中具体阐述）。

据意大利商贸联合会（Confcommercio）主席卡罗·桑阿丽（Carlo Sangalli）统计，在 2009 年，仅那不勒斯（Naples）地区就有 20000 家零售和服务业企业倒闭。② 同时，工业联合会副主席阿尔贝托·柏八塞（Alberto Bombassei）也表示，自危机爆发以来，仅在意大利东北部地区就有 18 名企业家自杀。③

农产品的峰值出现在 2006 年和 2008 年之间，但当危机开始时，成千上万的农民已经负债累累。价格和需求的下降加剧了农业部门面临的沉重压力。根据独立牛奶生产者协会统计，2009 年法国有 800 名农民自杀，即使像其他统计所说的自杀人数只有 400 人，仍意味着每天有一个以上的农民选择自杀。④ 加拿大农民表示他们的负债水平已经到达了历史最高值。⑤

另一波强大的反对浪潮出现在 2009 年。成千上万的美国地方政府工作人员举行罢工，抗议减薪，封锁道路和桥梁。其中一起抗议事件甚至令警方介入。⑥

西欧在 2009 年年底出现了由改制造成的大规模动荡。罗马在 12 月 12 日爆发了冲突，同周，希腊和法国也出现暴动，马德里爆发了首次由所有工会组织的公开游行。截至 2010 年 5 月，希腊已经出现 5 次总罢工，其中一次有约 75 万公务员参与，抗议 2 月 10 日宣布的调整措施。邮政、交通运输和医疗

---

① http：//www. liberation. fr/economie/0101619029 – deux – nouveaux – suicides – chez – france – telecom.

② ‘Commercio：in un anno 20.000 negozi in meno’，La Repubblica，20 gennaio 2010，http：//www. repubblica. it/economia/2010/01/20/news/meno_ negozi – 2014542/.

③ http：//www. repubblica. it/cronaca/2010/03/28/news/suicidi – confindustria – 2959194/index. html ref = search.

④ ‘Un paysan franais se suicide chaque jour’，27 April，http：//www. lefigaro. fr/actualite – france/2010/04/26/01016 – 20100426ARTFIG00654 – un – paysan – francais – se – suicide – chaque – jour – . php.

⑤ ‘Le Coopérateur Agricole’，July – August 2010，Vol 39，No 6，on http：//www. lacoop. coop/cooperateur/articles/2006/09/p26. asp.

⑥ Doran，Kathryn Hopkins and David Gow，The Observer，Sunday 26 April，2009，http：//www. guardian. co. uk/business/2009/apr/26/unions – direct – action – employment.

服务领域的抗议席卷欧洲。然而，这些应对措施并不都是由危机直接导致的：欧洲“网络型产业”和服务业的自由化和私有化就是按照欧盟2005年决议进行的。但是，政府在危机深重时为拯救银行、支援各州、发放部门补贴带来了公共赤字急剧增长，导致深层次的公共部门结构性改革潜滋暗长。各国开始将国际货币基金的监管政策纳入管理体系，比如最早这样做的东欧和现在的希腊。欧盟长期以来一直希望进行结构性改革，但现在实行国际货币基金组织的政策并不能带来经济复苏，反而有极高的通货通缩的风险。

这场危机对中国来说同样意味着巨大的挑战，2007年中国的净出口额对中国国内生产总值增长的做出的贡献高达三分之一；中国仅对外贸易部门的就业人口就超过8000万人，其中2800万人在外资企业工作。因此，全球供应链和销售链中出现的需求中断对中国来说是十分可怕的。举例来说，2008年1月到7月，中国一半以上主营玩具出口的企业全部关停——许多厂长干脆把厂房一锁，逃之夭夭，完全不顾破产程序中的繁文缛节。有证据表明，至少有67000家公司已经关门大吉。政府对大规模的裁员和集体解雇制订了新的规定，要求只要企业裁员超过10%，就要向工会说明理由，或者提前一个月告知劳动者。约有2000万农民工失去了工作，占全国农民工总数的15%。省级政府为返乡农民工提供火车票，并为自主创业的农民工提供超过

200000 元的贷款，鼓励创业。[1]

随着经济衰退的加剧和国外需求的减少，中国迫切需要刺激国内消费。[2]

---

① 危机对中国造成的影响和中国采取的措施来源如下：

1. ‘How the bubble burst - and why 10 bourses have bucked the downturn”, David Teather, The Guardian, 5 August 2008, http://www.guardian.co.uk/business/2008/aug/05/stockmarkets.creditcrunch. Impact on China’s stockmarket;

2. ‘Loans path eases for China s farmers’ by Olivia Chung 30 May 2008, http://www.atimes.com/atimes/China_Business/IC21Cb01.html, on rural credit and Agricultural Bank of China restructuring;

3. ‘Beijing Bank Bailout May Help Farmers’, Tschang, correspondent in Business Week’s Beijing bureau. http://www.chinaeconomicreview.com/partnercontent/info/Beijing_Bank_Bailout_May_Help_Farmers.html;

4. ‘How the financial crisis is changing China’, by Geoff Dyer, 22 October 2008, http://www.ft.com/cms/s/0/e5d48044-a04c-11dd-80a0-000077b07658, dwp_uuid=9c33700c-4c86-11da-89df-0000779e2340.html;

5. ‘China pushes SDR as global super-currency ‘, 23 March 2009, Reuters, http://www.reuters.com/article/marketsNews/idINPEK18455820090323? rpc = 44&pageNumber = 1&virtualBrandChannel=0;

6. 政府公布 4 万亿人民币经济刺激计划，母公司中信集团将拯救中信泰富，10 月份的 PPI 和 CPI 均在下降，10 to 14 November 2008, Caijing Magazine, http://english.caijing.com.cn/2008-11-14/110028661.html;

7. ‘Financial crisis China’s factories try to weather the economic storm’; December 2008, http://www.chinaeconomicreview.com/cer/2008_12/Chinas_factories_try_to_weather_the_economic_storm.html;

8. ‘Labor Lawsuits in China Rise as Factory Closings Continue’, Associated Press, http://online.wsj.com/article/SB123610779112521363.html，感谢义乌研究人员 Crissie Ding 和北京的 Liu Liu 为这篇报告做出的贡献；

9. ‘In China, Despair Mounting Among Migrant Workers’, by Ariana Eunjung Cha, Washington Post Foreign Service, 4 March 2009; A10, Washington Post, http://www.washingtonpost.com/wp-dyn/content/article/2009/03/03/AR2009030303287.html;

10. ‘Asian economies feel the pull of protectionism’, by Jamil Anderlini in Beijing, 24 June 2009, Financial Times, http://www.ft.com/cms/s/0/8f5898d8-6057-11de-a09b-00144feabdc0.html. 因为中国出口退税提高，美国惧怕随之而来的“美国购买”；

11. ‘China and the global financial crisis: implications for the United States’, Wayne M. Morrison, CRS Report for Congress, 9 February 2009, U.S. Congressional Research Service, www.crs.gov. 国际金融危机对中国的影响；后者对世界经济增长的贡献，文中提及 2000 万农民工（p.1）；

12. ‘China and the Global Crisis, The Trillion Dollar Club’, Nicholas R. Lardy, 10 March 2009 Senior Fellow Peterson Institute for International Economics, Washington, DC. The crisis’ impact on China in tables and figures, PDF;

13 ‘Southern China to shed millions of jobs as economic crisis bites’, 23 October 2008 AFP http://afp.google.com/article/ALeqM5hc2rYiyODxC0j7fWnn6maL2W0Rcg.

② ‘Le commerce mondial n’avait pas connu un niveau aussi bas depuis 1945’, 24 February 2010 Le Monde and AFP.

贸易和投资

2010 年 2 月 24 日，世贸组织总干事帕斯卡尔·拉米（Pascal Lamy）在一次布鲁塞尔举行的会议上表示，危机导致世界贸易额下降了 12%，这是自 1945 年来降幅最大的一次，大大超出了世贸组织的早期预测。据 2009 年 3 月世贸组织预计，年出口额的下降幅度仅为 9%。此外，世贸组织还对各国越来越多地采取贸易救济措施和协调问题表示了关注。[①] 这些因素都削弱了对实体经济的投资。

贸发会议秘书长素帕猜（Supachai Panitchpakdi）曾在 2009 年表示，根据贸发会议最新统计数据显示，2009 年第一季度全球外国直接投资流（FDI）和并购额与 2008 年同期相比分别减少了 44% 和 76%。2009 年，发展中国家的国内外商直接投资下降了 39%，转型经济区下降了 40% 以上。2008 年，全球外国直接投资下降了 14%。[②] 如此大的降幅不禁令人怀疑企业是否利用了财务机制来维持贸易额。在消费和商业尚未出现大幅下降、企业尚需保持一定流动性来维持运作的情况下，企业就迅速做出了减少投资的决定：其中，不确定性必然扮演了重要角色。据麦肯锡统计，2008 年的跨境资本流动量下降了 82%，只有 1.9 万亿美元。这是雷曼兄弟公司破产造成的最为立竿见影的影响。[③]

2009 年 9 月 25 日，20 国集团（G20）匹兹堡会议的最后宣言表示要重振世界贸易和投资，兑现各国在伦敦会议上做出的承诺："我们希望快速落实价值 2500 亿美元的贸易融资计划。各国保障市场的开放和自由，重申华盛顿和伦敦会议上作出的承诺：既不提高、也不增设对产品和服务的投资和贸易壁

① "20 世纪 30 年代的大萧条表明，当全球性危机爆发时，保护主义只能恶化并延长这场危机。当全球金融危机爆发时，WTO 的成员国固然有权采取符合世贸规定的应变措施，然而，即使这些措施能像原本设想的那样带来些许积极的影响，一旦越来越多的贸易双方都采取类似措施，就只能对经济造成更不利的影响", 2009 WTO Trade Report, p. 159, http: //www. wto. org/english/res_ e/booksp_ e/anrep_ e/world_ trade_ report09_ e. pdf.

② Supachai Panitchpakdi' s statement, 4 May, 2009, 'Investment, Enterprise and Development Commission', UNCTAD World Investment Prospects Survey 2009 - 2011 http: //www. unctad. org//Templates/webflyer. asp? docid = 11479&intItemID = 3549&lang = 1. 也可参考 'Crisis slows North - to - South Investment', September 2009, http: //ipsnews. net/columns. aspidnews = 48636.

③ McKinsey Global Institute, 'Mapping global capital, entering a new era', http: //mckinsey. com/mg/publications/gcm_ sixth_ annual_ report/slideshow.

垒”。[①] 多哈谈判中，各国承诺“在农业、非农市场准入、服务、规则、贸易便利化和所有其他遗留问题等方面寻求新的进展”。[②] 农业和服务业、贸易便利化和市场准入仍然是各国相互争夺的领域。

在2009年5月，大型企业都期待2011年能够出现转机。[③] 这是因为贸易和投资已经调整了相当长的一段时期，政府也对如汽车等部分工业进行救助，如美国政府从2008年12月开始向通用汽车注入大量现金救市。2009年，通用汽车金融服务公司成功获得“银行”身份，从旨在改善金融部门的不良资产救助计划中获得了高达7000亿美元的援助。2010年1月，政府以38亿美元购买了通用汽车金融服务公司56%的股权，成为控股股东，公司资产达到163亿美元。[④] 通用汽车金融服务公司不仅是成千上万的通用和克莱斯勒汽车经销商的贷款机构，更大量涉足次级贷款和按揭贷款业务。通用汽车公司甚至有自己的用户网上银行。

欧洲市场的稳定需求也有利于零售汽车业的回暖。从2009年初到2010年年中，许多发达国家都采取了有利消费者的汽车以旧换新政策。但是，由于政府补贴逐渐淡出，经济活动还没有实现全面复苏。

但上述这一切并没有纾缓实体经济、中小企业、农村地区和家庭面临的信贷紧缩问题。2010年，企业继续回笼资金，而国内消费则转向了更为便宜的进口商品。2009年年底的经济增长可能只是储量缩减和政府补贴等政策必然带来的技术性结果。[⑤]

2009年，法国企业投资下降了7.7%。公司仍在不断地裁员或者倒闭。据法国国家统计局统计，2009年法国总产值下降了3.1%，是60年以来的最低值。[⑥] 尽管2009年年底法国的情况优于其他欧元区大国（包括德国），但据

---

① G20峰会宣言（题为“开放的全球经济”），‘A Framework for Strong, Sustainable, and Balanced Growth’, Pittsburgh, 25 September 2009.

② G20峰会宣言，‘A Framework for Strong, Sustainable, and Balanced Growth’, Pittsburgh, 25 September 2009.

③ ‘Investment, Enterprise and Development Commission’, S. Panitchpakdi’s statement, 4 May, 2009, UNCTAD World Investment Prospects Survey 2009 - 2011, http: //www. unctad. org//Templates/webflyer. aspdocid = 11479&intItemID = 3549&lang = 1.

④ http: //www. guardian. co. uk/business/2010/jan/01/us - bails - out - gmac - general - motors, 1 January 2010, ‘US bails out General Motors - related company GMAC with further $3. 8bn’.

⑤ ‘Les conditions d’une vraie reprise ne sont pas réunies’, Le Monde; 12 February 2010.

⑥ ‘L’économie fran? aise a rétréci de 2, 2% en 2009, la plus importante baisse depuis l’après - guerre’, 12 February 2010, AP, http: //fr. news. yahoo. com/3/20100212/tbs - france - croissance - 2009 - synthese - 50976bf. html.

统计数据显示危机并未停止：国内生产总值仍在下降，消费水平还需要靠政府补贴来维持，国际贸易额和库存量仍然持续下跌。①

由于许多国家的家庭甚至国家都负债累累，人们都寄希望于贸易和私人投资。但它们能成功吗？生产链和分配链在全球范围内都密切关联，这使整个系统对突如其来的变化和冲击高度敏感。2008 年底的突发性停滞就是一个展示全球系统反应速度到底有多快的代表性案例。

不少大型企业通过积极扩大业务规模、并购和国际化战略参与全球竞争，他们往往选择完全脱离国内市场，或至少关闭国内数十家大规模超级市场，流失成百上千个国内就业机会，比利时和葡萄牙的家乐福就是这样做的。家乐福是全球大型分销公司，其 2009 年的净利润下降了 74%。② 虽然家乐福在比利时已经连续 10 年亏损，却因为这次危机彻底放弃了比利时市场。

意大利银行关于这场危机和意大利生产系统的工作文件显示，需求的下滑和支付链断裂导致了现金流问题，意大利西北部和中部地区成为了受危机冲击最为严重的地区。一半以上的企业采取了成本控制措施，21% 的企业下调了利润率，13.5% 的企业实施了市场多样化战略，只有 5.5% 的企业选择尝试改进产品。只有规模较大的企业考虑扩大市场范围。③ 与德国类似，④ 意大利的国内生产总值与 2009 年相比缩水了 5.0%，这是统计序列有史以来下降幅度最大的一次，这一数字直到 2010 年才有所回升。⑤ 很多企业干脆拒不履行债务——2009 年共有 265 家公司出现债务违约，即使是在标准普尔数据序列 29 年来表现最差的 2008 年，这一数字也只有 105（美国有 193 家，新兴国

---

① 根据法国国家统计局统计，由于国内需求不足（减少了 0.6 个百分点）、库存下降（降低了 1.4 点）和对外贸易的减少（减少了 0.2 点），2009 年法国国内生产总值下跌了 2.2%，这是自二战以来下跌幅度最大的一年。惟一的利好消息来自股市和车市，因为 2009 年政府实施了临时购车补贴。http://www.lefigaro.fr/conjoncture/2010/02/13/04016-20100213ARTFIG00188-la-croissance-francaise-resiste-mieux-que-celle-de-ses-voisins-.php.

② http://www.lemonde.fr/economie/article/2010/02/19/le-benefice-net-de-carrefour-en-chute-de-74-en-2009_1308284_3234.htm.

③ 'Imprese, crisi avvertita di più nel Nord-Ovest e nel Centro', http://www.repubblica.it/economia/2009/12/27/news/imprese_crisi_avvertita_di_piu_nel_nord-ovest_e_nel_centro-1820670/.

④ Rabobank, monthly update Germany, 3 August 2010, http://overons.rabobank.com/content/images/cbge-2010-08-EN_tcm64-124605.pdf.

⑤ 'Italian deficit nearly doubles as GDP shrinks', in 2 March, 2010, http://www.smh.com.au/business/world-business/italian-deficit-nearly-doubles-as-gdp-shrinks-20100302-pdww.html. Also http://fr.news.yahoo.com/4/20100212/tbs-italie-pib-7318940.html.

家有 36 家，欧洲有 19 家）。①

欧洲央行执行委员会委员洛伦佐·斯马吉（Lorenzo Bini Smaghi）认为，公共债务的不可持续增长和银行的去杠杆化使传统的全球经济管理模式难以为继。② 企业首先要做的就是摆脱债务。去杠杆化需要摆脱历史账单，如何操作则取决于母公司对未来的展望。

欠发达国家也未能幸免。约瑟夫·斯蒂格利茨（Joseph Stiglitz）认为："当前这场始于美国、祸及欧洲的金融危机已经升级为全球金融危机。即使新兴市场和欠发达国家能够管理好自己的经济，拒绝不良贷款，维持高额外汇储备，不去购买不良抵押贷款，保护银行不涉足具高风险的金融衍生品行业，这些国家仍有可能被卷入这场危机，成为受害者。"③

墨西哥可能是受危机影响最严重的国家，一是因为墨西哥高度依赖对美国的出口，二是由于墨西哥 2010 年实施的提高增值税和所得税等遏制通胀的措施并没有收到理想的效果。约瑟夫·斯蒂格利茨建议墨西哥为加快经济复苏早作准备。在他看来，如果到 2011 年美国刺激私营经济发展的政策结束时上述情况仍未改善，那么墨西哥前景堪忧。④ 此外，如今在美国工作的墨西哥人已不再往墨西哥汇款，而是墨西哥人往美国汇款以支持家人的生活。在恰帕斯（Chiapas），从境内汇往美国的数额要多于由境外汇往国内的数额。另一方面，危机对就业带来了严重的负面影响：仅 2009 年，墨西哥就损失了约 75 万个就业机会，减少了 7.5%。⑤

传统的发展合作模式可能令人束手无策。这场危机正如改变发展模式的

---

① http://www.repubblica.it/economia/2010/01/12/news/default_ bond_ societari-1918062/.

② http://www.repubblica.it/economia/2010/01/19/news/bini_ smaghi_ crescita-2001188/.

③ Joseph E. Stiglitz, 'Towards a new global economic compact, principles for addressing the current global financial crisis and beyond', address to the United Nations, http://www.un.org/ga/president/63/commission/principles_ current_ global_ fcrisis.pdf.

④ 'Mexico Expomanagement 2009', presentation at a conference press, Periódico La Jornada, 19 November 2009, p. 24, www.jornada.unam.mx/2009/11/19/index.phpsection=economia&article=024n1eco.

⑤ 'Money trickles north as Mexicans help relatives', by Marc Lacey, New York Times, 15 November, 2009, "这家恰帕斯（Chiapas）的小银行曾经常收到来自美国的大笔资金流入，现在却入不敷出。阿兹台克（Banco Azteca）银行在圣克里斯托瓦尔尔卡萨斯（San Cristóbal de las Casas）的销售高管伊迪丝·拉米雷斯（Edith Ramírez Gonzalez）说：'每个月有 50000 比索从恰帕斯汇往美国，收入却只有 30000 比索'。五万比索相当于 3840 美元。由于墨西哥有近一半的贫困人口，没法为在国外挣扎求生的公民提供支持。据政府经济学家预测，墨西哥今年可能会失去多达 735000 个就业岗位，经济可能下行 7.5%，成为受全球经济衰退影响最严重的国家之一。" http://www.nytimes.com/2009/11/16/world/americas/16mexico.html.

催化剂，令各国孤立无援。丹麦和荷兰可谓个中典型，[①] 因为根据经合组织统计数字，这两个国家是少数几个能遵守承诺，拿出国内生产总值的0.7%与世界贫困作斗争的发达国家。[②]

世界银行和联合国组织呼吁人们关注危机给发展中国家带来的困境。[③] 2009年联合国应对全球经济危机会议召开后，某与会组织指出，“发展中国家面临的外汇短缺可能高达1万亿美元（世界银行）至2万亿美元（联合国贸发会议）。除了出口下降和资本外流，许多发展中国家也越来越难以获取新的信贷，这都会影响他们的外汇储备水平”。[④] 曾有人提议应免费向低收入国家提供1000亿美元的特别提款权（SDR），[⑤] 这是效仿2004年亚洲海啸后实施的无息延期支付本金及利息的做法；赋予他们暂停偿债和外汇管制的权利；通过中止诉讼予以法律保护；重建国际储备体系；并加强国际社会对发达国家政策的监管。然而，虽然世界银行曾在2008年年中预见过危机可能造成的影响，但由于大量私募资金的流入，发展中国家在2013年的坎昆贸易峰会上拒绝了采取控制措施。[⑥]

---

① 丹麦新上任的发展援助部长瑟伦·平德（Sren Pind）希望减少受援国的数量。http://politiken.dk/newsinenglish/article928560.ece 荷兰的情况请见 http://www.nrc.nl/international/opinion/article2463024.ece/An_ imminent_ revolution_ in_ Dutch_ foreign_ aid.

② 0.7%指的是世界各国政府反复承诺，会拿出富裕国国民生产总值（GNP）的0.7%作为官方发展援助基金。第一次提出0.7%的目标是在1970年的大会决议里，之后又有多个国际协议予以肯定，包括2002年3月在墨西哥蒙特雷召开的发展筹资国际会议，和同年晚些时候在约翰内斯堡召开的可持续发展全球峰会。在《蒙特雷共识》的第42段，各国领导人重申了他们的承诺，声明说：“我们敦促还没有这样做的发达国家尽快采取具体行动，兑现拿出国民生产总值（GNP）的0.7%作为向发展中国家提供官方发展援助的承诺。” What is the 0.7% target?' http://www.unmillenniumproject.org/press/07.htm.

③ 以下这三个报告对这一现象做出了很好的解释：UNIDO' s Machiko Nissante 2010, 'The global financial crisis and the developing world: Transmission channels and fall-outs for industrial development', Vienna, http://www.unido.org/fileadmin/user_ media/Publications/RSF_ DPR/WP062009_ Ebook.pdf.

非洲请参见 UNECA March 2009, 'Africa and the global financial crisis: towards a “just bargain” at the G20 summit', 2009年4月2日在英国举办的20国集团峰会的背景资料请见 http://www.uneca.org/trid/financing/crisis/ECA%20G20%20Paper.pdf. 最不发达国家、内陆发达国家和岛国请见 UN-OHRLLS June 2009 John Serieux report 'The impact fo the global financial and economic crises on the development prospects of the landlocked developing countries', http://www.unohrlls.org/UserFiles/File/LLDC%20Documents/LLDCs%20and%20the%20Crises%20-%20UNOHRLLS%20%5BJune%202009%5D.pdf.

④ Martin Khor, 'Six key issues in the UN conference on economic crisis', South Centre Bulletin Reflections and Insights Issue 38, 7 July 2009.

⑤ 特别提款权是国际货币基金组织（IMF）国际储备资产的货币单位。

⑥ BBC 新闻 'Poor countries get “$1 trillion”', http://news.bbc.co.uk/2/hi/business/7445489.stm.

遏制危机蔓延

下面列举是的各国为遏制危机采取的主要措施以及实施这些措施带来的影响和后果。

国家如何援助银行：保证偿付能力和国有化

首先，对银行的援助是基于个案的援助。用斯蒂格利茨（Stiglitz）的话来说，这相当于为患有大出血的病人输血。而一笔援助只能救活一家银行。所有银行都只能单打独斗，竭尽所能维持自身的偿付能力。如此一来，资金流发生冻结就必不可免。2008 年 10 月 13 日，银行界最终达成了系统性共识：一个都不能少。①②

从危机伊始到 2009 年年初，美国向银行提供了 2100 亿美元的巨额援助，虽然欧洲国家的干预政策更为温和，这一数字也达到了 40 亿美元到 490 亿美元。与此同时，银行的账面价值减少了约 8000 亿美元，到 2010 年，大部分银行都已经偿还了其政府债务。具体措施各有不同：在贝尔斯登（Bear Stearns）和美国国际集团（AIG），蒙受损失的只有普通股股东，而在房利美、房地美和华盛顿互惠银行，普通和优先股股东都受到了影响。③ 华盛顿互惠银行位于西雅图，它的倒闭使成千上万的西雅图人失去了工作并导致了人才外流，这让西雅图今后如何继续保持金融中心的地位显得力不从心。

类似“应当如何取舍（如雷曼兄弟）”、“为何待遇会有所区别（如北岩

---

① 这并不是为了那些表现的好像什么都没发生过一样的人辩护，如 10 月 10 日在摩纳哥办盛宴的富通和在接受公共财政救济后入住 5 星级酒店为主管们按摩的美国国际集团。

② 当时的英国首相戈登·布朗（Gordon Brown）呼吁通过“新布雷顿森林体系”的国际协议。来源：13 Oct 2008，‘Financial Crisis：Gordon Brown calls for “new Bretton Woods”’, by Robert Winnett, Deputy Political Editor, http：//www. telegraph. co. uk/finance/financetopics/financial – crisis/3189517/Financial – Crisis – Gordon – Brown – calls – for – new – Bretton – Woods. html10 月 13 日，欧盟领导人在巴黎举行会议，协调彼此的行动。10 月 13 日达成的协议分为四个部分：（1）通过给银行新发行的中期债务提供担保的方式帮助银行获取新的资金；（2）进行银行资本重组；（3）政府承诺购买优先股；（4）欧盟迫切要求国际会计准则委员会放宽市场会计规则。这份协议与几天前美国采取的措施颇有相似之处。巴黎会议实际上是 15 个欧元国自 1999 年推行欧元区以来举行的第一次正式会议。来源：Financial Crisis Timeline, Page 3, July – December 2008, University of Iowa Centre for International Finance & Development, Jason Cox and Laurie Glapa, Last updated：July 1, 2009. http：//www. uiowa. edu/ifdebook/timeline/timeline3. shtml.

③ de la Dehesa, G., 2009, p. 22.

银行）”这样的问题让我们想起了劳伦斯·方丹（Laurence Fontaine）对英国破产实践所做的分析。① 北岩银行是英国第一家遭受挤兑的银行，英国政府对北岩采取了国有化方针，并承诺不久会再次转售。政府大幅削减了银行规模，并将高质量的客户转给了其他大型银行。这些大银行都曾暗中甚至公开受到英国政府的支持。虽然劳埃德（Lloyds）银行收购哈利法克斯苏格兰银行（HBOS）政府没有出面，但这笔交易同样受惠于政府政策的变更。2010 年 1 月，北岩银行被拆分成一个“好”银行和一个“坏”银行，这严重削弱了北岩银行的实力，恐怕再也不能东山再起。2010 年初，北岩银行只有 76 家分行，规模很小，无法独立生存。② 北岩银行曾经营利率非常低的贷款业务，因此被很多经营高利率贷款业务的银行看不起。北岩银行的前身是建筑互助协会，养老基金是最大的股东，但当金融市场出现冻结时，英国政府花了很长时间才成为最后贷款人，那时国家对存款的担保早已过期。

美国、英国和欧盟都先后采取了注入货币和“量化宽松”的政策，但这没能解决核心问题，因为银行只有把注入的货币转化为资本才能在金融往来中恢复偿付能力。仅有宽松的货币政策还远远不够。通货紧缩已经开始影响实体经济，迫切需要国家出台积极的财政政策和施政方针。英国和法国最先出台了此类政策，其他经济合作与发展组织成员国也纷纷效仿。大多数发达国家采取了鼓励汽车以旧换新的新政，如美国实施了名为“旧车换现金”的汽车刺激法案，一些欧盟国家也制订了类似的政策。正如上文所述，这些政策都对复苏汽车行业起到了一定的作用。不同的是，欧盟国家政府对经济的干预还要受“稳定与增长公约”中有关预算赤字上限的约束。这在当前是合情合理的，后来金融市还以此推动了欧洲国家的改革。

国家为银行存款提供担保无疑缓解了公众恐慌，但这项政策并不能解决银行间同行拆借冻结这一核心问题。雷曼兄弟破产后，德国通过了专门稳定金融市场的法律，并成立了稳定金融市场特别基金。设立该项基金的主要目的有三个：为新发行的债务证券和其他债务提供担保；调整银行的资本结构；并承担风险头寸。调整银行资本的另一种方法是美国财政部长蒂莫西·盖特纳（Timothy Geithner）2009 年 3 月提出的公私协同投资计划，这项计划旨在

① Fontaine, 2008.

② http://business.timesonline.co.uk/tol/business/industry_sectors/banking_and_finance/article7034454.ece.

以政府贷款和担保鼓励私人投资者购买银行不良资产，即所谓的“遗留资产”。[①]

银行国有化是否能起到积极作用？在大多数情况下，对银行国有化更准确的称呼应该是“技术性国有化”，因为银行还可以保留原来的管理层和股东。国有化在短期内确实起到了一定作用，但并没有解决“有害”金融产品、未付票据和未知债务的问题。国有化把金融领域的问题转移到了公共领域。为了维持金融体系的稳定，国家必须顶住各种压力保护本国货币。值得一提的是，为了应对冰岛经济危机，英国政府甚至曾威胁要动用反恐怖主义法，控制资本流动，包括对外投资。幸亏 10 月 13 日的方案阻止了这场恶性循环。英国政府的这种做法正是基于为存款提供担保和银行国有化的法令。

美国国家不良资产救助计划（TARP）表示愿意重组银行资本、为债务提供担保并吸收不良资产，即使不良资产无法评估或不在银行内部成立代表处。虽然出钱的一直是美国政府，但掌控大局的依然是原来的管理层。人们之所以担心银行国有化，是因为国有化银行仍有可能像政府为拯救银行所做的那样，向资不抵债的公司提供贷款。允许政府接手倒闭银行的新法案直到 2010 年才获得通过。同年，美国证券交易委员会以欺诈为由对高盛（Goldman Sachs）提起了民事诉讼，并在同年 8 月达成了总金额 5.5 亿美元的庭外和解。[②]参议院在 2010 年 4 月召开了关于这场官司的公开听证会。但批评者仍然抱怨美国政府对明目张胆蔑视法律的欺诈行为开出的罚单还远远不够。

瑞典的做法对很多国家来说都有很好的借鉴意义：瑞典在国有化的过程中，把银行分成“好”银行和“坏”银行，由政府出面任命新的管理层，几年之后再出售给私人经营。第一个效仿者是 2008 年的瑞士联合银行，他们同意划分基金实体。[③] 德国紧随其后，成立了两家“坏”银行，一个为私营银行，一个为地区性银行。2009 年，爱尔兰国有资产管理机构也采取了类似的策略，却受到了约瑟夫·斯蒂格利茨（Joseph Stiglitz）和努瑞埃尔·鲁比尼（Nouriel Roubini）的公开批评。[④]

---

① http：//www.ustreas.gov/press/releases/tg65.htm 与 http：//www.ustreas.gov/press/releases/reports/ppip_ fact_ sheet.pdf.

② ‘SEC vows to launch more actions over crisis’, 27 August 2010, Financial Times, p. 1.

③ 2008 年 10 月 17 日，瑞银（UBS）和瑞士信贷（Credit Suisse）担保了 700 亿美元，http：//business.timesonline.co.uk/tol/business/industry_ sectors/banking_ and_ finance/article4959175.ece.

④ http：//www.sbpost.ie/commentandanalysis/nama - is - highway - robbery - 44915.html 与 http：//www.ifss2009.com/Leading%20economists%20disagree%20over%20NAMA%2021.10.09.pdf.

2008 年 10 月 7 日，冰岛对冰岛网路储蓄银行（Icesave）及其母公司冰岛国民银行（Landsbanki）实行了国有化，但这两家公司都没有以银行的名义在英国注册，也不受英国金融服务管理局的监管，因此英国无法为储户提供担保。

冰岛网路储蓄银行曾以高利率吸引了数以千计的储户，现在他们都变得一无所有。更糟糕的是，有些国家曾对冰岛公民许诺借贷能获取收益，这使冰岛的负债急剧膨胀，事先却没有就这些借贷达成任何协议。英国和荷兰很快令使冰岛背负起高达其国内生产总值 140% 的外债，但却没弄清楚冰岛是否有偿付这些荷兰储户的法律义务。荷兰的沃特·博斯（Wouter Bos）部长在未经任何议会讨论、也没有任何预算保障的情况下就承诺为冰岛提供 13 亿美元的担保。尽管冰岛存款担保的法律上限是 22000 欧元，而且不是欧盟成员国，荷兰央行还是像其他欧盟国家一样，为荷兰公民在冰岛的存款提供了 10 万欧元的担保。[①] 由于冰岛总统拒绝偿还英国和荷兰的这笔债务，导致了国际纠纷。荷兰威胁欧盟和国际货币基金组织联合抵制冰岛。虽然欧盟法规可以适用于解决国家争端，但荷兰与冰岛又没有类似的双边条约。而且 冰岛网路储蓄银行出现的问题对荷兰来说并不构成能为其决定做出合理解释的系统性威胁。曾参与谈判的司伟登·韦津伯根（Sweder Van Wijnbergen）呼吁实施类似 1995 年布雷迪（Brady）那样的重组计划。他来自阿姆斯特丹大学，在与墨西哥进行债务谈判时供职于世界银行。当年墨西哥 40% 的债务得到了减免，随后便迎来了投资和经济好转。因为只有经济发展，才有可能偿还债务。但是，墨西哥的债务仅占国内生产总值的 60%，但凡超出这一比例的都没能偿还债务：冰岛早已超出这一比例。

经济刺激方案

许多国家都通过了大型的经济刺激计划，这非常符合凯恩斯思想。2008 年 12 月，欧盟理事会通过了一项价值 2000 亿欧元的刺激计划。但是，与美国和中国相比，该刺激计划所占国内生产总值的比例仍然偏小，缺乏协调性，更没有规定成员国在何时、应做何种努力。[②] 这项计划允许各国采取方案中列

---

① http：//www. nrc. nl/international/opinion/article2457326. ece/Iceland_ needs_ international_ debt_ management.

② Jakob von Weizs cker and David Saha，2009，‘Estimating the size of the European stimulus packages’，政策建议 276，勃鲁盖尔（Bruegel），国民议会 2009 年 2 月 11 – 12 日布鲁塞尔欧洲议会经济和货币事务委员会年度会议简报。

出的增加供给和需求的措施，包括支持企业现金流。波兰、荷兰和英国等采取了其中一种或两种支持手段刺激经济，德国则采取了全套刺激手段。

中国实施了为期两年、价值5860亿美元的国家刺激计划，主要包含八项基础设施建设：住房、农村基础设施建设、水、电、运输、环境、技术创新和灾区灾后重建（2008年5月12日汶川地震）。这项计划产生的债务为国内生产总值的3%，与美国不同，中国没有采取国家购买的做法。此外，中国还强化了其出口政策[①]和投资政策（含第三产业和研究），[②] 进行银行重组，通过企业试点推行人民币自由化，[③] 2010年8月尝试进入国际市场。[④] 中国十分重视实体经济的需求，注重国家与投资政策的凝聚力：财政政策必须适应实体经济的需要，反之则不然。中国是世界上最适合实施这种策略的国家，因为中国一直处于投资高位，而且政府负债较低。有人认为中国在金融危机中损失不大，但实际上中国投资者在雷曼兄弟和中国银行在摩根士丹利、百仕通集团和巴克莱银行的投资都蒙受了巨大的损失。中国在危机中面临的主要挑战是如何应对农民工的大量失业和农村如何应对农民工的返乡潮。危机对实体经济的影响如上所述。另外两个挑战是如何在维持现有通胀水平的前提下保证均衡增长，以及如何在保持对投资政策控制的前提下建立一个有竞争力的金融体系。对农村地区的支持包括保障住房和信贷，改革中国农业银行，

---

① “由于担心经济增长放缓和工厂大规模倒闭，中国决定加大对制造商的支持，提高了3700多种商品的出口退税幅度”，还决定“对钢材、化工品和粮食出口取消部分关税”，参见 tax rebates raised for Chinese exporters, 12 November, 2008, http://www.ft.com/cms/s/0/821df3c4-b0db-11dd-8915-0000779fd18c.html.

② 根据商务部统计，2009年7月到2010年7月之间，中国外资投资额实现近30%的增长，仅2010年7月就获得外资69亿美元。此外，第三产业投资同比增长37.6%，达到了263.1亿美元。http://english.cntv.cn/program/bizasia/20100820/104489.shtml.

③ 人民币跨境贸易请参见 http://www.china-briefing.com/news/2010/06/29/china-expands-pilot-areas-for-rmb-settlement-of-cross-border-trade-transactions.htm. On liberalizing the use of foreign capital，开放利用外资请见 http://www.china-briefing.com/news/2010/08/23/china-encourages-further-use-of-foreign-capital.htm. 自由投资国外请见 http://www.china-briefing.com/news/2010/08/25/pilot-program-allows-enterprises-to-deposit-export-revenues-overseas.html.

④ Banks sell switch to renminbi payments for trade with China, 27 August 2010, Financial Times, p. 1.

最重要的是改革土地政策（现在农民对土地没有所有权），并提高粮食收购价。[①] 在农村年轻劳动力大幅度流失的情况下，必须规范土地流转制度才能在不改变土地承包责任制的前提下推进农业现代化进程。

美国联邦经济刺激计划并未如期弥补产出缺口，[②] 因为各州和地方各级政府都没能完全照计划执行。2009 年年底，德国总理安格拉·默克尔（Angela Merkel）承认危机仍在继续。同年 12 月，迪拜世界（Dubai World）出现债务违约。日本通过了第二个一揽子经济刺激计划，中国也宣布，如有必要还将实施类似计划。

政府支出和偿付能力

上文列举了发达国家采取的大规模国民经济援助计划。这会给国家的偿付能力造成怎样的影响呢？这在未来的几年里都将是一个充满争议的话题。首先吸引媒体注意的是冰岛，但第一个遭殃实际是市、区、州和省；从民族国家的角度来说，则先是东欧，然后是西欧。

面对危机，澳大利亚、加拿大、巴西、印度和中国政府反应迅速，银行监管体系行之有效。新西兰和澳大利亚政府通过颁行法令调节货币供应量，有效期分别为两年和三年。拉丁美洲国家则通过实施出口多元化战略（尤其是对亚洲）更好地解决了这一问题。关于美国的债务问题将在第二章中详加论述。

欧盟的情况又如何呢？2008 年 10 月 13 日，欧盟终于部分同意实施早应到位的组合措施，但并未就具体执行方案和后续措施达成一致。任何没有行之有效的治理协议的大型开放市场，都难以制定连贯性政策，或在出现危机的情况下授权采取紧急行动，欧盟正是一个不幸的典型。欧元也因此被削弱。欧盟不得不暂时放弃马斯特里赫特（Maastricht）限制预算的做法。欧盟取消了对国家援助的限制，推出了基础设施、能源和社会领域的大规模投资计划，

---

① 措施包括：（1）降低购房者首付比例、减免税金；（2）改革土地政策，允许农民通过租赁、转租或转让农田给他人甚至工厂来获取收益；（3）农村可以组建信用合作社，为农户提供资金；（4）家电下乡，政府补贴零售价的 13%；（4）由于其他已在海外或沪指上市的国有银行已经关停其农村业务，出现金融服务真空地带，决定重组中国农业银行，扩大农村信贷。农业银行必须摆脱不良贷款，进行资本重组。农行的不良贷款率由 2007 年底的 23.5% 下降到了 4.1%。2008 年 10 月 21 日，北京批准了该重组计划，成为中国针对银行有史以来最大的救市计划；（6）所有粮食产品的政府采购价上涨了 13%，从 2008 年的 1029 亿人民币上涨到 2009 年的 1200 亿人民币。

② 有关美国经济刺激计划的讨论请见 http：//bx. businessweek. com/us – economic – stimulus/.

利用财政手段援助企业、防止失业。欧盟还需要把两个庞大的援助计划结合在一起：用以援助希腊的1100亿欧元和2010年5月用于保护欧元的7500亿欧元。欧盟成员国终于承认欧洲央行应该发挥更加积极的作用，向国际货币基金组织求助，进行结构性改革，并于2010年5月底举行了第一次联合经济管理会议。这些做法冲击了欧洲意识形态的共识。不仅如此，欧洲还面临其他困难。俄罗斯暂停证券交易对欧盟大多数股票交易所造成了障碍，因为他们没有迅速做出决策的自主权。此外，正如我们上面所讲的，因为欧盟欧盟依赖于一个外部控制机构——国际会计准则理事会，所以在界定和规范资本及债务、资产及负债方面存在问题。另一个例子是欧盟依赖于外部评级机构，该评级机构甚至能禁止欧盟成员向欧洲央行求助。

政府支出是否有效？最初还是有帮助的，但随着债务和公共赤字陷入困境，各国就进入了财政紧缩和财政调整阶段。此外，经济大幅下滑后的增长取决于：（1）下滑的趋势是否已不可逆转；（2）债务水平是否达到历史上限；（3）经济是否受到国际紧缩或低速增长的影响。一国一年内经济缩水达到3%就意味着进入低速增时期。因此，经济损失指的是经济衰退出现前和经济衰退出现后两者的差值。莱因哈特（Reinhart）与罗格夫（Rogoff）有关“债务零容忍”的分析显示，当债务水平达到历史极值时，负债累累的政府很难在财政政策和主权风险利差水平和波动之间做出权衡，而应取决于债务本身的构成（短期还是长期债务、国外还是国内债务）。[①] 欧洲在这方面显得尤其脆弱，因为欧洲政府和私人组织都大幅对外举债，可谓债台高筑。[②]

全球连锁店、自由流动和即时库存的出现使国际市场对经济的影响更为立竿见影。在全球经济高度互联的背景下，各国政府同步退出宽松的宏观经济政策影响了全球总需求。2010年出现的是库存复苏，而不是消费复苏。[③]

那么，危机会给美元作为储备货币的地位带来什么影响呢？中国呼吁以新的国际货币取代美元。2010年，联合国也赞成用新的国际货币取代美元成为新的储备货币，国际货币基金组织（IMF）同年也起草了一份提案，建议启

---

① Reinhart and Rogoff, 2010.

② Carmen M. Reinhart and Kenneth S. Rogoff, 7 January 2010, pp. 23 and 24.

③ Rabobank, monthly update Germany, 3 August 2010, http://overons.rabobank.com/content/images/cbge-2010-08-EN_tcm64-124605.pdf.

用新的名为“班柯（bancor）”的全球货币。[①] 这场危机证明，尽管发展中国家积累外汇储备的做法可能加剧全球经济失衡的趋势，但这种做法却是正确的。美国为何能继续对金融体系施加影响呢？这是一个类似第二十二条军规似的无解之题：如果中国抛售美元、美元贬值，那么中国主要的出口市场和增长源也将不复存在。2009 年 7 月 27 到 28 日举行的中美战略与经济对话第一次会议就曾涉及这一敏感问题。反过来，因为欧盟没有自己的财政部，有限的资金都来自欧盟成员国，根本无法与北美的政府性基金竞争。最近，欧洲央行已经开始购买成员国国债。但在 2010 年 8 月中旬，欧洲央行购买了超过 3 亿欧元的欧元区政府债务，引发了人们关于欧盟公共债务问题是否妨害信用的争议。[②]

各国政府面临公共债务危机

2010 年，压力主要集中在国家债务和赤字上，债务市场的紧张局势也可能对银行业绩和可供实体经济的信贷量造成了影响。标准普尔下调了英国银行系统的评级，[③] 不再属于“风险最低”一类，理由是英国经济必要的去杠杆化可能会影响银行部门的信用。由于欧洲银行面向 90% 的欧洲公司提供资金，[④] 最要紧的就是重塑信用。仿照美国的做法，欧洲也在 2010 年年中进行了银行压力测试，以平息人们对欧盟范围内债务重组的担忧。

希腊是欧盟、也是欧元区内第一个被纳入国际货币基金组织和欧盟监督的西欧国家。从上文可以看出，其他欧盟成员国处境也与希腊类似。希腊央

---

① 2010 年联合国世界经济和社会概览：“应该创建一个新的、不以美元为单一储备币种的全球储备系统。稳定的储备货币必须要有稳定的储备价值，美元已不能胜任”，overview，p. XXII，http：//www. un. org/esa/policy/wess/wess2010files/wess2010. pdf. 2010 国际货币基金组织（IMF）提出：“应由全球央行（见附件 1，第五部分）发行具有稳定的储备价值、不依赖任何特定的经济条件的全球性货币班科（bancor）。从长远来看，随着贸易和金融的持续快速增长和全球经济一体化的发展，这一做法的重要性会逐渐彰显”。参见 2010 年 4 月 13 日由战略、政策和审查部与金融、法律、货币与资本市场、研究和统计部门合作编写，同计区域部门，题为“储备积累和国际货币稳定（Reserve Accumulation and International Monetary Stability）”一文，http：//www. imf. org/external/np/pp/eng/2010/041310. pdf.

② ‘Uh - oh. The ECB Is Buying Bonds Again’，23 August 2010，http：//blogs. wsj. com/marketbeat/2010/08/23/uh - oh - the - ecb - is - buying - bonds - again/.

③ “我们不认为英国的银行系统（英国长期主权票据为 AAA 级，但存在负面风险）属于世界风险最小的银行系统”，UK’s AAA credit rating in danger，S&P，Monday，29 March 2010，http：//www. guardian. co. uk/business/2010/mar/29/uk - aaa - credit - rating - warning.

④ ‘L’Europe sommée d’assainir au plus vite ses banques’，Le Monde，12 June 2009.

行在年度报告中承认，希腊的经济已经陷入了恶性循环，只有通过大幅减少赤字和债务才能脱身。据该行预测，如果公共债务为年产出的115%，预算赤字所占国内生产总值的比例将从2009年的12.7%上升到12.9%。① 而欧洲央行的权力有限。另一方面，希腊其实也是一个可以尝试目前各种解决方案的理想机会。因为希腊只占欧盟国内生产总值和欧洲银行负债总额的一小部分。这只是个规则层面上的问题。

同时，政府还面临选举问题。正是受欧洲人口最稠密和工业化程度最高的德国计划在2010年5月9日举行大选的影响，德国总理默克尔的每一个提案都一变再变。② 北莱茵－威斯特法伦州的选举在传统上是德国国家政治的风向标，因为这次金融危机，执政联盟在大选中败北。正是因为大选，默克尔直等到5月9日才表示会支持希腊。③ 欧元区政府在救助希腊的问题上摇摆不定，导致希腊利率进一步恶化、评级机构再次降低了希腊评级，并导致大量的资本外流。④

3年前，欧洲集团主席让克洛德·容克（Jean－Claude Juncker）曾提出过

---

① 'Greece's spending cuts are making debt crisis worse, says national bank', 22 March 2010, http://www.guardian.co.uk/business/2010/mar/22/greek－cuts－make－debt－crisis－worse.

② 2月11日，德国曾在一次非正式欧盟理事会上承诺，如果有需要，德国会支持希腊，只要希腊采取紧缩的财政方案（希腊确实这样做了）。两天后，默克尔收回了承诺，甚至提出希腊应该被驱逐出欧元区。默克尔为什么突然改变态度？北莱茵－威斯特法伦州的选举会在德国下议院产生新的多数党。企业领导人希望CDU联合掌权，这样才能推进财政整顿、实施紧缩措施，这对维持他们的竞争力意义重大，所以他们坚决反对帮助希腊。容克认为，如果要驱逐希腊，就必然要有一个允许自愿退出的对应条款。在他看来，默克尔的想法最终会动摇整个欧元区。直到2010年国家选举前，默克尔一直在不断地改变立场。2008年10月5日，她反对欧盟救助银行的打算。因为在她看来，德国的银行并没有受到影响。一个星期后，随着德国住房抵押贷款银行的破产，她又同意欧元区首脑会议通过欧洲计划。她也曾反对过重启动欧洲经济的计划，三个星期后，当德国也开始为之所累，她又改变了自己的立场。她还反对法国帮助欧洲汽车业的计划，认为这个计划会令很多欧洲国家各自为政，出台自己国家促进购买新车的计划，包括德国。

③ 'A paralyzing state election, the man who could take down Merkel', Der Spiegel, http://www.spiegel.de/international/germany/0, 1518, 675759, 00.html02/05/2010.

④ 根据希腊银行提供的最新数据显示，2月份有超过30亿欧元（26亿英镑）的希腊家庭储蓄和企业存款被转移到海外，1月份这一数字为50亿欧元。瑞士、英国和塞浦路斯一直是这笔资金最大的去处，因为最富有的那部分希腊人害怕一旦经济危机到来，希腊会采取更多惩罚性的税收政策，他们希望把存款放到瑞士银行来逃过一劫，http://www.telegraph.co.uk/news/worldnews/Europe/greece/7557213/Greek－banks－hit－by－wealthy－citizens－moving－their－money－offshore.html Greek banks hit by wealthy citizens moving their money offshore 05 Apr 2010.

走出欧元困境逻辑上的解决方案，[①] 那就是应当允许欧洲央行面向各成员国发行债券，这样各成员国就能通过欧元债券实现再融资，这样一来，如希腊等成员国就不用再为偿还债务的再融资支付利息，从而减轻欧元面临的提息压力，而且还能抑制投机性压力。然而，欧元债券方案于 2010 年 5 月 9 日被驳回。

2005 年，查尔斯・韦普洛兹（Charles Wyplosz）曾提醒人们欧元稳定公约的刚性过强。而且公约允许政府在经济困难的情况下，随意突破 3% 的公共赤字限制，可以说“后患无穷”。欧元稳定公约使小国和大国之间的裂痕不断加大，以致无法贯彻执行财政规则。韦普洛兹认为，该公约不应过多关注年度预算赤字，因为剥夺议会制定财政政策的权利是“致命的”。[②] 相反，它应该更多关注怎样稳定债务。正如波兰宪法规定的那样，公共债务占国内生产总值的比例不应超过一定的限制，这才是可持续财政的有效定义。虽然韦普洛兹没有预见金融危机可能会造成公共债务的迅速增长，我们仍然赞成韦普洛兹的一般性观点。危机发生之前，德国进行了结构性调整，通过法律规定 2016 年以前，联邦政府的财政赤字不得超过国内生产总值的 0. 35%，2020 年之后，德国各州都不得再出现赤字。[③] 然而，人们对欧盟这种举棋不定可能带来的全球性影响始终忧心忡忡。[④] 直到 2010 年 5 月 2 日，欧盟和国际货币基金组织才公布支持希腊的具体措施。在这之前，他们拒绝了任何有可能导致欧洲银行承保部分债务的债务重组方案。美国亚特兰大联邦储备委员会主席对此表示担忧。[⑤] 由于欧洲削减了财政支出、消费水平下降、增速放缓，美国对欧盟的出口可能会受到影响，进而影响美国的经济复苏。如果美元在金融市场上升值，美国对全球的出口都会受到影响。最后，如果希腊最终难逃爆发危机的厄运，投资者完全可以选择退出国家主权债务市场，这种做法肯定

① 容克 EPRef－6892922/03/2010 － 欧洲议会的现场录音，经济和货币事务委员会与欧元集团主席克洛德・容克交换意见：http：//ec. Europa. eu/avservices/player/streaming. cfm？ type = ebsplus&sid = 157252.

② http：//www. euractiv. com/en/future － eu/opinion － stability － growth － pact － focus － public － debt/article － 134932.

③ 日内瓦国际研究所经济学教授查尔斯・维普兹（Charles Wyplosz），' How to rebuild the stability pact '，1 February 2005，http：//www. ft. com/cms/s/0/b20bfa32 － 73f8 － 11d9 － b705 － 00000e2511c8. html.

④ http：//www. nytimes. com/interactive/2010/04/06/business/global/European － debt － map. html？ref = global.

⑤ http：//www. lefigaro. fr/conjoncture/2010/03/23/04016 － 20100323 ARTFIG00418 － les － etats － unis － inquiets － a － propos － de － la － grece －. php.

会对美国造成伤害。因此，我们认为，在一个彼此密切联系的全球性金融体系中，起因和结果往往彼此关联，循环往复。

另一方面，欧元的贬值实际上是个好消息。人们终于能够承认是价格过高的欧元影响了欧盟的增长，而较低的利率有利于出口和复苏。也许人们要关注的不仅仅是欧元，而是“债务”市场和银行、大公司之间的关系。① 当前的危机只是放大了那些早已存在、可能导致债务陷阱的问题，我们将在第二章中详加论述。

荷兰的研究援引了欧盟统计局公布的12个欧元区国家的数据（包括希腊），表明欧元区国家在通胀水平、年GDP增长、生产力、单位劳动力成本、失业率和债务领域的分歧呈继续扩大的态势。芬兰就是个正面的例子：2009年，芬兰国债只占国内生产总值的39.7%；即使是在1999年，芬兰政府债务占国内生产总值的比例也是众多国家中最低的，只有45.5%。②

不同的发展路径对共同货币造成了威胁。大体说来，有三种解决方法：第一，协调所有欧元区国家；第二，接受由欧元区内部流动实现平衡的不同处理方法；第三，甘冒对冲基金和其他金融实体通过影子金融带来的风险。由于分歧日益扩大，几个公共赤字较大的欧盟成员国越来越无力抵御投机行为，而减少国家干预经济（或用苏珊·斯特兰奇（Susan Strange）的话来说——“政府应该退出经济领域”）的看法在欧洲仍普遍存在。③ 然而，要想阻止投机行为继续从欧盟内部分歧中受益，或要顺利消弭分歧，必须要有国家的参与。而一些公认的共识（私有化、削减公共部门雇员、冻结工资、自由化、减免富人税收）反而加剧了彼此的分歧。如果还伴有贫困人口的增长，那就可能导致仇外情绪和政治、社会的两极分化。此外，威尔金森（Wilkinson）和皮克特（Pickett）认为，社会的显失公平和相对较高的贫困比例都会导致更多的健康和社会问题。④

人们采取了哪些措施促进经济复苏

为了应对20世纪90年代初和2001年的经济衰退，美国政府采取了“泡

① 对政策调整的预期和消费的不景气影响了负债累累的大企业，如建设集团法罗里奥（Ferrovial），‘L’angoisse gagne les marchés boursiers’，Le Monde，6 February 2010.

② http：//www.project－syndicate.org/commentary/eijffinger2/English 2010－02－08.

③ Susan Strange. 1996.

④ Richard Wilkinson and Kate Pickett，2010.

沫（bubble）”策略，通过促进居民消费和关联产业（主要是建筑和汽车业）防止通货紧缩。在第二章中我们将看到，美国当局过去一直认为债务不是个问题。但现在，当许多国家不得不面对债务和储蓄问题时，他们开始考虑“出口”。然而，经济衰退徘徊不去，以出口为主导的增长前景并不明朗。全球体系对源于金融和通信技术领域的要素变得更加敏感。最大的问题仍然是失业问题：官方公布的数字显示，美国2009年的失业率最高突破了10%，之后才有所回落。

博斯沃思（Bosworth）和Flaaen弗莱恩（Flaaen）认为：“危机可能代表重大的政权更迭，这会极大地改变美国和全球经济未来的形态。金融机构自律的时代已经过去，货币政策扮演的角色也已经大不相同。人们对消费支出的狂热似乎也走到了尽头，开始关注如何再次达到资产和负债的平衡。如果美国想要恢复充分就业，就不仅要重建金融业，还要重振出口产业，实现对外贸易的平衡……这就向全球经济的其他组成部分提出了两个挑战。第一，必须寻求新的需求增长点；其他国家将不能再依赖对美国市场出口的增长，而要更多强调国内和区域市场的发展。第二，在全球经济增长放缓的前提下，开拓出口市场的努力未必奏效，可能使政治家更倾向保护主义政策。”①

另一个危险也值得注意：面临可预见的系统性风险时（如环境或财务风险、开采石油等自然资源），单边主义可能会排斥传统意义上的同盟者或潜在同盟者，导致紧张局势，带来不确定性。

那么，我们如何才能找到既能创造财富又不会出现反复和倒退，既没有泡沫也不会对财富造成致命性打击的增长点呢？目前为止，有如下几种途径：颁布技术和产业政策、实现区域化和去杠杆化、投资大宗商品和中小企业、立规限制无度恶性贷款。后面我们会举例说明。然而，这些方法并不能刺激总需求的增长，也不能平衡出口和内需增长的需求。

科技和产业政策

当前的新趋势是把产业政策与环境、绿色建设或电动汽车联系在一起：这曾经是个禁忌，而今强势卷土重来。然而，所有国家都在同一时间里采取相同的国家策略未必奏效。全球供应链的竞争会更加激烈。他们更需要的是坐到一起，洽谈如何在共享利益的同时，找准各自在区域链上的定位。此外，

① Bosworth and Flaaen, 2009: pp. 2 - 3.

租赁、共享和出租服务成为未来经济的关键组成部分。这种开放式经济在人口密集的城市很容易获得成功，但只有得到政府的支持，才能成功地将整个国家联系在一起。这次全球危机带来的阴云也并非一无是处，人们可以把危机作为转轨的良好契机，如此一来，经济衰退也可谓是塞翁失马，焉知非福。只要“新技术”能扬帆起航，“旧技术”的停滞也不都是坏事。危机造成的严重影响告诉我们，旧的发展路径不可持续，不能重蹈覆辙。

区域化和去杠杆化

为了重启全球金融引擎，很多人把重点放在区域化上，人们通过部门区域化实现去杠杆化，同时把投资从商业银行的业务中分离出来，希望建立一个强大的、能在全球范围内进行协调的区域性机构。只要有可能，去杠杆化就会趋向协同运作。例如，由于英国向银行提供了巨额的国家援助，欧盟委员会因此要求英国出售其部分商业、品牌及资产。2011 年，英国决定把投资银行从当时的国有苏格兰皇家银行（RBS）和劳埃德银行（Lloyds）中剥离出来。北岩银行仍归国有，暂时不会被出售，但如果允许私募基金控股，那么该银行有可能成为投资银行的并购对象。①

银行同样参与了区域化进程，亚洲地区尤其如此。在美国，美国国际集团（AIG）的业务组涵盖了 130 个国家的约 200 家公司，AIG80% 的所有权归国家所有。据华尔街日报估计，在 2008 年的最后三个月中，美国国际集团（AIG）每分钟损失 465421 美元。美国国际集团（AIG）从多个一揽子援助计划中获得了 1800 亿美元的援助，需要偿还美国民众 600 亿美元。2009 年，为了得到公共财政的支持，美国国际集团（AIG）拆分成立了两个外资人寿保险公司 AIA 和 ALICO，并把商业保险、国外非寿险业务和私人客户业务划归新的全资子公司——美亚保险公司（Chartis）。美国国际集团同时出售了部分资产和子公司，例如，把汽车保险转售给瑞士的苏黎世金融服务集团、把东京总部出售给日本生命保险公司。美联储以 250 亿美元的贷款为条件，收购了 AIA 和 ALICO 的部分股权。因为放弃 ALICO 就能偿还约 150 亿美元的政府债务，美国国际集团（AIG）将其亚洲的业务出售给了大都会人寿公司（MetLife）。AIG 的新任首席执行官罗伯特·本默切（Robert Benmosche）曾在

---

① http：//business. timesonline. co. uk/tol/business/industry _ sectors/banking _ and _ finance/article7034454. ece.

1998 年至 2006 间供职大都会，因此也促成了这笔交易。[①] 大都会人寿公司也重新调整了其在亚洲的业务，将台湾大都会卖给了台湾最小的金融控股公司——国票金融（Waterland Financial）。[②]

我们也发现，人们开始逐渐认可用区域资金对抗投机风险。新成立的欧盟地区基金与 1997 年金融危机后亚洲和拉丁美洲要求成立区域基金的呼声不谋而合。欧盟成立了总额 7500 亿欧元的基金，并设立了监管机构。为了避免国际货币基金组织的反对，欧盟同意国际货币基金组织的参与。

投资商品和中小企业

投资商品和中小型企业是创造财富的另一种途径。但两者都极易转化为政治问题。2008 年，美国参议院听证会认定机构投资者的投机行为实为哄抬食品价格、导致价格波动。但 2010 年，为了快速获取利润，或为了确保国家粮食供应，交易商、投资银行和政府再次向农产品投资。然而，我们对这种炒作行为可能带来的后果表示深切关注。[③] 由于本书主要侧重经济实体的内部动态，字数有限，故关于商品部分不再赘述。此外，英国最近通过了中小企业国际财务报告准则。但是许多欧洲机构，包括欧洲议会和企业代表欧洲协会都持反对态度，他们认为短期内报告公允价值的不变成本和变动成本都非常高：在经济低迷时期，这并不是好的选择。

另外，英国最近还出现了一个名为企业投资计划（EIS）的新型中小企业股权投资工具。这是一个高风险、高回报的投资工具，主要受众是希望在股票和债券外、寻求多元化投资组合策略的投资人，投资人能在计划有效的 3 年内享受大幅税收优惠。它允许投资者购买私企、甚至一些上市公司的股份。这样一来，投资者就可以减少甚至完全规避资本利得税，最重要的是，由此

---

① lemonde. fr/economie/article/2010/01/20/en – cedant – ses – assurances – vie – l – americain – aig – poursuit – sa – cure – d – amaigrissement.

② 'Waterland to acquire MetLife', 20 April 2010, Taiwan, http://www. taipeitimes. com/News/biz/archives/2010/04/20/2003471035.

③ 马斯特资本管理公司有限责任公司（Masters Capital Management）会员投资组合经理麦克·W·马斯特（Michael W Masters）在美国参议院国土安全和政府事务委员会的证词：May 20 2008 hsgac. senate. gov/public/_ file052008Masters. pdf.

产生的债务并不体现在资产负债表上。[1] 法国紧随其后，推动私人股本进入中小企业。由于中小企业往往承担着大量的就业人口，一旦出现泡沫，中小企业就会陷入债务困境，造成不稳定，甚至会出现更严重的后果。

立法规范银行和贷款人的恶性行为

我们认为，高风险的投机行为是导致系统性风险的罪魁祸首，规范这种投机行为是寻求经济增长和创造财富新战略的重要组成部分。目前，我们只看到外部力量通过实施特定的措施规范银行业务，并重新定义公共监管者的角色，但我们却没看到银行承认自己承担的责任，或提出任何有关改进从业模式的建议。越来越多的人倾向于反思银行的从业模式和其监督体系，这一事实凸显了发达国家其实有多种形式的业务模式和监管传统。比如美国可以把投资以股份的形式彻底从商业银行中剥离出来，[2] 或者提高资本率以满足必要的要求，而同一做法在欧盟却饱受争议，因为欧盟银行的业务模式和银行在经济中扮演的角色与美国不同。

欧盟曾尝试通过起草新的法案来管控对冲基金和私募股权投资者，将草案提交给欧洲议会和欧盟部长理事会投票表决，却因当时的首相戈登·布朗（Gordon Brown）对此事施压，最终只得从欧盟部长理事会的议程上剔除了这一议题。目前欧洲活跃着的对冲基金共有 450 个，其中英国占 80%，总额达 2500 亿英镑，它们大多源自美国。该提案收到了 1000 多条修正意见，这是 137 名说客游说的结果。它预见如果非欧洲对冲基金想进入欧洲，必须符合相应标准：欧洲人指责对冲基金做空美国次贷市场和欧元。这其中有个很棘手的问题是，能否承认美国和欧盟的金融体系具有“等价”关系，如果这一论断成立，就等于颁给所有美国基金有效绕过欧洲监管、自由跨过大西洋、进入整个欧洲市场的护照。欧盟成员国各央行对银行的管控都十分严格。只有政府银行（德国、比利时、瑞士）或独立机构（英国金融服务监管局）才能

---

① “如何运用企业投资计划（Enterprise Information System）免缴资本增值税：假设你通过出售股份获得了 20000 英镑的收益，应缴资本增值税 3600 英镑。如果你把这 2 万英镑投到企业投资计划，你就不用上缴 3600 英镑的资本增值税，除非你要在企业投资计划出售你的投资，等到那时，也许你在企业投资计划里的年资本增值税免税额已经上调”，http://uk.biz.yahoo.com/12032010/399/tax-benefits-draw-investors-start-ups.html Tax benefits draw investors to start-ups 20100312.

② Christian Gomez, 2008, ‘Pour une réforme radicale du système bancaire’, LeTemps, Economie & Finance, 11 October 2008.

购买不良资产的。只有荷兰中央银行允许其他银行购买不良资产。① 在第 4 章我们将会看到，荷兰合作社银行如何重视自我规范、成功做大做强的案例。

最有可能发生的是，任何关于税收、奖金和福利的措施都不能避免新的泡沫产生，也不能在下一次危机发生时拯救规模庞大的金融机构。数量更多、形式更多样、监管更完备的评级机构可能会很快出现。中国大公的迅速崛起，就是一个例子。

由于业务模式存在问题，银行和私人资金之间的拉锯战不断升级。欧盟希望新的模式更加透明，而美国则更注重银行业务。不过，奥巴马政府把衍生品交易安插在一揽子金融改革中，将其置于政府的监管之下。美国金融法案包括通过新的公共机构保护消费者权益；赋权联邦接管和关闭经营困难的银行；通过新国民监管议会建立早期预警系统；澄清不同类型银行监管机构的管辖范围。

更重要的问题是决定金融是否应该“驱逐银行”。股权投资基金和证券分析师大多为之辩护：英国和美国的银行已经失去了“诱惑力”；全球基金认为自己是替换国家银行的理想选择；② 对冲基金正在合并和重组，③ 认为自己已经进入蓬勃发展期；④ 商业团体和大型企业纷纷采用双边协议获得私募资金，摆脱已经出现过度杠杆化的银行；⑤ 直接投资者、私募基金和主权财富基金可能很快会扮演重要角色，其他基金将来也可能会依赖于由计算机带来的利润。现在要断言这种朝着由计算机驱动的资本快速流动的变革对经济和国民财富的增长到底有多大贡献尚言之过早。安全问题、能源供应的重要性、顺系统周期性、提取资金和出售资产的速度都可能会动摇整个社会经济系统。与此同时，主权财富基金也在成倍增长。英国前商务大臣彼得·曼德尔森（Peter Mandelson）提议效仿中国、挪威、海湾国家和法国的做法：工党政府从政府

---

① 参见 Shore, B.: EU finance ministers agree new hedge fund curbs, 19 October 2010, BBC News, Brussels http://www.bbc.co.uk/news/business-11577887, 11 月 10 日保罗（Paul Gauzè）在欧洲议会上讲话请见 http://www.europarl.europa.eu/sides/getDoc.do? type = CRE&reference = 20101110&secondRef = ITEM-016&format = XML&language = EN，欧洲议会会员 Jean-Luc Mélanchon 的评论请见 http://www.europarl.europa.eu/sides/getDoc.do? type = CRE&reference = 20101111&secondRef = ITEM-009&format = XML&language = EN.

② 'Equity investors move into overseas funds', 20100312http://uk.biz.yahoo.com/12032010/399/equity-investors-move-overseas-funds.html.

③ http://www.telegraph.co.uk/finance/newsbysector/banksandfinance/4298973/GLG-buys-rival-as-funds-consolidate.html, 20 Jan 2009.

④ http://www.telegraph.co.uk/finance/newsbysector/banksandfinance/5759938/Hedge-funds-post-best-monthly-performance-for-10-years.html.

⑤ 'Groups turn to private placement for funding', 24 August 2010, New York Times, p. 11.

预算中拨出5000亿英镑设立一个新的由公共部门担保金融机构。英国的想法之所以与其他国家有所区别是因为曼德尔森想吸引养老基金。他深知国家正处于水深火热之中，所以新发生的绝大部分投资都只会来自私人投资者。当然，所有这些资金都会参与资本竞争，它们的头号竞争者就是银行。[①]

结论

危机的爆发始于发达国家（尤其是美国）房地产泡沫的破裂。随后，高度互联但不透明的金融业之间、金融业与实体经济之间发生的债务行为和极端杠杆化引发了流动性陷阱、信贷冻结和严重的金融危机。从美国政府放任雷曼兄弟破产开始，危机开始席卷全球，并酿成全球实体经济一系列的戏剧性事件。财富在多个领域都遭遇贬损。尽管世界各国都出台了对扭转逆境、复苏经济来说意义重大的刺激和财政措施，但三年过去了，不确定性依然盘踞不去。私营部门继续去杠杆化实践、消费水平低、信贷稀缺，发达国家也因为实施了支持银行和实体经济的积极财政政策而负债累累。这些国家为抑制公共赤字采取了一揽子财政紧缩政策，这种做法可能会令这些国家的经济发展长期停滞、不平等现象日益恶化。复苏经济的战略有重蹈覆辙的倾向，全球和区域间的不平衡非但没有得到缓解，反而有加剧的可能。

采取主动措施十分必要，比如允许公众质询危机的真相。其他措施如能够赋予股东有反对或提出管理建议权的代理投票制，可以迫使人们对风险越来越大的垂直控制模式进行反思，有助于捕捉和处理信息。禁止谈论衍生品的“禁忌”也已经土崩瓦解。衍生品开始变得透明，操作平台甚至出现了不再提供针对交易对手的定价机制。[②] 2010年4月，美国参议院农业、营养和林业委员会批准了名为“2010年华尔街透明度和责任法案”的衍生品监管法。2010年德国实施的税收政策有可能限制投机性活动：对银行的征税水平的高低将反映其活动风险的高低。英国只计划对资产负债表征税，德国则计划既对资产负债表中的负债征税，也对衍生品征税。有些国家政府（如美国和瑞士）最终成立了面向整个系统性风险的监管机构；欧盟则于2010年12

---

① http：//uk. biz. yahoo. com/12032010/325/uk - consider - state - investment - fund - mandelson. html.

② 反方（counter - party，或 contraparty）是一个法律和金融术语，意思是合约对方。此外，在金融服务领域，反方也指经纪人、投资银行及其他证券交易商，是直接进行证券交易的合约对方。http：//en. wikipedia. org/wiki/Counterparty.

月创建了欧洲系统性风险委员会。不过，目前尚不能做出综合性论断，因为许多金融机构分属跨国公司并/或从事跨国活动，需要经过一段时间才能判断这些新生组织是否具有有效执行任务的必要能力。

2010年9月，巴塞尔协议III取代了巴塞尔协议II。根据国际清算银行的建议，巴塞尔协议III旨在提高商业银行的核心一级资本或有形资产净值，创建逆周期超额缓冲资本。181① 巴塞尔协议III将于2015年生效。美国在2007年就达到了资本充足率7%的要求，但这一规定仅适用于商业银行，不适用于其他投资银行、对冲基金和结构性投资工具等关键领域。巴塞尔银行监管委员会也正在考虑规定流动性覆盖率。然而，经济学人信息社认为，美国银行可能强烈反对这一规定，因为美国银行曾在1980年到2005年凭借杠杆效应获利良多。②

然而，人们已经从希望改革银行的业务、组织、动因和规模转为关注宏观监管和国家债务。虽然现在评价当前采取的措施仍然为时过早，但这些措施的局部性和开放性形式吸引了人们的注意。例如，美国的金融改革法案为许多机构提供了未来的工作框架和政策选择。以保罗·沃尔克（Paul Volcker，前美联储主席、现奥巴马总统顾问）命名的沃尔克规则，订立之初曾禁止银行投资冲基金和私募股权，但在距生效日期很久之前就作出修改，改为允许贷款人在其资本3%的范围内投资上述基金。③ 只有国家级银行才有权逐步倒闭，房利美和房地美仍在等待重组。迄今为止，只有德国采取了较为激进的措施，完全禁止从事与衍生品相关的特定活动。

另一方面，我们注意到，许多受危机影响的发达国家非但没有达成政治共识，反而出现了社会和政治两极化加剧的趋势。如银行监管中的审计和股本比率问题已经出现了分歧。2010年，美国衍生品市场尚未解冻、房市疲软，再加上政府推行低消费、高储蓄和降低成本的策略，往往会产生泡沫的经济活动也因此受制。不幸的是，政府的策略并不利于增加就业和投资。我们仍

---

① ‘Countercyclical capital buffer proposal - consultative document’, July 2010, 2010年9月征求意见草案, http://www.bis.org/publ/bcbs172.pdf.

② ‘Light touch’, 24 September 2010, The Economist Intelligence Unit, http://gfs.eiu.com/Article.aspx?articleType=wif&articleId=315.

③ ‘Dodd - Frank Bill’s Volcker rule a win for big banks’, 25 June 2010, http://www.theatlantic.com/business/archive/2010/06/dodd-frank-bills-volcker-rule-a-win-for-big-banks/58747/，法律通过后15个月至两年生效，银行有两年调整期，之后还有三个为期一年的延长期，还可以为私人股票或房地产等“流动性不足”的基金再延长五年。

未就到底会出现通胀还是通缩达成共识。2010年8月，美国就业和住房的一系列数据表现极差，引发了人们对“双谷”经济衰退的担忧。[①] 公共债务成为主要议题，对其他类型的债务和杠杆的关注度逐渐降低。欧洲把实行紧缩政策、推进私有化并进行国家重组提上政治议程，而美国就应继续实施亲凯恩斯主义的刺激支持计划、还是应控制政府开支的争论则逐步升温。

危机至今已经持续了三年，而且会继续发展下去。2010年，国际清算银行提出，受到严峻挑战的发达国家应密切监护金融业。[②] 在加拿大召开的20国集团（G20）峰会也发出了类似的呼吁，要求银行保证储蓄达到1300亿英镑，以应对新的冲击。[③]

在全球经济高度互联的情况下，短期套利行为会妨害财富的可持续发展。这就要求我们以一个规模更大、更平等的消费者群体为基础，正确区分长期投资和金融狂潮。玛丽亚·达孔塞桑·塔瓦雷斯（Maria da Conceicão Tavares）大概可以算是当前巴西在世的、最杰出的经济学家和思想家。她最近在由联合国拉丁美洲和加勒比经济委员会（ECLAC）在智利举办的题为“从巴西的案例看国际金融危机对拉美的影响”的研讨会上，面向外交人员、学术界和国际组织发表了权威讲话。她认为：

“危机令国际秩序紊乱，经济形势仍然处在最不稳定的状态，经济泡沫可能继续破灭、更多地方会出现新的金融动荡……发达国家不能再把消费和政府支出当作增长的引擎。”[④]

塔瓦雷斯的发言谈到了在所谓的资本主义“金科玉律”下成长起来的市场，资本主义的这种规则实际上是与虚假信用和不良衍生品捆绑在一起的，也是不可持续的，她还强调我们需要实行两项关键政策：投资基础设施和组建普世的公共社会保障系统。以塔瓦雷斯的思想为基础，拉加经委会在2010

① ‘Upbeat jobs data overshadowed by FED speech’, 27 August 2010, Financial Times, p. 24.

② 2010年6月28日，国际清算银行2009－2010年报，http://www.bis.org/publ/arpdf/ar2010e.htm.

③ ‘Banks told to hoard up to ? 130bn in case of crisis: G20 hammers out deal to avoid future bail－outs’, 29 June 2010, http://www.dailymail.co.uk/news/article－1290152/G20－SUMMIT－Banks－told－hoard－130bn－case－crisis.html.

④ 请参见ECLAC网站（Economic Commission for Latin America and the Caribbean）http://www.eclac.cl/cgi－bin/getProd.asp? xml =/prensa/noticias/comunicados/1/39481/P39481.xml&xsl =/prensa/tpl/p6f.xsl&base =/tpl/top－bottom.xsl.

年发表了“平等时代：要消弭差距、打开大门”的文章。[1] 那么，这场危机是否真的是所有危机的源头呢？如果我们尚不能断言，我们至少可以说，这场危机为我们拉响了其他危机的警报。要想进一步解读这次危机，我们还需要从不同的角度探讨其成因，并尝试辨识其根本运作机制。

① http：//www. itamaraty. gov. br/sala – de – imprensa/notas – a – imprensa/xxxiiio – periodo – de – sessoes – da – cepal – 2013 – brasilia – 30 – de – maio – a – 1o – de – junho – de – 2010 – 1.

第二章 成因和机制：债务陷阱危机

引　言

透过这些可怕事件的“表象”，本章将进一步探索造成危机的根本成因和机制。让人惊奇的是，大家仍然在争论引起金融危机的准确原因。[①] 人们的第一反应是对于“黑天鹅”[②] 的出现倍感吃惊。其他人则认为这是理所当然要发生的。大部分对危机的解释都围绕着家庭按揭贷款违约和影子银行在次级房屋信贷市场的运作以及在导致金融危机中发挥的作用。[③] 我们能够确定的是，银行借贷过多，而没有充分考虑债务人的偿付能力，此外金融危机的发生也要归结于所谓安全的金融产品的开发和使用。除了这些众所皆知的事实，危机的根本成因依然饱受争议，引发金融危机的到底是货币政策还是制度问题？是不规范的个人行为还是系统本身的问题？是流动性问题、信贷紧缩还是债务陷阱？

我们在分析时，应该从宏观、中观和微观的角度出发，不仅仅要关注宏观问题，还要聚焦治理和监管相关的问题。在这场危机中究竟发生了什么呢？本章第一节会从个人主义、制度主义和系统性假说的角度进行分析。我们可以看出，每个方法都着重强调了现实的某些方面，而忽略了微观和宏观层面

---

① Bosworth, B. and A. Flaaen 2009.

② Taleb, 2007.

③ 以下内容颇有裨益：Gramlich (2007), Baily and Litan (2008), Gorton (2008), and Hatzius et al. (2008).

之间，以及金融和实体经济之间的联系。为了强调这些联系，在本章第二节，我们会审视触发并且导致这次危机蔓延的三个陷阱：消费陷阱、流动性陷阱和债务陷阱。

有关危机成因的假说

个人主义假说

人们最容易想到的就是危机是由个人行为引起的。在这个假说中，引起危机的个人行为包括异常行为、非理性的恐慌和效仿行为。在现实中，这些假说有两种解释：一方面是指罗伯特·希勒（Robert Shiller）定义的大规模“非理性行为”，另一方面是指由于交易员和局外人勇于冒险的行为令很多久负盛名的国际金融机构宣告破产，1995 年的巴林兄弟（Barings）就是一个很好的例子。我们把个人主义假说作为导致危机的第一层因素。

罗伯特·希勒指出美国处在投机泡沫中。在 2001 年，罗伯特·希勒持有的股票价格和收入系列数据在 1871 年到 2000 年之间的变化显示，股市价格在 1982 年的前一个世纪里基本没有什么变化，而股价从 1982 年开始呈现整体上升趋势，而且一直维持这个趋势。[①] 到 1999 年，股价已经开始大幅上涨，直到 2001 年因特网、技术和电信市场崩溃后股价开始下跌。希勒认为，网络的广泛使用和新的全球经济报道媒体影响了大众心理，造成了大众非理性行为，导致混乱和泡沫的产生。有些民众没有保障，需要独自应对贫困、疾病和衰老，希勒在研究中把泡沫现象和这个群体联系在了一起。网络在 1997 年得到了广泛的使用：2003 年拥有网上银行账户的美国家庭数量已经从 1999 年的 310 万上升到了 970 万。[②] 其中很多人在家里通过电脑积极参与投资。当时的货币政策看似是在限制公众的投资行为，但实际上却鼓励私有资本的“循环”，包括个人通过家庭电脑持有证券交易所的股票。虽然每次出现金融震荡的时候，利率都会有所下降，但宽松的财政政策进一步鼓励高收入群体向这个循环中注入大量的资金。这就导致流通中的可用资金持续增长，而不受任何控制措施、税收或者其他形式的限制：所有这些构成了金融泡沫大规模累

---

① Shiller, R. , 2001, pp. 5 - 6, see Figure 1. 1.

② Forrester Research, Net Investing Goes Mainstream, 1999, http://www.forrester.com/ER/Research/Report/Analysis/0, 1338, 5876, FF.html.

积的必要条件。在1999年，美国证券交易委员会了解到博客的使用能够引起股票价格的波动，随后便开展了一项“专题研究：网上交易在网络空间的不断增长”。①

在实施1982年养老基金改革和“401K计划”之前，养老的责任是由政府和个人共同承担的，反映了人民分享国家增长带来的共同利益。改革后，养老责任转移到个人身上，让民众感到每个人都要为自己的福利负责。罗伯特·希勒解释了个人为何用自己的财富从事高度冒险的活动，包括人们如何在网上做出决策，进行不合理的股市投资并且关注流行话题。希勒指出不是所有的人都能够清楚地诠释收到的信息、提出批判性的问题或者有效控制过程和结果。希勒希望大家能够关注系统上的深层变化：电脑创造的环境实现了全球行为的同步化。

在2001年9月初，也就是在“9·11”恐怖袭击事件发生的前夕，经济陷入了崩溃状态。投资者们第一次开始担心，世界所有的主要经济体可能会瞬间缩水，而像吉姆·维斯（Jim Weiss）一样的理财人却不这么认为：“现在利率更低了、税收更低了、能源价格更低了、还有按揭融资……我看不出来2002年经济还能怎么恶化”。② 然后按揭和其他资产泡沫开始出现了。在2002年，迪恩·贝克（Dean Baker）指出美国存在房市泡沫。③ 在2001年，希勒已经声明极端的高估价并不是由基础面驱动：同时，美国的个人收入和国内生产总值上升幅度不到30%，而其中一半是通货膨胀带来的。④

第二种个人主义假说指出了由交易员的违法行为带来的动荡。但是在这种情况下，危机之所以愈演愈烈，不是因为少数分散的个人行为能造成的。按照其他分析家的交易经验，杰罗姆·科维尔（Jerome Kerviel）的想法正常而且非常理性，却差点让法国兴业银行倒闭。诱人的一揽子激励措施能够带来巨大的收益，对于交易员和高级经理而言，似乎不为收益所动反而成了非理性的策略。此外，在同样处境下的其他所有人都是一样的。德国股市报道

---

① US Securities and Exchange Commission, Special Study ‘On – Line Brokerage: Keeping Apace of Cyberspace’, http://www.sec.gov/news/studies/cyberspace.htm.

② ‘Quick recovery? Wall Street is losing hope’, New York Times, 1 – 2 September 2001, pp. 1 and 5.

③ Baker, Dean. 2002, ‘The run – up in house prices: is it real or is it another bubble?’, Washington, DC: Center for Economic and Policy Research http://www.cepr.net/index.php/publications/reports/the – run – up – in – home – prices – isit – real – or – is – it – another – bubble/.

④ Shiller, 2001, p. 4.

的明星兼作家德克·穆勒（Dirk Müller）不认为是交易员引起了泡沫的产生。[①] 在他看来，交易员只是顺势利用了泡沫而已！但是德克承认像美国安然（Enron）的肯尼斯·莱（Kenneth Lay）和世界通信公司（WorldCom）的伯尼·埃博斯（Bernie Ebbers）确实是“流氓”。那么在别的交易员眼里，他们又是什么时候变成流氓的呢？他们把公司的股本收益按照30或40比1的比例杠杆化，谋取暴利，导致公司破产，这个时候他们就是名副其实的流氓。

各种报道称，交易员本来应该拥有专业知识或者经验，恰恰相反，很多交易员被任命或者被派到国外发展业务是因为拥有天资或者因为年轻没有经验，这更像是韦伯式的家长制，[②] 而不是理性的现代机制。

此外，体系发挥着重要的作用。在当时的体系下，各种关系盘根错节，资金流动不断加速，金融产品的标准审批不需要进行特别仔细的研究。这种技术上的理性带来了效仿行为，让人们不愿意花心思去深思熟虑，或者提出疑问。内化的效仿行为变成了一种群体效应。此外，即使有人愿意坚持原则，却被限制在自己的圈子里，每天打交道的都是同行，也就无法培养应对未知状况的能力。另一方面，封闭的思维方式让大家只会更多地关注工作的目标：钱。

汉娜·阿伦特（Hannah Arendt）带着批判的态度提出警告，称如果判定每个人都有责任的话，那么所有的人都不需要负责。[③] 为了了解事实，我们不应该这样，并不是所有的人都承担着相同的责任。那些制定标准的人、那些拥有信息的人、那些本该行使监管职责却放任不管的人（就像安然案例一样）、那些屏蔽不同意见的人，都需要承担更多的责任。处在核心决策位置的人，无论是在政府部门，还是在银行或者其他机构，必须要对自己的行为负责任，甚至在必要的时候，要接受应有的惩罚。这些决策者有些自称是“造市商”，而事实确实如此。人类的行为构成了市场，需要建立一个相应的问责机制。我们可以确定的是，交易员违法行为背后的动机有贪婪和对提高社会

① Dirk Müller的昵称为“Mister DAX”，在法兰克福的ICF经纪行工作。他出版了Crashkurs一书，并经常在德国媒体上露面。

② 在“中国文人”一文中，韦伯（Weber）认为“强大的世袭官僚结构与垄断或经济决定的政府干预密切相连。一部分原因是为了规范商人，另一部分是出于划分阶层的考虑……官府可以插手一切事务”，第440和441页，Gerth and Wright Mills，1991. 韦伯所指的世袭制是“公民和职业官员”的对立面（虽然人们经常批判世袭制的概念含糊不清），请参考John Love，‘Max Weber’s Orient’，pp. 196 - 197 in Turner，2000.

③ Arendt，H.，2006：p. 278.

地位的“饥渴”，类似于凡勃伦（Veblen）所提出的“有害”行为。① 但是这种为各个机构所追捧的理想行为，其实是一种制度化的行为。

货币假说

认为金融危机是由货币过剩引起的假说十分典型。在这次危机中，过多的货币积聚到房地产市场，带来了房市繁荣，随之而来的却是不可避免的萧条。可以从两个方面解释货币过剩：（1）美国的货币政策在2002年的经济萧条以后调整为刺激性政策的时间过长；（2）艾伦·格林斯潘（Alan Greenspan）在2010年4月为自己辩护时提到了“现代全球经济体所需劳动分工的复杂性”，指出“只有资金和抵押品充足才能解决这个难题。按照定义，如果资金充足的话，就不会有债务违约的情况，也会相应地遏制一系列的蔓延效应”。正如他所说的，其他国家的储蓄过剩拉低了全球利率，鼓励了投机行为。②

虽然这个假说只是从一方面解释了危机产生的过程，但受到的争议却最多，理由有三：

第一，在21世纪初的很长一段时间里，艾伦·格林斯潘都实行了宽松的货币政策。雷恩斯（Raines）和赖泽思（Leathers）③ 指出格林斯潘的方法就是毫无顾忌地抬高资产价格。时任美国联邦储备委员会主席的格林斯潘和前任保罗·沃尔克（Paul Volcker）关于什么是股市的理想状态的观点类似，并认为工资对于股市的“良性循环”是主要威胁。④ 那时候，美国开始实施供给面政策。

此外，美国政府通过政策协议维系股市循环。例如在1994年，美国政府和房地产经纪人、房地长开发商、房利美、房地美和按揭银行通过房屋所有合作伙伴组织签订了一个房市政策协议。据克里斯托弗·惠伦（Christopher Whalen）称，建筑公司每年的建房目标值是200万个单元，他们除了建房面积，其他的一概不关心。⑤ 建筑公司可能永远都想不到一旦政策和华尔街传统

① Veblen, T., 1899.

② Alan Greenspan's Financial Crisis Inquiry Commission Testimony, http://www.fcic.gov/hearings/pdfs/2010-0407-Greenspan.pdf.

③ Raines and Leathers, 2008, pp. 35-7.

④ Greenspan, in Raines and Leathers 2008, p. 19.

⑤ R. Christopher Whalen, March 2008, 'The subprime crisis, cause, effect and consequences', in Policy Brief 4, Networks financial institute, Indiana University.

的行为模式捆绑在一起，能够带来多么巨大的变化。

第二，实行宽松的货币政策，也就意味着尚不明朗和未经过验证的金融创新行为缺乏管制，而这些创新主要是与债务和违约风险相关的。在 1996 年，艾伦·格林斯潘作为美国联邦储备委员会主席，在一次发言中指出政府的角色已经发生了改变：政府已经不再对金融体系实施管制了。① 私有部门应该建立自己的体系，控制风险。

第三，在 1997 年到 1998 年之间，在亚洲、俄罗斯和巴西发生金融危机之后，为了防止产生更多的泡沫，外国的美元储备日益增长。但是这不足以说明在全球范围内出现了储备过剩。2000 年年中，美国利率开始上升，在 2004 年后达到峰值，然而全球储备依然在持续累积。② 在 2005 年，世界货币基金组织拿出证据证明全球货币储备出现了短缺。③ 在 2009 年，欧洲中央银行主席特里谢（Trichet）确认，工业化国家出现了储备短缺的状况。人们呼吁国际中介组织（也就是银行）疏导国外的过剩储蓄：大概只有这样才能继续维系发达国家包括消费和投资在内的经济活动。④

美国政府为了避免通货紧缩，鼓励宽松的信贷政策。在 2003 年 11 月，本·伯南克（Ben Bernanke）在对国家经济学家俱乐部发言时，第一次公开提到了通货紧缩，称"要保证美国不会发生通货紧缩"。在 2002 年 12 月，格林斯潘在对纽约经济俱乐部发表演说时，也提到了"通货紧缩"这个词。在 2003 年与受政府赞助的企业相关的会计丑闻披露之后，美国国会进行了相应的审查，信贷随之强势增长。美国房市成为经济增长的一大引擎，伯南克确认"银行系统运行保持安全和稳健，受到恰当的管制。公司和家庭都没有出现什么特别的债务问题"。⑤

不是所有的信贷或者债务都是流向首次购房者的，这让人们开始认为次级贷款狂潮不是房市投资的主要推动力。有很多次级贷款都流向了房产租赁

① Greenspan, A., 19 September 1996.

② John B. Taylor, 2008; and United Nations, 2009.

③ 2002 到 2004 年间，全球储蓄率（全球储蓄是全球生产总值的一部分）非常低，与 20 世纪 70 年代和 20 世纪 80 年代相比尤其如此。

④ European Central Bank President Jean Claude Trichet, Venice, 9 October 2009, 'the crisis and its lessons', lecture at the University of Venice.

⑤ Raines and Leathers, 2008, pp. 26 - 7.

市场。[①] 在通货膨胀和收入水平增长保持低位的宏观环境下，让那些依赖于金融收益保障养老基金的人投资房市似乎是一个很合理的想法。网络泡沫破灭后，金融投资开始流向房市。1929 年经济大萧条的幸存者寥寥无几，政府随之实行的金融管制和更加严谨的社会传统让整个市场部分恢复了稳定，但这些过去的伤痛还是渐渐被人们遗忘了。[②]

和第一个假说一样，货币假说能够从一方面解释这次危机。然而，这并不是惟一或者主要的原因。如果仅仅是因为美国的货币过剩，那么这场危机早就应该发生了。其他因素和事件对这次危机也有促进和累积作用。

充满漏洞的商业模式

另一种假说认为，这次危机的根源是商业模式本身。在次级贷款市场，我们会发现人们明目张胆地忽视基本的会计和审计准则。债权人和审计人没有对借款人的收入和信用资质进行简单的审查，这是导致危机的一大原因。

制度主义假说有很多不同的表现形式，主要表现在信息不对称、错误的激励政策和信誉控制机制上。这个方法的微妙之处在于，体系问题不仅仅局限在行业内，还体现在整个经济层面上。人们对于“市场”抱有不同的观点。有些人认为市场是组织、是制度，需要特别设计其相应的信息、价值观、惯例和规则，以维持市场的正常运营。而其他人则认为市场是一个自然的产物，不需要对市场反思：这些人认为问题是由异常行为引起的，需要对其进行限制和惩罚。人们认为更早一些的关于个人行为的假说依赖于一个范围更大的背景。此外，有些人认为商业模式之间也存在竞争。

部门危机可能指的是银行、金融、次级贷款和会计行业。荷兰经济政策

---

① 2002 年，用于出租的房屋供过于求，空置率超过 9.0%，几乎达到历史最高值，而 90 年代中期的空置率只有 7.5%。2006 年，空置率再创新高，进而对已售房屋的入住率造成了影响。已售房屋在 2006 年第四季度的入住率还不到上一峰值的 50%。2007 年第四季度的数据可参见 http://www.census.gov/hhes/www/housing/hvs/qtr407/q407press.pdf, cited by Dean Baker, Real - world economics review no.46, 'The housing bubble and the financial crisis', http://www.paecon.net/PAEReview/issue46/Baker46.pdf, p.74.

② Cassidy John, 2009, 'How markets fail: the logic of economic calamities', (New York: Farrar, Straus and Giroux, 2009). 也可参考文章 'What was really behind last year's market crash?'，约翰·卡西迪（John Cassidy）在文中阐述了为何薪酬激励政策会催生有助于触发金融危机的文化，发表于 The Guardian, 25 November 2009, p.4 of section G2, UK.

分析局[①]由曾经获得诺贝尔奖的简·丁伯根（Jan Tinbergen）成立，他认为危机主要还是一个银行业的问题。信誉驱动的自我管制是一种能够防止机会主义行为的机制，在银行业起不到多大的作用。因此，银行破产很可能是因为缺乏管制以及一个恰当的控制机制，而这些工作可能只有国家政府能够胜任。

范·登巴勒（Van Denburgh）和哈姆林克（Harmelink）在分析时更多地关注了会计，指出“在次级贷款行业，很有可能没有及时开展对基本的坏账账面记录的审计”。新世纪金融公司（New Century Financial Corp）是次级贷款的第二大发起者，分析其破产得出的结论是，整个银行业都需要整改。在处理新世纪案件时，美国特拉华地区（Delaware）破产法院收到了一份来自法院检察官迈克尔·弥撒（Michael Missal）的委托报告。虽然报告中指出了审计和会计的重大错误，但还是有人认为新世纪商业模式在美国房市崩盘的大背景下注定失败。[②] 在这个案件中，新世纪和咨询公司毕马威有着紧密的联系：新世纪的控股人曾经担任毕马威的经理，毕马威最终屈服于各种压力和紧张局势之下。毕马威在对方拒不合作的情况下，缺乏继续执行的绝对权威。惟一的解决方案就是选择令会计机构更加强势，而不是让政府更多地介入。

恰当有效的自我管制是美国经济平稳发展的必要条件。无论是在过去还是未来，公司和负责有效控制基本会计问题的会计公司不断失败的风险只会让政府加大管制（例如萨班斯·奥克斯利（Sarbanes Oxley Act）法案的颁布）。而随着时间的推移，政府的管制就不再像传统的会计和审计控制那么有效果了。[③]

罗马·韦伊（Roman Weil）教授任职于芝加哥大学商业学院，主要教授会计学科。[④] 在他看在，房地产中潜在和被忽略的经济事实是导致公司破产的

---

① Casper van Ewijk and Coen Teulings, 2009, ‘The Grote Recessie, het Centraal Planbureau over de kredietcrisi’, The Hague, Netherlands. (The Great Recession: CPB about the credit crisis) http://www.degroterecessie.nl.

② 贷款发放额从2002年的140亿美元增长到了2006年的600亿美元。与此同时，“提前付款违约的数额不断增长，令人担忧”。越来越多的贷款因各种原因“出局”。从2004年到2006年，有超过8亿美元的贷款仅因缺少文件而被投资者拒绝。新世纪（New Century）没有完备的内部监控流程。新世纪的管理层协商一致，多次向毕马威会计师事务所项目组施加压力。新世纪的主管曾担任毕马威会计师事务所经理，他曾电邮给他的审计合作伙伴表示这儿不是一个“培训中心”，并以此为由拒不提供所需的文件。

③ VanDenburgh, William M. and Harmelink, Philip J., ‘Accounting implications of the subprime meltdown’, The CPA Journal, 1 December 2008, http://www.allbusiness.com/trends-events/audits/11729624-1.html.

④ ‘A lender failed. did its auditor?’ 13 April 2008, http://www.nytimes.com/2008/04/13/business/13audit.html? pagewanted=4.

原因。在2001年的经济萧条之后，劳动力市场疲软，工资上涨速度甚至赶不上通货膨胀，对于任何一个审慎的企业家来说，在这种时候住房贷款能够得到如此迅速地增长简直不可思议。

另外一个受到重创的商业模式就是网上银行，是蒙受打击最大的行业之一。除了冰岛银行之外，美国网上银行也宣告破产，美国网上银行是第一批专门经营网上业务的公司之一，曾在1997年上市后被华尔街寄望甚高。低收益和按揭带来的损失说明这种商业模式不可行。

欧洲中央银行主席特里谢指出，价值观、操作惯例和奖励等会降低信任度，他认为应从这些方面对银行的传统运营模式进行制度上的改革。主要的问题在于根据业绩量制定的补贴机制。特里谢明确表示金融创新和证券化没有问题："在过去的十几年里，我们的经济增长受益于金融自由化和金融创新。例如，资产证券化在有效分散经济风险是发挥了作用，它使金融业能够提供信贷。"[①] 对于特里谢而言，危机的产生主要原因是金融行业过于关注金融风险的产生和判断，而与实体经济中商品和服务的流动脱轨。把贷款业务经理的补贴机制建立在贷款量的基础上是一种错误的导向，这让他们忘记了审慎的工作态度。更糟糕的是，美国那些把次贷作为优质商品再次出售的卖家独立于银行，不承担任何的风险，这就是所谓住房抵押贷款证券化（RMBS）。随着贷款额的加大，贷款被银行证券化，通过和其他债务抵押债券（CDOS，见第一章）等资产打包进行出售，获取利润。然而，在很多欧洲国家，依旧只有银行能够提供信贷：这就是体系上最大的差异。

安娜·凯瑟琳（Anna Katherine Barnett - Hart）在2009年发现自从危机爆发开始，金融机构债务抵押债券的账面资产价值下降了5420亿美元。[②] 安娜指出美林银行和花旗银行的制度模式就是始作俑者。这些银行输入不准确的数据，通过计算机建模，故意操纵信用评级，在承销债务抵押债券时，大量使用次级贷款和次级抵押品。评级机构和金融机构一旦建立不正当的合作关系，就能操控评级水平了。在2002年和2007年之间，三家评级机构的年盈利增长了一倍还多，从不到30亿万美元上升到了60亿美元，评级业务功不可没。[③]

缺乏政府管制不是导致体系中没有交叉核查机制的惟一原因。审计负责

---

① 欧洲央行主席让·特里榭容克（Jean Claude Trichet）2009年10月9日在威尼斯的讲话。

② Anna Katherine Barnett - Hart, 2009.

③ http：//www. spiegel. de/international/business/0，1518，692007，00. html#ref = nlint.

人常常在一些银行任职。银行除了共享一些计算机模型之外，还会招收评级机构的人员。例如来自于惠誉国际（Fitch）的汤川信（Shin Yukawa），也是环亚（Abacus）项目的负责人。[①] 这样的合作关系捏造了很多3A级的资产。例如，高盛银行将环亚以2500万美元的价格出售给德国工业银行（IKB），以5000万美元的价格出售给瑞士皇家银行。此外，这样的合作关系还体现在投资人的积极参与中。例如约翰·鲍尔森（John Paulson）能参与到会议和决策中，还到过希腊。对冲基金能够从投资中获得20%的利润，然后放上3到5年。只有高层管理者对奖惩有决策权，了解核心信息。而他们手下的人只能接触到一些不完整的信息。由此可见，由于制度存在缺陷，这种激励措施难免产生误解。

这个体系包括特殊目的投资载体（SIV），有些只有债务抵押债券，这些都是独立的工具；出售这类债券不会出现在资产负债表上。金融机构的管理层需要让交易额和公司的股票市场期权盈利保持增长，这样他们才能获得奖励。

信用违约互换（CDS）在20世纪90年代诞生，没有市场价值，但是能够获得其名义价值100倍以上的贷款。据国际结算银行估计，在2007年6月，信用违约互换的名义总值达到了45万亿美元。[②] 最先使用这个工具的银行之间形成了一种特别的关系，也就是所谓的交易对手风险。和传统的客户储户或者存款人不同的是，交易对手都是独立承担风险的：这里指的不是传统银行中存款人把存款委托给银行的概念。交易对手通过第三方的“网络”开展交易。

约翰·泰勒（John Taylor）的研究显示，交易对手的恐惧引发了流动性陷阱和危机。[③] 在2010年4月针对高盛银行的美国议会听证会上他又表示，交易对手系统在金融行业中处在核心位置，却与客户和银行关系相去甚远。这不是一个信托的模式：制度实践有别于客户和银行关系。

---

① ‘Rating agency data aided Wall Street in deal’, Gretchen Morgenson and Louise Stor, April 23 2010, http://www.nytimes.com/2010/04/24/business/24rating.html?ref=business.

② 国际清算银行，‘Triennial and semi-annual surveys on positions in global over-the-counter derivatives markets as of the end of June, 2007’, Table A available at http://www.bis.org/publ/otc_hy0711.pdf?noframes=1】.

③ John B. Taylor, 2008, ‘The financial crisis and the policy responses, an empirical analysis of what went wrong’. 也可参阅 World Economic Situation and Prospects 2010, Global outlook, United Nations, New York, 2009.

在2006年，各大报纸开始报道房价下跌，包括高盛银行在内的投资银行缩小业务范围，开始卖空。在2007年3月，由政府赞助的企业预见到，在美国实行国际财务报告准则后，政府会惩罚从事低质量房屋按揭业务的机构，从而关停了不良借贷业务。然而，很多地方依然在出售“不良”产品。在2009年9月中旬，恐惧升级成了恐慌。在信任慢慢蒸发掉的时候，资产升值、绩效奖励和信息高度不透明化之间的关系逐渐演化成恶性循环。

其中重要的一点是，像股市这种传统的交易和“场外交易”混合在了一起。在2010年，美国高盛银行听证会得出的结论是，在金融业中交易对手之间的关系并不像客户——消费者关系那样注重信息透明化、信托关系和市场定价。交易对手共同分享联合战略带来的风险，一起实施共同战略，一起完成定位、开展业务；此外，公司内部可能也会发生交易，也就是公司内核本身也变成了“市场”。处在公司的核心位置，能够了解所有相关因素的信息，从而根据所得信息谋取利益。这也许解释了为什么在分析市场制度化能否解释衍生产品和对冲产品增长时，信息已经不是惟一需要我们的问题。信息是人人觊觎的目标，但是要获取信息，必须要通过组织模型建立起必要的、能够控制信息流的机制。在2010年，美国证券管理委员会在对高盛银行的一名员工提出民事和刑事诉讼时，着重提出这个人通过内部关系获取核心信息，以此从高盛银行的其他客户身上获取利益。而这名员工拒不承认这项指控。

除了交易数量已经超过数百万个之外，如何实现交换、保证交易流转是一个重要的问题。在全球范围内，信任突然流失，就不可能在短时间内保证资产定价的持续性和透明度。一旦恢复平静，交易就会像往常一样开展。在雷曼兄弟破产之后，伦敦和纽约的城市生活并没有发生什么巨大的变化。这次危机似乎并没有带来什么明显的变化。

这种假说在追溯危机根源的方面，给出了最有力的诠释，有力地解释了错误的商业模式中业务制度化在供给面上的缺陷：无效的控制、信息不对称、降低信任的价值观和脱离信托的交易对手关系。这次危机发生时，两者的关系非常紧张。但是，这一假说并没有解释为什么危机会在两大金融模式——银行和非银行信贷机构之间的紧张关系一触即发的时候爆发，[①] 也没有指出危机的产生可能是因为这种商业模式是建立在债务和杠杆基础上的。[②] 还有，饱

---

① 班赛尔（Bancel）的采访。

② 曼德尔森勋爵（Lord Mandelson）2010年3月1日在众议院大厅的发言，http://www.allbusiness.com/economy－economic－indicators/economic－conditions－recession/14018387－1.html.

受谴责的商业模式需求面方现在又如何呢？

系统性再生产假说

很多人认为这个体系已经失去了再生和步入正轨的能力。有个法国学派继承了布瓦耶（Boyer）① 和伽奈（Chenais）② 的观点，认为这次危机是一次“监管”上的危机。金融化的经济活动宣告失败，是因为借贷行为已经偏离了正常的轨道。然而，这次危机的核心有两个问题：变现与累积两个方面。③ 在福特主义危机发生后，出现了金融化的经济机制，金融市场在经济中发挥了很重要的作用。从 20 世纪 80 年代早期开始，资本市场通过市场自由化和放松管制重新获得了自由，凭借美国养老金体系大量的资金流入、富人的减税政策、转移价格、海外资金、信托交易和货币对冲，实现了大幅增长。在这些促进因素中，只有货币对冲在国际交易中是不可避免的，尤其是在废除金本位，实行货币和美元挂钩政策之后。在过去的 30 年里，这个体系累积形成了双重危机，一个是整体需求疲软带来的“凯恩斯危机”，另一个是在 2000 年以后投资生产获得的利润开始降低。杠杆效应和资本市场形成合力，使投资金融的利润自然增长。在 2010 年 5 月，发达国家出现了大量负债，涵盖了个人、家庭、企业和政府部门，债务显得似乎比资本更加重要了。然而在这场危机中，有些机构的境况相对较好，其中包括合作社，从第四章起会有详细的论述。

这次危机起源于世界的某个特定的地方。很多人认为，和其他很多危机一样，这次危机起源于建立在特定思想共识上的某个监管模式。在此之前，同样的原因导致了发生在俄罗斯、亚洲和阿根廷的泡沫。虽然鲁里埃尔·鲁比尼（Nouriel Roubini）认可国际货币基金组织在调整后发挥的作用，但他也

① Boyer and Drache, 1996.

② Chenais, 1996.

③ Dockès, P. , ‘Croissance, adaptation ou rupture?’ in Dockès and Lorenzi, 2009, pp. 49 - 71.

指出了这个组织在过去所犯的错误。①

这种假说似乎是最全面的。这些作者提出的解决方案不仅包括限制过剩的措施，还构想了一个新的经济增长机制，似乎比其他假设要更加全面、更有说服力。然而，这种理论并没有解释在层次和范围上出现的矛盾。

第一，虽然这个解决方案是全球性的，但是它提供的解决方案更倾向于国家的层面，虽然在提到欧洲时，它所建议的增长机制架构曾呼吁地区协作和融合，但是最后还是回归到国家层面上。皮埃尔·道格拉斯（Pierre Dockès）认为这场危机过后，全球金融资本主义只是多了一些国际监管的案例而已，并不会出现深层的改革。②

第二，对危机的诊断虽然具有覆盖全球的广泛性，但是却忽略了危机造成影响的不平衡性：发达国家处在国际金融体系的中心位置，在这次危机中受到了重创。虽然这次危机也波及到了其他国家，但是还不到“崩溃”的程度。而且，这一宏观方案把公司和家庭这两种经济组织一概而论，也没有区分受困于债务的公司和通过收购不良资产和企业继续获利的公司区分开来。如果出现问题的只是整个体系中的一部分，那么又怎能对危机监管问题适用系统性分析呢？我们必须进一步从业务实践、价值观和信念的层面开展更加深入的分析，真正认识这次危机。我们需要了解在社会、制度和政治方面，有哪些力量促成了这次危机，导致损毁的财富超过了新创造的财富。

---

① ‘The IMF can work to try to ensure that financial and current account imbalances are addressed rather than ignored - and that they are addressed by policies that are not destructive of global prosperity’“国际货币基金组织不应忽视、而应努力确保财政和往来账户失衡这一问题得到解决——并确保为此采取的措施不会对全球繁荣造成威胁”, Nouriel Roubini and Brad Setser, October 2005 updated September 2006, ‘The future of the IMF’, paper for the 2007 World Economic Forum http://www.weforum.org/pdf/initiatives/IMCP_RoubiniSetser.pdf. 俄罗斯私人企业在海外至少借债4900亿美元，花起钱来也毫不吝啬。来自政府的支持给他们带来了合同、补贴和税收减免，而本地银行则成了他们很好的合作伙伴。外国银行和投资者都很高兴，腐败等弊病更是闻所未闻，直到出现破产。最后，政府不得不至少“压榨一些寡头”。1997年，印尼和泰国内部发生了斗争，看看到底谁能拯救它们的银行。如果政府打破与寡头的关系，政权就可能覆灭。这就是印度尼西亚苏哈托政权倒台的原因。西蒙·约翰逊（Simon Johnson）认为，国家之所以会陷入困境，是因为掌权的精英阶级背负了过高的债务。因为他们紧紧地与政府连在一起、能够得到政府的支持，所以才能够获得信用。而实际上，无论是阿根廷始于1982年的债务还是俄罗斯1998年的债务，总有政府人士突然把这笔私人债务挪到政府头上，变成无辜公民的责任。由此，我们可以推测：只要有需要，政府不会紧追债务不放。

② Dockès Pierre, in Dockès and Lorenzi 2009, pp. 65 - 9.

三大陷阱

除了根据上述假说来分析这次危机以外，要想找到真正引起危机的机制还是要归结于三个陷阱：消费陷阱、流动性陷阱和债务陷阱。为什么要把成因总结为陷阱呢？陷阱的定义是为了捕捉某猎物而铺设的伪装，为的是能出其不意地困住、有时甚至用残忍的手段捉住某个东西。从一开始，“目标物”就可能已经与陷阱打过交道，有时候甚至会被放在陷阱里令人愉悦的诱饵所吸引。如果我们这样认定陷阱的话，那么我们就可以认为“目标物”很可能没有预料到自己会被困住的处境。即使“目标物”最终能够挣脱束缚，也注定会受到伤害。最重要的是，如果“目标物”是有生命的，那就必须掌握并解决陷阱的致困机制才能逃出生还。为了脱身，很多机构和个人在这场不断蔓延的危机中都是这么做的。所以说，陷阱不仅仅包括由具体的制度和行为构成的机制，还包括对人们的认知，在模糊人们视线的同时，诱导人们一步步地走进危险的陷阱。

消费陷阱

我们这里主要针对的是个人和家庭消费者。消费在泡沫的成长扩大中发挥了重要的作用。拿美国来说，消费在这场危机和泡沫中发挥的作用并非独一无二。当需求升级到过度消费时，负债也就成为了一种必然。然而，依旧有人笃信，只要没有强大的购买能力，商品的过度消费也不会造成多大的影响。从这场危机中可以看出，即使购买力没有增长，消费需求能够、也确实维持了增长的趋势。“申报收入”贷款就是一个很好的例子。“申报收入”贷款是指贷款人提供一份不需要历史记录和证明的个人收入证明，就能获得贷款。这几乎已经成了每次危机的常态，但总是被政府部门忽略。例如，政府部门没有收集过家庭储蓄率或者负债率的相关数据，也没有在国际层面上和其他国家和地区进行过数据对比。[①] 这个消费陷阱给个人和家庭、甚至是宏观经济都带来了负面的影响。在过去的几十年里，消费被看成是一种分散的、个人的、民族的人类行为，脱离于大型公司的运营状况以及投资和贸易等宏

① Philippe Douroux, 10 February 2010, ‘La crise financière en 4 ou 5 chiffres, 2 temps et 3 mouvements’, http: //blog. slate. fr/phdx/2010/02/10/la – crise – financiere – en – 4 – chiffres – 2 – temps – et – trois – mouvements.

观经济因素。即使在今天，人们的关注点和一揽子救助方案还是都集中在“重要经济主体”上。

在供给面经济制度中，家庭负债一直都不是关注的重点。雷恩斯（Raines）和莱特斯（Leathers）在2008年回顾了长期以来，美国政策一直都在忽略家庭负债的事实：

“格林斯潘和伯南克都没有考虑到通货膨胀的一个根本原因是家庭债务。相反，在2002年到2003年之间，人们认为家庭债务提高了整体需求、缓解了通货紧缩，同时证实了金融衍生产品和宽松的货币政策都发挥了积极的作用。”[①]

但是在2002年12月，格林斯潘承认，“通货紧缩把原本处在相对合理区间的家庭和企业名义债务转化成了不断增长的实际债务和实际债务服务成本”，包括房屋所有者的按揭债务和家庭根据其收入水平所要承担的总服务费用。有些企业管理层甚至开始开展风险不断升级的投资。然而，这些种种都没有成为格林斯潘担心的问题。[②] 在1997年和2004年之间，也就是亚洲、俄罗斯和巴西经历金融危机后，格林斯潘谈到了“通货紧缩时刻”。在1999年，“头寸被高度杠杆化”，格林斯潘才开始紧张起来。[③] 在2002年11月发表的一次演讲中，格林斯潘又一次否认了债务带来的风险，称通过广泛地使用包括债务抵押债券（见第一章）在内的金融衍生产品，已经有效地分配了债务风险。[④] 在2003年的同一时间，伯南克表示“我们很幸运，美国的金融业十分稳健，无懈可击。家庭充分利用低利率贷款支付按揭，利用累积股本支付像信用卡贷款等更加昂贵的消费债务”。[⑤] 而事实上，格林斯潘提到的通货紧缩涉及到的是股票价格，而不是商品和服务的价格。[⑥] 如果用债务来购买股票、卖空或者购买证券，那就没有问题。

根据费雪（Fisher）和明斯基（Minsky）的假说，利维研究所（Levy Institute）认为，私有部门的债务是不可持续的。研究所还指出，在1992年和2000年期间，债务系统迅猛发展。在这段期间，净信贷以前所未有的增长速

① Raines and Leathers, 2008, p. 35.

② Greenspan, 2002a, December.

③ Greenspan, 1999, in Raines and Leathers, 2008, p. 36.

④ Greenspan, 2002b, November.

⑤ Bernanke, B. S., July 2003.

⑥ Raines and Leathers, 2008, p. 33.

度流与收入相对的个人消费中，成为了促进经济增长的主要引擎。[①] 而格林斯潘更喜欢用熊彼特通过创新进行创造性破坏的理论，来诠释金融衍生产品、放松金融管制、全球化确保未来利润，投资资金流和股票价格上涨。[②] 总而言之，在全球经济中，人们的消费行为对于系统整体的稳定性和经济增长没有多大的影响。也就是说，如果在一个地方发生了债务危机，那么在地球的另一端，消费还在正常进行。但是，随着全球范围内各地区的联系日益紧密，经济下行产生连带效应，这种模式已经不复存在。

如果信贷能与以前在教育和技能等生产因素的积蓄联系在一起，那么能提供现实的债务偿付能力，就会有利于发展。但是如果信贷被操纵，而且脱离了实际需求和地方民众的愿望，那就会带来不利的影响。这种不健康的信贷会迅速把投资和消费转向受政治或者意识形态立场以及短期的社会、政治和经济利益所驱动的生产因素和经济领域。汽车行业和房地产行业正是因为接触到了这种不良信贷，才成为这场危机的第一批受害者。

在大部分人口购买能力降低的时候，价值体系反而通过多种激励政策（通过媒体、评级机构、政府和口碑等渠道）鼓励借贷行为，因此制造了消费陷阱。这场经济危机产生的原因部分来自于系统在各个层面鼓励过度消费。宽松的货币环境一旦改变，债务人往往会出其不意地陷入困境。

一旦被陷阱围困，净财富就会受到破坏，而那些曾认为一切安好的人也会陷入贫困。如果失去了生存的手段，那么工作成了惟一能够挽回局面的机会，这就是劳伦斯·方丹（Laurence Fontaine）提出的典当行为或者是在布什（M. L. Bush）的著作中提到的负债担保。[③] 一旦回归更加严格的信贷标准，首先受到惩罚的就是最初持有人和创新型企业。在这个时候，是否能够获得流动资金就变成了生死攸关的问题，加上人们对于流动性陷阱的恐惧，用凯恩斯的话说，囤积资金又一次蔓延开来。我们应该如何应对这种情况呢？这场危机的种种证据都指向了系统的内在机制。

根据麦肯锡的一项研究调查：美国消费者在2000年以后对于美国经济增长的贡献率超过了四分之三，在1990年之后对于全球私人消费增长的贡献率超过了三分之一。在2000年之后，家庭负债急剧增长，在2005年，个人储蓄率已经下降到 -0.7%，过度消费的趋势就变得更加明显了。在2000年和

① Papadimitriou, et al. 2002 in Raines and Leathers, 2008, p. 37.

② Raines and Leathers, 2008, p. 19.

③ Bush, M. L., 2000 and Fontaine, 2008.

2007 年之间，与收入相比，美国的家庭负债持续增长了 25 年，从 1990 年的 85% 增长到了 2000 年的 101%，并且在 2007 年，进一步增长到了 139%。[①]

个人负债也被分配到了非生产领域，以适应社会地位和社会“保障”的需要。在 2007 年，艾伦·格林斯潘和詹姆斯·肯尼迪证实了 2005 年得出的分析结果：“人们用通过按揭再融资和房屋净值贷款获得的资金偿还非按揭贷款，例如信用卡贷款。有一种解释是，利用这些资金偿还的非按揭贷款，实际上是一种过度融资，来支付改善家庭的个人消费和购买汽车或者电视机的消费。[②] 购买的物品不仅包括了食品、衣服和房屋等这些生活必备品，还包括通讯、交通和休闲相关的商品，而且在数量和质量上，都呈现增长趋势。日常用品或者奢侈品消费一般有三种形式：信用卡消费、房屋按揭或者房屋净值贷款。在经济繁荣时期，后两者的利率比信用卡的还款率更低，而且可以从纳税中被扣除，因此更受欢迎。而现在，人们已经失去了这两种选择，而且只有急需用钱的时候才会使用信用卡。”

由于听取了大型商业利益集团的意见，政府的政策已经在很大程度上偏离了正轨，或消极或积极地鼓励了许多代理的发展，导致了 2008 年金融危机的发生，尤其体现在影子银行上。[③] 美国的“金融脱媒”模式，产生了多种分散的借贷方式，服务费标准也没有统一，很多消费者维权机构批评这种模式存在信息不公开和收费不透明的缺陷。然而，政府并没有禁止这样的交易方式。现在很多消费者每个月都需要缴纳电视、手机和租车方面的费用，这都是近几年才出现的。很多家庭收到免费办理的信用卡，但是却没有获得必须的信息，因此产生错觉，好像信用卡是免费的礼物一样。而且，只要偿还一部分债款就能自动恢复到原定数额，再加上高利率，给人带来一时富有的幻觉，有时候可以弥补工资低和工作环境不稳定带来的沮丧。在 2010 年 3 月，法国政府认识到了问题，针对周转信贷出台了一部新的法律。最近美国也出台了《美国信用卡法案》，进一步解决了这个问题。

一部分消费者还是有一定抵制力的，但是其他人深受这些诱惑的蛊惑。消费是融入社会的一个重要手段，人们通过消费可以得到别人的认同和热心对待。从这个角度讲，在社会幸福感中，消费已经构成了基本价值的一部分。

---

① Atkins, Charles and Susan Lund, March 2009, ‘The economic impact of increased US savings’, The McKinsey Quarterly, Economic Studies, McKinsey Global Institute, http://www.mckinseyquarterly.com/The_economic_impact_of_increased_US_savings_2327.

② Greenspan, Alan and James Kennedy, March 2007, p. 2.

③ Krugman, 2008, pp. 158 - 62.

不幸的是，很多人在被引入到过度消费这个陷阱的时候，却没有认识到这一点。

英国的家庭税收抵免体系包括一项“增税补收条款”，在 2003 年到 2004 年之间让 190 万个家庭多花了 22 亿英镑。几年以后，人们发现需要把钱还给政府。最后，家庭和政府都遭受到了损失。公共账户委员会承认某些讨回债务的方式给家庭带来了困难，而且预计该项计划实施的前两年里累积的 10 亿英镑债务已经覆水难收。① 随着收入增长变慢、储蓄率下降和流动性的匮乏，很多家庭为了购买生活必需品和满足教育等方面的需求而借债。在 20 世纪 90 年代和 21 世纪初，消费已经成了促进经济增长的重要引擎，而国家赤字迫使政府降低在社会服务方面的花费，反过来会给全国民众带来不利的影响，其中包括那些在使用税收抵免上曾做出明智选择的民众。

支持宽松信贷消费的一个主要论据是对于通货紧缩的恐惧。在类似这场危机的大规模危机中，这种说法是行得通的。然而，为了预防陷入危机，需要牢记几个目标：合理分配信用，合理调动资源，维持系统的长期可持续性，建立控制资产价格的体制，让“造市者”承担相应的法律责任。但是目前没有人可以确保市场本身能够实现这些目标。

不受约束的消费和信贷规定是造成 1929 年的经济大萧条的主要因素，对此凡勃伦（Veblen）、加尔布雷思（Galbraith）和莫斯（Mauss）都撰文对此做过论述。马歇尔·莫斯（Marcel Mauss）在 1923 年和 1924 年之间发表的《论礼物》一书中，② 指出在 1929 年大崩盘之前，他十分关注投机行为、高利贷和信贷条件的变化带来的过度消费问题。在他看来，这个问题是与实现社会交换的目的联系在一起，不是单纯的个人行为，而是系统行为。③

莫斯著作里的描述放到现在依然适用：“首先，我们必须要回归，回归到‘高尚消费’的习惯。富人有必要重新……坦率地把自己当成其他公民的出纳……此外应该更多地关注个人的生活、健康和教育，这些对于家庭和家庭的未来都是有利的。在招聘服务、楼市租赁和生活必需食品销售的合同里，应该体现更多的诚信、谅解和慷慨。而且我们应该找到限制投机行为和高利贷

① “该计划头两年欠下的约 10 亿英镑债务可能永远要不回来了”，http：//uk. news. yahoo. com/25042006/140/families - hit - tax - credit - fiasco. html.

② Mauss, 1923 - 4.

③ 莫斯（Mauss）认为，社会交换与确保社会整体凝聚力的价值密不可分。有人认为莫斯反对一切与金钱相关的事物，其实不然，莫斯反对的是建立在世袭、投机和高利贷基础之上的系统。他所说的”那些富人施舍给穷人的个人保障”与任何形式的金钱交易无关。

的方法……要做到这些，每个人都应该工作。应该迫使每个人自立而不是做寄生虫。另一方面，每个人都应该依靠自己、或者团结起来，维护自己的利益……社会保障、互助共有、合作和专业组织，所有这些被英国法律标记为‘友好社会’的法人，都要比那些富人施舍给穷人的个人保障、靠着企业家所给的微薄薪水艰难度日、甚至比资本家的储蓄（仅依赖于信贷的变化）都要有价值。”①

凡勃伦和莫斯都十分关注信贷条件发生的变化。在20世纪20年代，在泰勒制和标准化的基础上发明使用了信用卡和分期付款。推行自由主义的政府青睐大型银行，因为大型银行可以进行大规模借贷，保证了付款循环，降低了对现金的需求。无论是在过去还是在现在，人们都希望不要出现因为囤积引起的资金不足，后来这种现象被凯恩斯定义为囤积，这是引起危机深化和蔓延的一个主要因素。近一百年后，无论是因为培养强迫性的或上瘾的行为，还是为实现家庭收支平衡所做的，我们的社会又出现了达到系统性负债程度的过度消费文化。

认为消费同质化导致全球文化同质化的假说引起了很多的讨论。这个全球共享的文化通过消费行为在全球范围内把人们联系在一起。消费能够覆盖全球人口，有助于培养世界公民。② 西蒙·朗格卢瓦（Simon Langlois）却认为，消费文化呈现的是区别化而不是同质化的趋势。③ 齐格蒙特·鲍曼（Zygmunt Bauman）认为，在社会和文化分化的过程中，消费是公民的敌人。这种分化过程阻碍人们涉足政治，或者在公共领域聚焦在一起表达自己的观点。无论如何，物质经济似乎已经植根于个人主义的社会了，公民身份的认知和联合都是通过消费特定产品实现的。

城市化是现代消费模式的一个主要干预因素。城市化割裂了过去的“熟人”社会。在过去，在出现危机或萧条的时候，人们就会团结起来，享受生活的基本保障，度过信贷或者现金缺乏的困难时期。消费模式还能体现出社会包容什么、排斥什么。现在，节约、重复利用或者长期保有某个物品已经不流行了。与此相反，在过去，一个社区会通过永远保留特定物品或把某些东西当成禁忌来维系社区成员之间的关系。此外，在城市化进程中，我们从必需品和实用消费转向了无形产品的消费。最典型的例子就是，与农村地区

① Mauss，1923 -4.

② Langlois，2006.

③ Bauman，Z. Consuming Life（Cambridge：Polity. 2007）

相比，城市中的食物离其自然生产的过程越来越远。城市化最能体现在资金的流通层面。无论一个人是否失业、是否处在社会边缘或者是否贫困，都会被纳入保证资金流通的机制中去，无论手段是否合法。

在第二次世界大战之后，出现了以美国为代表的出类拔萃的消费模式。从20世纪60年代开始，相关研究开始关注需求和分配制度之间的关系，包括超级市场带来的影响。研究方向集中在市场准入的“民主化”和汽车在这个过程中发挥的作用上。菲利普·默爱提（Philippe Moati）在谈到商务模式的应用风险时，提到了后福特主义中的观点，即生产和分配能够满足个人的需求。城市化、现金和分配制度的变化加强了重复消费同一物品的趋势，造成物品的浪费、修理和回收。①

这种消费模式成了一个开放式的过程。如何实现社会凝聚力也尚无定论。人们开始通过需求、禁忌、捐助和社会分层等新的方法来实现社会凝聚力。吉恩·鲍德里亚（Jean Baudrillard）把这个问题形容成一种施展魔力的过程。一旦失去魔力，要重新增加产品和消费地点的魅力。② 在渴求认知和分散式的消费之间始终存在间隙，缺失感无法得到弥补，而只能在催眠强大作用下，把人们追求的目标转化成更多的消费。

此外，凡勃伦在分析休闲消费、③ 约翰·肯尼思·加尔布雷思分析富裕社会④和皮埃尔·布迪厄分析消费习惯时，⑤ 都强调了在长期过程中会影响行为并创建制度的具体实践：在这些制度中，随着经济货币化的升级，消费者在理解现代工业社会以及后工业社会的不同社会阶层和利益群体中发挥着重要的作用。布迪厄所谓的“习惯”反应了个人的性情，有构建组织结构的功能。他还通过经济和文化资本分析了社会领域和生活方式中的社会阶层和社会群体。如果社会存在高度不平等的话，奢侈的消费就把这种社会意象升级为理想模式的构建。

然而我们看到，批判式的分析力度还远远不够。例如，法国生活条件研究及观察中心的消费研究并没涉及消费者的行为是否被外部力量所欺骗或操纵（尤其是广告和寡头公司），而且没有明确指出需求是外生的、被外部力量

① Moati, 2001.

② Baudrillard, 2006.

③ Veblen, [1899] 2005.

④ Galbraith, 1958.

⑤ 参见 Bourdieu 1977 and 1992.

所决定的。[①] 宏观经济相关的分析主要集中在微观层面上的社会经济活动。后现代主义似乎主导了消费的相关分析。

在20世纪，很少有与消费相关的研究会把消费的理论研究和全球的生产、分配和融资方式（也就是所谓的资本主义）联系到一起。这就是为什么在21世纪，人们开始争论凡勃伦的观点。此外，有的学者把消费债务看成一种上瘾行为的表现。[②] 有消费者群体表示应该建立与生产方式相关的追溯和处罚机制，体现出消费者已经开始认识到这个问题了。[③]

如何从实践的角度打破消费陷阱呢？

第一，家庭在减少负债的同时，保证不会按照同一比例减少消费。麦肯锡的一项报告中提出收入的年增长率如果能达到2%，[④] 家庭就能够降低债务收入比，维持健康的消费，不走进消费陷阱中。如果能够缩小贫富收入差距，那么整个体系创造财富的速度也会加快。麦肯锡指出，如果收入不出现大幅度的增长，那么家庭减债就会在今后的几年里导致消费和全球经济疲软。为了促进经济增长，有能力吸收大量从业人员的行业应该开展投资，促进生产率的增长：麦肯锡提到了医疗行业和公共部门。我们认同麦肯锡在收入增长上的发现，但是麦肯锡并没有对消费陷阱和债务陷阱进行比较分析（下文会详细解释）。随着消费陷阱的蔓延，系统化债务陷阱的覆盖范围也随之扩大，如此一来，重新恢复系统平衡就需要依赖于促进出口和限制公共支出了，而不是在公共部门雇佣大量人员。

第二，必须从需求方面寻求解决方案。从表面上看，美国和中国的状况完全不同，但是事实果真如此吗？让我们分析一下次贷和医疗之间的关系。直到最近，美国的医疗保险体系才实现了全面覆盖，尤其是要涵盖了那些长期生病或失业的人。美国之前的情况有些像中国现在的医疗系统。中国的医疗系统覆盖面不广，尤其是对农村地区和失业人群来说。中国居民的储蓄率

---

① Langlois, 2006, p. 37.

② Mundis, 1990.

③ 制裁措施包括对能引起肥胖的产品征收产品税，或依法向销售有害产品的公司索赔。产品可追溯性研究和有组织的消费者行为研究有了十分有趣的进展，它们在环境、社会和经济领域表现出来的相关性越来越引人注目。这些都推动了法律法规的发展和消费法律法规方面的研究。

④ McKinsey Charles Atkins and Susan Lund, March 2009, 'The economic impact of increased US savings', The McKinsey Quarterly, Economic Studies, McKinsey Global Institute, http://www.mckinseyquarterly.com/The_economic_impact_of_increased_US_savings_2327.

之所以维持高位，很大程度上是因为中国缺乏统一的医疗或者社会保障体系。[①] 在中国，居民拥有的是实实在在的储蓄存款，而在美国，人们更多地投资房屋，用来自住、对外出租或者作为交换获得医疗服务，这在欧洲是很少见的。在中国，农民只能用其拥有少量农村土地，包括宅基地在内，从正轨或非正规渠道获得信贷[②]来支付医疗、教育和来往城市和沿海地区的交通费用。中国和美国都在努力实现医疗保险的全面覆盖。更加均衡的资源分配才能更好地保证扩大需求，实现内生式增长。此外，像在第三章中提到的，公司不断进行结构调整，导致员工的工作环境和劳动合同不稳定，从而增加了信贷需求。很多家庭把信贷当成救急“银行”，来满足短期的突发需求，即使这意味着未来需要背负更多的债务。

第三，我们需要从供给方面寻找解决方案。有人提出了债权人自我管制的想法。然而，从信贷的供给面来看，激烈的全球竞争让这种想法很难实现，主要有三个原因。一是随着股市估值和公允价值会计规则的使用，扩大业务范围的竞争日益激烈，金融机构越来越关注业务量和标准化；二是大量分散的主体和越来越多的中介提供廉价而且不用审核的信贷额度，迫使竞争方压低价格，吸引借款人；三是并购一直都是一个很大的威胁。谁能有胆量敢在完全透明的情况下公开所有信息呢？如果不顾信贷业务量就可能意味着失去了竞争优势，谁又会这样做呢？

如果政府把自己的职能委托给一群自我管制的信用债权人，那么这些债权人就必须共享信息，而不是一直为被同类公司收购这把达摩克利斯之剑担心。如果债权人无法胜任这项工作，那么政府应该收回下放的权力，宣布委托合同无效。要保证控制系统正常运行，就不能停止核查和制衡。信任带来的好处十分重要。自我管制仅仅涉及到一个特定的政策领域，而且用政治话语来说，自我管制不是最终的解决方法。一切运行良好的时候，自我管制不会出现什么差错。但当重大危机发生时，自我管制不能重典治乱。全球自我管制机构，像国际会计标准委员会，不能从政策的层面及时地给出应急解决方案，而且不需要为任何一方承担责任。而国家部门并不一定需要获得所有

① 今天，中国勤俭的家庭把他们税后收入的四分之一用来储蓄——中国世界上储蓄率最高的国家之一（中国国家统计局家庭收入和支出调查，《中国统计年鉴》，2004。麦肯锡公司的一项调查表明，中国的储蓄率居高不下的两个原因是担心医疗保健和退休。（Kevin P. Lane and Ian St – Maurice, ‘The Chinese consumer：to spend or to save?’ The McKinsey Quarterly, 2006, no. 1, pp. 6 – 8）．（http：// www. mckinseyquarterly. com）．

② Tsai. 2002.

的内部信息，才能去应对紧急情况。

正像我们所看到的，在20世纪后半段中对于消费的研究没有关注债务机制以及债务和全球政治经济的联系。很多研究的重点是特定国界、年龄层或者民族内的特定消费客体和消费地点。虽然消费已经是一种全球化的行为模式了，但只有在少数情况下，研究才会跨区域对比同一个消费客体。

以上三个问题的探讨使我们更加地了解什么是消费陷阱以及为什么会陷入消费陷阱：（1）消费是否会导致产品同质化，是否建立在习惯或者惯例的基础上，同质化是否有利于制度的成立；（2）消费和大规模城市化和塑造认同感的联系是什么；（3）消费和生产方式变革之间的关系是什么。之所以我们的文明体制会造成消费陷阱，是因为：

第一，不断累积并且时刻变化的消费趋势不仅反映了人们的生存需求，还反映了心理认同和社会需求。

第二，消费越来越依赖于信贷以及债务，产生了变化的花费和负担，在不平衡加剧的背景下，让消费需求陷入一个恶性循环。

流动性陷阱

在谈到“流动性陷阱”的时候，我们首先会想到凯恩斯。在《通论》中，凯恩斯提出了“流动性陷阱”的理论假说，即当中央银行把利率降到不能再低时，人们也不改囤积现金的决心，这种现象就是流动性陷阱。① 但是在2008年，这个假说像在20世纪90年代的日本一样，已经变成了一个现实。② 虽然危机的起源和泡沫的破裂源于其他原因，但是随着银行间同业拆借的冻结，便出现了流动性陷阱。资金流向政府债券，企业和政府开始限制消费、积极存款，于是需求直线下降，直到2008年年末都是如此。

在凯恩斯生活的年代，他关注的是银行的破产，而不是股市崩盘所带来的影响和中央银行在调节利率时发挥的作用。凯恩斯主要分析在经济萧条的时候，如何应对总需求不足的状况，而不是供不应求的状况（由垄断或者劳

---

① “然而，凯恩斯说的流动性陷阱只是一种理论上的可能性，因为历史上并没有出现过；那些引用凯恩斯的说法来否认货币政策有效性的说法显然站不住脚”。Backhouse，Roger and Bateman Bradley，W.，2006，p. 289.

② 请参考罗伯特·马德森（Robert Madsen）把日本危机和这次金融危机所做的有趣比对，参见马德森对理查德·卡茨（Richard Katz）的回应‘Comparing crises，worse and worser’，Foreign Affairs May/June 2009，vol. 88，no. 3. 罗伯特·马德森（Robert Madsen），供职于麻省理工学院国际研究中心，http：//www. foreignaffairs. com/articles/64917/robert－madsen－richard－katz/comparing－crises.

动力供给引起），以此解释为什么经济大萧条持续的时间那么长。凯恩斯理论主要提出了两类有效需求的失效：一个是由储蓄增长带来的，一个是失业人口购买力不足引起的。凯恩斯提出通过调整投资政策，而不是调整消费政策来解决这个难题。对他而言，经济复苏和管制是两个不同的概念，长期有效的解决方案应建立在制度结构和宏观权威机构的管制基础上。凯恩斯提出的并不全是扩张性的建议。在 1919 年中期，银行信贷款的宽松政策引起了投资的膨胀式增长，财政大臣奥斯丁·张伯伦（Austen Chamberlain）就此征求凯恩斯的意见。凯恩斯回答道，在资本产品和劳动力被充分利用的时候，有必要大幅提高利率，改变企业的预期，抑制企业借贷。①

全球市场出现重大混乱是这次危机的一大特点，其中涵盖了资产担保证券市场、商务票据和银行同业拆借市场。在发达国家，过去发生的几次危机过后，金融市场很容易就又恢复了正常的运营。在 2008 年，各国政府在各自处理完本国第一家银行的破产后，就认识到有必要采取普遍性应对措施了。很多人把这次危机和经济大萧条联系到一起，而美国政府的决策者也采取了类似 20 世纪 80 年代救助储蓄贷款协会的政策。②

米尔顿·弗里德曼（Milton Friedman）称，在 20 世纪 30 年代的经济大萧条中，美联储没能帮助信贷市场，导致危机愈演愈烈。③ 美联储没有重蹈覆辙：存款保险有助于避免银行挤兑，而财政部暂时性地保住了投资和一些银行贷款的本金，以确保银行不会失去借贷的市场。财政部通过“量化宽松”政策增加货币供给，并安排其他贷款机构引入了非公开发行债务的风险溢价。美国国会授权财政部通过不良资产援助项目，④ 向金融系统注入 7000 亿美元。在全世界范围内，这次政府干涉避免了 20 世纪 30 年代的政策性错误，放宽松了货币政策，暂时把短期利率降低到零左右，直接给金融行业提供支持。随后，政府还给汽车制造业等其他行业提供救助方案，正如我们在第一章中看到的。

鲁里埃尔·鲁比尼（Nouriel Roubini）和保罗·克鲁格曼（Paul Krugman）发表论文，分析了 2008 年底出现的流动性陷阱。这个陷阱影响了名义负债的

---

① Skidelsky, Robert, 2009.

② “美国纳税人拿出 3000 亿美元来拯救储蓄和贷款，如果这些问题能够早些曝光，就不会用到这么多钱”，参见 Susan Strange, 1996, p. 144.

③ Friedman, Milton, 1971.

④ Lebonte, Marc, ‘US economy in recession: similarities to and differences from the past’, 5 February 2009, Congressional research service, www. crs. gov.

实际价值。而且一旦名义利率为零的时候，负债的实际价值像实际利率一样，也会上升。而囤积现金进一步加剧了这个趋势，从而导致流动性急剧下降。这是鲁比尼担心债务在价格下降的情况下会导致的后果。虽然联邦基金利率已经接近零值，而且政府的“量化宽松”政策已经向市场注入了几百亿的流动资金，但是投资者还在囤积现金。在2010年，经过鲁比尼证实，政府采取的货币政策已经丧失效用，而流动性陷阱依然存在。他指出，美国无法承受预算赤字达到GDP的15%到20%。他还指出，美国银行价值100亿美元的超额准备金并没有被用在信贷业务上，利润率只有0.25%，二次探底的风险高达40%。[①]

在2008年，诺贝尔奖获得者保罗·克鲁格曼（Paul Krugman）在《萧条经济学的回归和2008年的危机》中，[②] 分析了全球经济面临的困境。一方面，他把这次危机比作华盛顿“照顾孩子的合作”；另一方面，他指出过去曾经发生过的危机在全世界范围内又开始依次蔓延。克鲁格曼解释了根据所谓的华盛顿共识这个过时的理论达成的思想共识，以及在这个共识框架下的产生并付诸实践的通货紧缩政策是如何在全世界范围内引发一个又一个危机的。对于他而言，在2008年并没有所谓的“黑天鹅”。

的确，从20世纪80年代早期开始，在拉丁美洲、东亚、俄罗斯、巴西和土耳其就相继发生了经济和金融危机。泡沫和危机都源于债务，最严重的危机就是1997年的亚洲金融危机和2001的阿根廷金融危机。在亚洲金融危机中，在货币投机行为肆虐的情况下，国家私有银行大量借贷。阿根廷的问题在于大型企业的私有贷款，后在1982年阿根廷和英国爆发军事冲突时被当时的中央银行行长多明戈·卡瓦罗（Domingo Cavallo）进行了国有化。在20世纪末，卡瓦罗将阿根廷货币和美元挂钩，导致前者估值过高。在亚洲危机之后，巴西货币贬值，使阿根廷无法继续与美元挂钩。阿根廷国内成本处在高位，而巴西是阿根廷最后的出口市场。阿根廷民众不接受国家经济的美元化，把当时的政府拉下台，从而发生了贬值和违约。虽然阿根廷几次还掉了其最初的债务，但是其国家债务一直处在增长的趋势。在货币贬值之后，阿根廷经济才开始高速增长（但其他关键问题仍未解决，本书就不做论述了）。

国际货币基金组织在20世纪80年代和90年代的介入颇为不妥。由于利

① 努里尔·鲁比尼（Nouriel Roubini）认为二次探底的风险在40%以上，26 August 2010，http：//www.bi－me.com/main.php? id＝48044&t＝1&c＝62&cg＝4&mset＝1011.

② Krugman，Paul，2008.

率被提得很高，经济萧条进一步深化，不必要的成本带来了更多不利的影响，信贷和流动性极度匮乏，导致大量企业破产。经济增长疲软，投机行为随之而来，债务服务费用甚至比最初的信贷价格还高，国家开始寻求新的信贷/债务准备金。随着债务呈指数增长，还贷变成了不可能完成的任务，只能通过更多的贷款来支付利息。在阿根廷危机中，通货紧缩是政府自己的选择，以致在全国范围内都很少有流通的货币。在2001年危机爆发前，处在流通领域却无法兑换的伪货币多达55种。虽然智利开始控制资金流出，但是阿根廷仍然采取了即时生效的打开大门的政策，致使部分货币流出本国。到1998年为止，这类政策把世界带到了自1930年来第一个通货紧缩的经济衰退边缘，格林斯潘和伯南克在世纪之交发表的声明中，都表示了对这个问题的关注。这个时候发展中国家拒绝坐以待毙，为了应对未来会发生的投机行为，开始出口并累积货币储备。

克鲁格曼为了解释流动性陷阱，深入浅出地采用了“照看婴儿合作社”的比喻：150个美国国会议员和家庭合作轮流照看婴儿。每照看一个小时，这个家庭就能够得到一张服务券。离开合作社的时候，他们需要交还服务券。在这个服务券系统中，每个家庭都可以把自己的孩子送到别的家庭照看。照看孩子的家庭可以从接受照看的家庭拿回服务券。所有家庭为了未来考虑，都在累积服务券。但很快地，因为一些照看了孩子的家庭觉得没有必要使用这些服务券，就保存起来，所以流通中的服务券变得越来越少。因此，那些感到自己家里服务券储备不足的家庭会想在家里照看孩子，不愿意出去。而只有一对夫妇决定出门，才能产生照看孩子的机会。所以照看小孩的机会越来越少，于是这些家庭就更不愿意在一般情况下使用服务券了，这样照看的机会只会越来越少。①

因此，克鲁格曼认为萧条是难以避免的——大家越来越倾向于累积而不是使用服务券。合作社管理委员会因此决定每个家庭一个月至少出去两次，但是效果不大。于是委员会决定增加服务券的供应量，神奇地恢复了生机。②

最后情况还是变得更糟糕了：在夏天的那几个月里，大部分家庭想在晚上外出（就出现了供给面的问题）。而在冬天，大部分家庭想要呆在家里，通过照看孩子获得服务券（就出现了需求面的问题）。这种结构上缺乏可用服务券（流通中）的问题无法用发行更多服务券的方法解决。于是合作管理委员

① Krugman, Paul, 2008. p. 17.

② Krugman, Paul, 2008. pp. 16 – 20.

会决定允许出借服务券，根据供需关系调整利息率。然而，照看孩子具有供需关系上很强的季节性波动特征。在冬天，即使利息率为零，希望照看孩子的家庭依然会超过选择出门的家庭，这就意味着照看孩子的机会供大于求。这样一来，那些想为夏季出门存储服务券的家庭就更不愿意在冬天使用服务券，进一步减少了照看孩子的机会。所以，即使在利息率为零的时候，合作社还是会陷入到萧条中。①

当然，有一个很好的例子能够解释为什么封闭的体系容易从内部开始崩溃。人们只能使用一种服务券。由于当初分配服务券的时候就没有考虑需求的变化，而给每个家庭配给了同样数量的服务券，那么当囤积服务券发生的时候，就无法找到有效的解决方法。当我们用这个理论解释现在的经济时，就不难理解，在人们感到恐惧时，无论是发行更多的纸币或者把利率降到零，都不能解决问题。只有解决真正的问题才能够克服人们的恐惧。然而克鲁格曼没有考虑到的是，在极端的情况下，以物换物可能会有所帮助，哪怕这么做产生的效果是暂时性的。或者，人们能够找到一种机制，可以在一年或者更长的时间后，让体系恢复平衡。合作社使用的就是这样一种机制。在后面的章节里，我们会继续讨论。

克鲁格曼在2008年出版的书中没有提到债务这个词。当泡沫破裂的时候，所有人都尽可能地回笼资金。在这个时代，资金自由流通和电子化技术带来了更多的风险。在2010年4月27号美国议会针对高盛银行的听证会上指出，高盛银行在2006年和2007年的做法和其关于卖空和回笼资金的讨论就是一个典型的例子。

克鲁格曼在1999年的一本著作中，解释了大量背负外国货币债务会对公司的资产负债表带来哪些影响。② 货币贬值和汇率调整会导致企业破产和信贷紧缩，从而减少了投资和企业产出。这个过程也说明，如果不惜任何代价和某一国际货币挂钩、维持本国货币过高估值的话，那么最终只会作茧自缚——经济主体会过度负债。本国货币过高估值会引起劳动成本的增加，导致企业竞争力降低、出口疲软、赤字扩大以及失业率增加。这些就是为什么在这次危机中欧洲中部和东部地区会出现第一章中提到过的恐惧和愤怒。在很

① Krugman, Paul, 2008. p. 70.

② Krugman, P. (1999), 'Balance sheets, the transfer problem and financial crisis', in Isard P., Razin, A. and Rose, A. (eds) International Finance and Financial Crises.

多经济学家看来，拉脱维亚是一个很好的案例实验，引起了很多的关注。① 然而只要美元还是作为国际储备货币而存在，那么这个理论就不能用来解释美国货币。然而与次级贷款相关的债务——紧缩陷阱情况却是类似的。

在经济动荡的时候，银行必须持有股权才能保持声誉和资产净值。宽松的货币政策有利于银行的恢复，但不能重新带动借贷业务和经济增长。国际清算银行在2008年12月曾提出自己的担忧，称把利率降到几乎为零，会阻碍银行同行拆借，而银行救助一揽子计划如此大的范围和规模意味着大量的风险转移到了政府的资产负债表上，政府有在将来出现违约的风险。②

约瑟夫·斯蒂格利茨（Joseph Stiglitz）的理论著作把市场经济学和政治经济学联系到一起，从一个新的视角解释了流动性陷阱。他指出，在现在的情况下，货币政策可能不起作用。现在真正重要的是能否能够获得信贷，以及获得信贷的条件是什么。此外，债务的再次出售把所有人都捆绑在了一起，会造成从内到外的系统崩溃：

"在现代经济体中……完成交易需要的是信贷而不是货币。而大部分的交易是资产交易，和国内生产总值没有直接的联系。这个理论……为流动性陷阱提供了新的理论基础。它关注的重点不是联邦基金利率（或者是货币供给），而是和经济活动、信贷水平和公司的贷款利率等联系更密切的因素（这就解释了贷款利率和联邦基金利率之间的差值波动）。我们要认识到信贷产品关系的重要性。很多公司从其他公司那里获得信贷，同时他们也给别的公司提供信贷（违背了波洛涅斯（Polonius）提出的一个人不能同时以债务人和债权人身份出现的限定）……在实行信贷配给的情况下，一个公司出现的震荡可以迅速波及到另一个公司（或潜在的信贷配给）……公司的资产净值（资产的市场价值）和公司的资产结构都很重要。"③

的确，现在大部分情况下，只要信贷有银行作担保，就相当于创造了资金，我们流通的是债务（银行发行的信贷）。法国银行给出这样的解释："创造资金的机制之所以会建立在银行担保信贷的基础上，是因为不同种类银行

① 'Latvia: Europe' s most extreme, dramatic economy', 15. 02. 2009, http: //www. dw - world. de/dw/article/0,, 4025197, 00. html.

② BIS Quarterly Review, December 2008, 'International banking and financial market developments', http: //www. bis. org/publ/qtrpdf/r_ qt0812. pdf.

③ Stiglitz, 2001.

信贷的分配制度改革自然而然地会影响货币政策的制定和实施及有效性评估。”[①] 于是，金融机构经手了越来越多包括工资在内的现金流。流动性陷阱出现的时候，大部分人都会受到影响。实行信贷配给的时候，整个经济体的支付链都会陷入停滞。

首个指出信贷在引发金融危机中（包括20世纪30年代经济大萧条）发挥了重要作用的是曾经获得诺贝尔奖的经济学家莫里斯·阿莱（Maurice Allais）。[②] 他认为，信贷通过“角色转变”获得了不该有的权利：也就是说银行的长期借贷已经超出了本身支配资源的能力。在这种情况下，信贷必然会引起投机行为，而惟一能够规避系统性风险的方法就是加强政府管制，把创造资金的权力重新归还给政府，禁止“角色转换”，禁止银行进行自营交易等。阿莱想引起人们的关注，经济主体在交换产品的时候，并没有考虑它们的实际市场价值。他认为调节消费的是基于货币基础上的债务转继。

斯基德尔斯基（Skidelsky）指出这种连锁债务存在系统性风险，仅仅通过增加透明度并不能防止发生系统性崩溃。凯恩斯认为，风险和不确定性的区别在于，私人可以控制风险，而政府需要真正面对的是不确定性。“不确定的活动会带来巨大的影响，政府为了保护公众的利益，需要控制不确定性。”[③] 在美国，除了重新引入格拉斯－斯蒂格尔法案（Glass – Steagall Act）分离银行活动，还要管控国际金融机构的部分活动，措施包括提高产权比率、建立保障基金、建立国际资金流的纳税机制，加强对家庭贷款的控制。我们认为，鉴于不是所有的银行都从事跨国交易，“跨国”的特质必然发挥着一定的作用。如果大部分交易的负责人都是大型机构的高层，与交易对手保持长期合作关系，负责人认定或者更改信贷资质，价格根据每次具体交易而定，那么所谓的由个人组成的自由市场的概念就已经不再适用了。

劳伦斯·方丹（Laurence Fontaine）对于古代机制的研究和费雪、凡勃伦关于20世纪早期的研究中都提到过内生性危机与信贷/债务之间的联系。债务上的联系意味着工作上也有联系，比如留住工人，把工人输送到其他大洲去，满足劳动服务的需求。另一方面，债务人也会通过债务关系维持生存。

---

① Banque de France, 15 February 2006, http://www.banquedefrance.fr/fr/stat_ conjoncture/telechar: stat_ mone/edcb_ presentation1.pdf, in Holbecq André – Jacques and Philippe Derudder, 2008, ‘La dette publique, une affaire rentable: a qui profite le système ?’, editions Yves Michel, Gap, France.

② 1988年诺贝尔经济学奖得主莫里斯·阿莱（Maurice Allais）首先在1998年10月12日、19日和26日的法国费加罗报上发表了他的观点，后由Allais在1999年转载。

③ Skidelsky, Robert, 2009, pp. 176 – 7.

例如，债务人需要为债权人工作，获得食物和住宅，在一定程度上也是生活的保障。方丹通过分析得出结论，信贷行为也会因为债务人的社会和法律地位而有所不同。[①] 在古代的机制中，就像现在出现的信用违约互换或者债务抵押债券一样，市场制度化水平低，“理想的状态就是建立一个互相了解的网络，这样才能够让合作伙伴了解彼此的信息，尽可能地防范风险和不确定性”。[②] 同族通婚就是通过保持与信贷体系的联系来保护“银行”系统的。

在微观的层面，从 16 世纪开始，诞生了一批新型商人，他们不再从道德角度考虑债务人。在 18 世纪，形势发生了深层的改变，即使贵族都会按照规定受到惩罚。在梵蒂冈（Vatican）和芮南（Rhenan）的贵族处境艰难时，他们会求助法典，保护土地和艺术品不被债权人拿走。正如威廉·斯托特（William Stout）所指出的，商人的名声怎么样，要看他是否能让债务人不至于陷入破产的窘境。[③] 商人要有先见之明，要有慷慨的心态和灵活处事的逻辑，来抵御市场风险。因为企业不会面临同样的风险，方丹解释了为何人们不用经济理性处理破产，因为企业并不面临同样的风险。欧洲在进入工业化时代之前，债务的逻辑有多重含义：它允许占有土地、控制他人的劳务和农业市场、控制人。简而言之，“债务关乎生计，关乎生死”。[④] 拥有现金就更有可能摆脱贫困、债务的束缚和奴役，这就是为什么资金对于社会底层人士有如此大的吸引力。

在宏观的层面上，我们在这次危机中发现了类似的情况：“只要没人真正需要讨回债款，整个信贷系统就能够正常运行。随着信贷的扩大，只要有一部分人需要讨回债款，就会引起金融恐慌。”[⑤] 资金匮乏在地域上的扩展会让商人不知所措，1970 年的法国就是这样。[⑥] 这就促使收入不足以立刻偿清债务的人开始投机倒把。他们被迫出售资产，或者借更多的钱。只有在信贷额不断上升的情况下，这个体系才能运行。在资金匮乏的时候，人们无法获得贷款，利率调整就起不了太大的作用，为了应对危机，短期债务被延期转化

① Fontaine，2008.

② Fontaine，2008. pp. 278 - 9.

③ Fontaine，2008. p. 289.

④ Geneviève de Gaulle - Anthonioz 提交给社会经济委员会的报告，1995，France，为 Jean - Michel Servet 引用，’ Banquiers aux pieds nus，La microfi - nance’（Paris：Odile Jacob，2006，p. 160），为 Fontaine 2008 引用，p. 312.

⑤ Fontaine. 2008，p. 300.

⑥ Fontaine. 2008，p. 300. pp. 301.

成长期债务。在这个时候，人们开始囤积资金，开始储备稀有金属。这样就演变成政治问题了：一个商人在1785年这样写道："只要彼此信任、有完善的商业票据，我们不需要太多的资金就能达成交易了。"①

费雪对于19世纪和20世纪发生的危机进行分析，得出的研究结果具有很大的价值。他不仅得出了过度负债在引起通货紧缩中发挥着关键性作用这一结论，还指出在资本主义经济中，危机具有持续重复的特点。② 费雪在1933年出版的《经济大萧条时期的债务紧缩理论》一书中，提出了19世纪金融危机带来的一系列连锁反应。在1837年、1873年和1893年，债务都引起了通货紧缩。如果集中开展资产清理，就会出现新一批的债务人。在1837年的恐慌后，经济萧条持续了5年。大量的贷款需求引起价格上涨，随之累积了泡沫。在泡沫破裂后，没有银行愿意用金币或者银币进行付款。在1873年的恐慌爆发前，铁路公司发明的金融产品能够带来固定收益。在1871年，投资者开始怀疑这些产品的价值，随着价格的下降，这些公司使用银行短期贷款继续扩展业务。在1873年，在越南证券交易所崩盘后，恐慌蔓延到了美国，利率迅速攀升。9月，最重要的投资银行杰·库克（Jay Cooke）公司出现债务违约。股市崩溃、信用枯竭，随之出现的萧条持续了6年，引发了大规模失业，一直到1879年才结束。在这个过程中，像洛克菲勒和卡耐基这些资金充沛的投资者累积了大量的廉价资产，因而名声鹊起。1893年爆发的危机持续了4年，有人认为其原因是过度投资、金融环境宽松、投机和货币（黄金）挤兑。在这次危机中，信用和流动性出现了短缺，人们普遍囤积资金，上千家企业和上百个银行宣布破产。费雪是这样描述通向投机陷阱的道路的：低息贷款；新的投资机会成为给市场带来波动"扰乱因素"，带来宽松的货币政策、投机倒把和资产泡沫；"社会情绪"普遍认为会获得高回报，而且"不负责任的大肆鼓吹、利用这种可能导致欺诈的公众高期望值"。

低息贷款是出现过度借贷的重要原因。如果投资者可以以每年6%的利率贷款、获得100%的收益，他就会禁不住诱惑，用借的钱来进行投资或者投机。这就是造成1929年过度借贷的原因。（当时）各种发明和技术革新带来了很多很好的投资机会，从而引起大量负债。③

费雪曾谈到用债务清算实现去杠杆化，而债务清算会导致价格的下降，

---

① Fontaine. 2008, p. 300. pp. 301.

② Fischer, Irving, 1933, pp. 337 - 557.

③ Fischer, Irving, 1933, pp. 337 - 557.

继而给债务带来沉重的负担，加大了清算的困难。这时候，出路只有两个：申请破产，或者通过货币和/或财政政策实现通货再膨胀。费雪把这些“扰乱因素”看成外部原因。费雪的理论不包括创新或者经济周期，也不具有创新性和灵活性。费雪认为危机会一直重复发生，这是自然的规律，无论人们做什么都无济于事。

凯恩斯在解释长期经济滑坡时采用了不同的方法：问题的出现是内部原因造成的，积极干预才是解决问题的方案。市场本身不能达到最好均衡状态，只能继续维持失业的状态。凯恩斯对长期保持充足的需求并不乐观。在危机持续过程中，政府应该通过加大投资，来扩大需求、建立行业信心，从而维持经济增长。比起债务融资的公共项目，凯恩斯更加提倡政府投资。凯恩斯尽量避免提到债务融资的问题，但是他指出私有部门出现负债应该是一种消极的暗示。① 为了防止危机发生，凯恩斯提出要保持商品稳定性，建立产品缓冲库存，控制国际资金流动，并且建立一个新的国际货币组织。布雷顿森林体系仅仅实现了其中一部分目标。

与两次世界大战时期相比，当今的国际贸易和资金流得到了进一步的发展，凯恩斯的建议放在今天还是有其局限性的。然而，德克·艾恩特斯（Dirk Ehnts）认为：“《通论》为世界经济建立了一种模式。很明显当时有过多的资金流入到投资产品的生产中。在过去的几个月里，需求疲软导致投资失败，这是凯恩斯在《通论》中所提到的……我们（还）需要一个能够解释储蓄是如何在银行或者金融体系中被转化成投资的、在这个过程中资金是怎么被衡量和估值的资本理论。这个被主流忽略的经济学分支，应该重新得到大家的关注。”②

然而，这次我们需要的是一个不再把债务和泡沫破裂看成一个自然的、不可避免的过程的资本和债务理论。债务实践已经成为经济实体体系的一个内生特性。这些经济实体在行为和实践的组织化、制度化的过程中已经形成了特定的模式，现在更积极地与政府进行合作，形成监管合力。在第三章中，我们会就此问题展开详细的论述。

---

① Dirk H. Ehnts, 2008, ‘Revisiting Keynes’ general theory - lesson learned?’, Faculty of Economics, University of Oldenburg, Germany November, mimeo.

② Dirk H. Ehnts, 2008, ‘Revisiting Keynes’ general theory - lesson learned?’, Faculty of Economics, University of Oldenburg, Germany November, mimeo.

债务陷阱

虽然本章第一部分涉及了个人主义下的业务模式以及货币和体系性累积假说，这三个假说都在一定程度上、从不同的角度对危机做出了解释。系统性假说认为这次危机源于债务陷阱，之前提到的消费陷阱和流动性陷阱都会最终导致债务陷阱的形成。在不平衡加剧和政府干预减少的背景下，整个系统的运作开始依赖债务，结果就会导致债务陷阱。就像在 18 世纪一样，非正规借贷导致私有部门和公共部门背负债务，促成资产价格的泡沫。实现经济复苏需要破解债务陷阱，解决债务问题。由于债务贯穿在整个体系中，所以在处理债务时很难做出抉择，任何解决方案的实施都可能会带来痛苦和巨大的损失。

正像我们在第一章中提到的，债务危机源于“不平衡”。在危机发生前，美国和世界经济的增长实际是由美国不断膨胀的房地产价格泡沫维系的。之前我们对消费负债已经做出了解释。消费陷阱依赖于其他因素，发展到一定程度，能够造成体系性风险，甚至会演变成债务陷阱。在 2006 年，乔治·欧文（George Irvin）正确地认识到，美国即将面临的债务风险不仅仅关乎美国，更会波及到世界范围。

美国家庭净债务几乎达到了 12 万亿美元。从 2000 年开始，大部分债务的增长来自按揭贷款。为什么说这是很危险的呢？问题症结在于，一旦出现需求疲软，房屋价格下降，消费者——尤其是那些最近购买房屋的消费者会发现房屋资产的价值要低于债务的价值，也就是意味着他们持有的是负资产。如果不能够偿付债务，银行就会受困于大量的“不良资产”，反过来会限制借贷量（有时候银行直接宣告破产）。日本在 1990 年的经历能够清楚地表明，房地产泡沫破裂能够拖垮经济长达数年。消费者的净债务仅仅是美国脆弱体系的一个部分。家庭债务远远超过公司储蓄，也就是意味着私有部门也处在负债的状态。[①]

房屋所有权人陷入债务陷阱反映了三个体系层面的问题：资产损失、租赁房屋带来的负担和社会经济凝聚力的丧失。我们根据需要一个国家的各个地区是否面对资产泡沫的问题采取不同的措施一起处理这三个问题。如果房地产泡沫集中在某些区域，实施“一刀切”的政策反而会带来更多麻烦。美

① 乔治·欧文（George Irvin），伦敦大学亚非学院研究教授，‘EU growth can offset the US debt crisi’, 11 September 2006, http://euobserver.com/9/22308.

国和西班牙的临海地区都面临着泡沫问题。从另外一个方面讲，如果持有房屋所有权的成本超过其租赁成本的50%，就会陷入债务陷阱。在这些情况下，继续持有这些房屋或者给房屋所有权人提供补助也就没有什么意义了。房屋所有权人更加倾向于选择离开、违约或者出租房屋。出租有助于减轻房主受困的程度，但对租赁机构来说没有太大帮助，除非有特别针对他们出台的政策和法律。丧失抵押品赎回权也会影响那些被迫离开租住房屋的家庭，而且会进一步压低房价。当租户被迫离开房屋后，住房需求的确开始上涨。而因为丧失抵押品赎回权，租赁房屋的供应量开始降低。因此，政府政策必须寻找到一个折中的办法，防止租户被迫离开住处，这样能加强社会和地区凝聚力，促进经济复苏。①

泡沫最初产生于房地产市场。除了房地产问题，还存在一个核心问题：为什么债务在金融、生产和政府领域如此常见呢？我们要理性地认识债务在调节系统性变化中发挥的作用。首先，我们处在一个世界市场中，正像苏珊·斯特兰奇（Susan Strange）写到的那样："社会学的一个重要分支似乎对这个变化视而不见……回答'是什么或者谁带来了这些变化'这个问题的时候，一个简短的回答就是：技术、市场和政治。"② 我们认为技术、结构和价值观上都发生了一系列的变化。而在这些变化中，债务在金融和生产领域都发挥了核心的作用。

在金融领域，连接世界的计算机实现了金融信息的扩散和产品的标准化。除非能够提供实体经济的相关内部信息，否则很难理解这些金融产品。此外，计算机技术的发展改变了利润的来源和金融业本身，束缚了利润区间。利润不再来自过去的业务实践，而是来自计算机的标准化带来的快速流动和新产品生产提速，尤其是债务。法国战略分析中心称，"传统产品的利润从2000年开始下降。这说明投资者开始在风险性更高的替代产品中谋求利润"。③

在生产领域，之所以会出现通货紧缩的倾向不仅仅是因为一系列政策，还因为工业产品交易的自由化导致了全球供应量大幅度上升，引起价格下跌。中国在2001年加入世界贸易组织后进一步加强了这种趋势。交通、物流和产品质量方面的技术进步在全球范围内引起产品供大于求。同时，新的资金产

① 'The cost of maintaining ownership in the current crisis: comparisons in 20 cities', Dean Baker, Danilo Pelletiere and Hye Jin Rho, April 2008, http://www.cepr.net/documents/publications/ownrent_2008_04.pdf.

② Strange, 1996, p. 185.

③ CAS - Centre d'analyse stratégique, 2009.

品和机制持续时间更长，生产率更高，产品的更新换代周期变长，产出规模变大，而且速度更快，差错更少。利润率也因此降低，加大了投资融资的难度。

就企业来说，在过去25年的经济全球化背景下，扩大业务规模的竞争日益激烈。利用债务机制并购是扩大业务量的主要方式。利润和总需求都在降低，导致竞争日益激烈。事实上，就像没有购买力也可以进行消费一样，个人能通过借贷的杠杆效应，在不投一分钱的情况下，买下大型公司的全部产权（如法国的亿万富翁贝尔纳德·塔皮（Bernard Tapie））。① 这就能够解释为什么新准则取代旧国际会计准则后没有定义权益，反而更关注负债。② H·肯普夫（H. Kempf）是这样形容的：在人类的历史上，投机第一次成了产生收入的主要来源。金融经济交换的价值比实体经济高出30倍。现在，"投资者"是指在金融市场上扮演投机者角色的公司或者个人。③

华尔街的公司债务到底有多少呢？安德鲁·索尔金（Andrew Sorkin）认为这一比例高达32∶1。④

为什么政府会像私有企业那样利用非正规渠道举债呢？这是因为政治选择决定政府行为，而债务是政治选择的资金来源。如果债务被用到基础建设和教育等这些长期的生产性投资中，最终都会获得清偿，这无可厚非。但是，在过去的几十年里，大部分政府受到意识形态的束缚，同时承受着来自于国际金融组织和/或所谓的"市场"压力。因此，政府也开始利用资产负债表的表外"工具"进行债务融资，只有经手这些交易的人了解详情。这样就能提高评级，减少赤字压力，为公共开支买单，也就有可能加入像欧元区这样的货币区了。公民、金融界和媒体都欢欣鼓舞。然而，当这些表外"工具"被放回资产负债表中时，问题就会浮出水面。希腊就是如此。

受危机影响最大的国家发现其国家负债水平创历史新高。在2010年8月25日，美国政府内债高达8.834184万亿美元，而外债高达4.516439万亿美元。⑤ 虽然这些数据看起来很庞大，但和其他发达国家相比较，美国负债占其

---

① http：//www.lejdd.fr/Economie/Actualite/Tapie－veut－prendre－le－Club－Med－73626/.

② 国际会计准则委员会颁布了第9号国际财务报告准则，包括修订后的如何进行金融资产分类和计量的规则。

③ Kempf，2009，p.18.

④ Andrew Ross Sorkin，2009 p.4："大型券商一直用巨额债务支持他们的赌注。华尔街公司的债务资本比率为32∶1"。

⑤ Summary debt schedule，http：//www.treasurydirect.gov/govt/govt.htm.

国内生产总值的比率还处于较低水平。债务和利息相关，现在利息水平达到最低，美元作为国际储备货币也没有什么货币投机行为。然而，在危机发生前，美国政府的投资仅仅局限于武器和国防等行业，比较而言，在基础设施、教育和提高生产竞争力上的投资则相对滞后。危机迅速提高了短期借款的价格，这就意味着在将来的某个时刻，利率也会提高。由于国家税收水平低，在收入再分配上做的工作也少，很多公共服务依赖于地方政府和公民的支持。而现在，地方政府和公民都负债累累，陷入资金紧缺的窘境。在 2010 年 7 月，美国国会预算办公室列举了美国所面临的逐渐上升的风险：随着人们更多地购买国债，投资受到“排挤”；税收增加；财政政策和公共支出起到的作用更加有限；出现财政危机的风险更高。①

在危机爆发前，部分人群能够享受到宽松的信贷政策，再加上从发展中国家进口的廉价商品，让美国政府得到了大量选民的支持。而这个过程降低了低收入群体的收入和工作环境的质量，限制了他们的购买力，迫使他们在个人消费中求助于借贷机制。美国在政治上的致命弱点是与发展中国家的贸易逆差。由于美国不断给中国施压，中国不得不在 2005 年 7 月开始在一篮子货币的基础上对人民币进行升值。② 从那时候开始，美元开始走进贬值的下行曲线，而欧元还是维持强劲势头。在 2006 年和 2007 年之间，中国的房地产市场和金融市场出现泡沫，政府立刻采取应对措施，限制投资性和外地人（在当地居住期满一年、且继续在中国生活的人除外）购房。美国利率的上涨触发了“次级贷款”危机的爆发，结束了房地产泡沫，但美国没有特别多地关注危机带来的影响。一年以后，虽然有人公开表示这仍然是个问题，但他们认为这只是个单纯的房屋信贷问题。

银行从 18 世纪起就废除了存款保险的一篮子货币全覆盖，其借贷额度开

---

① 2010 年 7 月 27 日美国国会预算办公室联邦债务和财政危机风险，经济和预算问题简介：“一般来说，虽然在经济衰退期或衰退过后不久，赤字能够加速经济的复苏，但长期出现赤字和不断增长的债务将会给美国带来负面的经济影响。有些影响可能会逐渐显现：越来越多的人选择购买国债，而不愿投资如工厂和电脑这类能够带来产出的资本货物；投资的‘流失’会导致产出和收入的下降。此外，如果用增收边际税的方法来支付新增债务的利息，就会影响工作和储蓄，并进一步降低产出。利息成本的上升还有可能削减政府重大项目的支出。此外，不断增加的债务将越来越多地限制决策者运用财政政策应对经济下行或出现国际危机这类突发挑战的能力。除了这些逐渐显现的问题，越来越高的联邦债务也会增加突发财政危机的概率，一旦危机真的发生，投资者就会失去对政府能否驾驭预算的信心，政府将无法以合理的利息获得贷款”。http：//www. cbo. gov/doc. cfm？ index = 11659.

② “7 月 21 日，中国宣布了一项期待已久的汇率改革措施，允许人民币升值 2%，不再紧盯美元，人民币与多币种挂钩……自颁布以来，人民币不断升值”，China Daily 12/28/2005 p. 10，http：//www. chinadaily. com. cn/english/doc/2005 - 12/28/content_ 507256. htm.

始超过他们的资本额。为了保证纸币的印发，实体经济活动必须支付这些债务，维持银行和金融体系的可持续性。如果实体经济没能把贷款还给银行，银行就会发放资产负债表外的信贷，持续放贷。从20世纪70年代开始，经济循环就一直伴随着过度负债和泡沫的不断破灭。一旦经济主体负债过重，他们就被迫停止支出。他们要么像在1997年的亚洲危机中那样增加储蓄，要么停止业务，筹备资金等待下一个债务杠杆化阶段的到来。

在这个时候，政府开始担心会出现通货紧缩而不是通货膨胀，于是开始实施宽松的信贷、利率和资金政策。企业的杠杆化和家庭信贷让美国进入了新一轮的信贷扩张时期。伯南克（Bernanke）① 在21世纪初期曾降低利率，来应对企业债务问题，允许企业把长期债务换成短期债务，进行债务重组，降低资产负债率。

真正感到庆幸的是那些成功地把私人债务转成公共债务的人。除非理顺债务，让真正的资本——而不是债务——支持实体经济的运作，否则债务还是会像旋转门一样回击。债务人分散在世界的各个地方，利益不同，规划不同，这就加大了理赔的难度。隐性负债、显性负债和货币债务都会引起财政赤字，投资者也开始规避风险。

雷恩斯（Raines）和莱德斯（Leathers）研究了凡勃伦、欧文·费雪、约瑟夫·熊彼特和海曼·明斯基（Hyman Minsky）关于通货紧缩的著作。② 他们认为，明斯基是凡勃伦理论的继承者。③

费雪在1933年的著作中解释了在繁荣和危机时，名义和实际债务负担的变化。名义债务表现出增长的趋势，随之而来的通货紧缩把名义债务变成人们承受不起的实际债务，增强了经济的下滑趋势。费雪认为，冲击就像“黑天鹅”，是罕见的、不正常的外生现象。

相反，凡勃伦、熊彼特和明斯基认为危机源于系统内部。技术和金融创新引起了实体经济和金融行业体系的变化。这个观点尤其适合解释这次危机。他们的观点有三点不同：（1）政府政策所起的作用；（2）私有企业和金融主体的战略；（3）实体经济的通货紧缩和金融行业的通货紧缩之间的联系。

海曼·明斯基的金融不稳定性假说认为，企业期望在未来获利，所以发行债券，为生产贷款融资。在经济繁荣时期，企业债务的增加导致了企业债

① Bernanke, 2003 in Raines and Leathers, 2008 p. 37.

② Hyman P. Minsky, 1992 and 2008.

③ Veblen 1904; Schumpeter 1934 and 1939.

务质量的下降，因此加剧了杠杆化作用。整个体系变得，用明斯基的话说，“财务状况脆弱”，小小的冲击都可能升级为大规模危机。随之而来的破产减少了总体需求，引发通货紧缩，造成更多的破产。凯恩斯在 1931 年就曾提到债务带动的破产循环。在此之前，凡勃伦也提到过这种关系。

斯蒂格利茨解释道，在过去：“债务合同中一般不会涉及价格的变化。一旦价格降到预期值以下（或者在可变利率合同中，实际利率上升到期望值以上），债务就从债务人转移到债权人身上。在这种情况下，价格弹性（不仅仅是价格刚性）的过度下降会产生一系列问题。因为资本市场的不完善，这类再分配的变化会产生很大的影响，而且不能通过保险规避风险。大规模的冲击会引起破产，造成组织资本和信息资本的流失（尤其是在企业需要清算的时候）。……尤其是在企业信贷配给的机制下，降低流动性会产生巨大的影响。能否获得信贷才是真正重要的（还有获取信贷的条件）；这样就与银行和其他机构的信用资质审查联系在一起了。”①

在家庭消费中，即使价格下降，债务的数额也不会发生变化。比起继续还债，还不如放弃所有物。这种微观经济行为一旦蔓延，就可能会发展成宏观经济上的通货紧缩。对债权人来说，借款上涨意味着前景并不乐观，甚至会影响债权人是否愿意接管债务人的所有物。对于整个经济系统而言，快速增长的结构性债务需要不断提高流动性来偿还债务，否则就会产生更多的系统风险。

债务陷阱的问题在于它会一个接一个地困住“受害者”，这像开放的“紧急状态”，最开始受到影响的是少数群体、弱势群体和处在外围的群体。正如上文所提到的，信贷本身没什么问题，问题在负债。因为负债所依附的信贷条件不一且经常变化，所以很难去衡量负债。因此，当人们利用权力关系获得信贷时，这两者就联系起来了。为了避免被债务陷阱困住，就需要了解信贷条件的变化，但仅仅这样是不够的。回顾过去的历史，我们发现及时获得必要的信息并且正确理解信息都是必要的条件。只要能做到这两点，就能更好地应对信贷条件的变化了。

最后，政治意愿能够解决债务陷阱问题，就像最近我们免除非洲国家的债务一样。但是，债务陷阱给财富造成的破坏却无法解决。这就像破坏环境一样，即使我们停止破坏环境，采取措施消除不利影响，想要整体生态系统

① Joseph E. Stiglitz , 2001.

恢复平衡也需要很长一段时间。甚至系统的失衡已经严重到随时可能会引发大规模的暴风雨或者自然灾害。

债务在全球劳工关系和环境问题上也发挥了重要作用。资本主义认为债务有助于实现两个互补的目标："提供充足的劳动力"[①] 和降低工资水平（与自由劳动力市场）。在过去的几十年里，奴隶制、农奴制、契约和奴役在很大程度上是由信贷产生的债务造成的。在负债担保中，劳动是信贷的抵押品。在18世纪，先后由弗吉尼亚公司和英国商人输送到弗吉尼亚州的白人有四分之三都是负债劳动力。在18世纪70年代，79%的负债劳动力去了弗吉尼亚州或者马里兰州。[②] 这些人因为在大西洋彼岸负债，不得不被奴役或者成为佃户，和黑人一起受奴隶制的剥削。在奴役期满的时候，这些人有选择的自由，可以回到欧洲大陆，也可以呆在美国。美国前总统布什[③]认为，美国倡导的个人自由理念与现代奴役有关，包括负债劳动和奴隶制。此外，负债劳动为消费主义以及轻视自然资源的观念奠定了基础。[④⑤]

结论

虽然本章中第一部分谈到的假说在一定程度上对导致危机的原因做出了解释，但我们认为陷阱才是导致危机的真正原因：个人和家庭负债的不断增加致使人们逐步走近了消费陷阱；货币和信贷流通导致了流动性陷阱；而系统性的债务陷阱是当前体系的一个内在特征。我们认为资本和债务是这个体系的关键元素，这与凡勃伦和明斯基的观点不谋而合。

在不平衡加剧和政府干预减少的背景下，整个系统的运作开始依赖债务，结果就会导致债务陷阱。不透明的、非正规渠道的借贷使私有和公共实体出现负债。消费陷阱首先困住了消费者和家庭，进一步发展就成了债务陷阱。经济实体缺乏内部制衡机制，出于各种原因，越来越依赖债务，走上了不稳

① Bush, M. L., 2000, p. 41.

② Bush, M. L., 2000, p. 41. p. 59.

③ Bush, M. L., 2000, p. 41.

④ 那些被债务所累的国家在还清债务前，体验到了一种不同的生活方式。他们还学会了什么是集约单培，并打算仿效这一模式。然而，在过去的几十年里，人们认为这种危机只会影响如亚洲、俄罗斯、土耳其、巴西、阿根廷等发展中国家和新兴国家。

⑤ Bush, M. L., 2000, p. 240，"保税劳动用工制度……最终会被……淘汰；另一方面……家庭农场兴起，通过种植经济作物自给自足"。

定的发展之路。最后，就像在18世纪发生的那样，资产价格泡沫滋生，投机行为愈演愈烈。

由于技术进步、资金在全球范围内的自由流动、不透明的借贷和政府的干预，债务行为开始膨胀、周期缩短。如果无法及时还债，流动性陷阱就会随之出现，这时债务陷阱就会加紧合围。一旦信贷冻结和公众恐慌情绪转移到实体经济中，就会出现经济萎缩或者经济萧条。要想实现经济复苏，就要破解债务陷阱，解决债务问题，避免进一步的债务追索。债务贯穿着整个系统，所以很难做出决策。实施解决方案的过程是痛苦而又复杂的，还可能造成巨大的损失。如果人们更倾向于使用各种形式的实际资本而不是更多债务，那么债务陷阱出现的频率就会降低。平衡能够防止结构性负债，可持续的财富创造不等同于快速增长和快速套利。

在历史的长河中，泡沫和债务危机屡见不鲜，这场危机不过是离我们最近的一次。然而，在过去的几十年里，人们认为这些危机只会影响到发展中国家和新兴国家，例如亚洲、俄罗斯、土耳其、巴西和阿根廷。然而，在这场危机中，发达国家和金融体系的核心都处在飓风眼中。危机的影响蔓延到了全球，但当冲击退去，如何应对危机造成的影响始终是国家和地方政府的主要职责，比如实施一系列的救助计划和结构性调整，就与2010年年底之前拉脱维亚、匈牙利、希腊和爱尔兰政府所做的那样，更多面临风险的国家也开始采取相应措施。我们必须解决债务问题，为了达成这个目标，我们应达成新的政治和社会共识，来摆脱债务陷阱。凯恩斯曾把实体经济战略投资和金融政策、风险和不确定性区分开来，我们什么时候才能做到呢？我们应如何解决不均衡问题、避免消费陷阱呢？我们应如何避免和/或限制杠杆作用，让我们的经济实体和未来强大起来呢？

第三章 变化的控制权与所有权的较量

引 言

这一章将从更深的层次解释危机的形成：我们试图论证第二章中系统性债务陷阱（宏观层面），与在过去几十年间发生深远变化的经济实体控制形式（微观和中观层面）之间的主要联系。

第二章我们讨论了债务与资本之间的关系，运用相同的方法，在第三章我们将讨论控制与所有权之间的关系。我们认为，在过去的几十年中控制经济实体（银行、养老基金、跨国企业）的力量逐渐比其所有权发挥出更重要的作用。当然，所有权依旧很重要，但是它的边界变得越来越模糊。我们还认为，由于金融化和技术化的驱动，控制权从所有者、制造商这些利益相关者手里，转移到了缺席控制者手里。

在爆发全球金融危机之前，许多学者在讨论一种资本主义的新模式，无论它是金融化的还是技术化的，[①] 这种新模式都源于国家放松管制和自由交易。伴随着金融化，生产和大量借债的问题暴露出来。对于技术化，主要是合理性的问题，更确切地说是合理性的缺失。

本章的第一节解释在讲述像债务陷阱这样的宏观问题时，强 调要先搞清楚经济实体的组织运作方式。全球危机促使我们去讨论经济实体的控制问题，以及公共政策、私人部门与公共部门的联合管理，甚至是被称作“黑箱”的

---

① 关于金融化的例子，可以参考 Dominique Plihon，1996。关于技术化的例子，可以参考 Jeremy Rifkin，2001。

企业自控。

第二节讲在传统企业中控制权和所有权概念的变化，二者的相互关系，金融化和技术化对二者的影响。合作社中的所有权与控制权，将会在第四章中论述，它们一个定义为共同所有权，一个定义为民主治理——一个无论如何也不应与集中控制相混淆的概念。

第三节我们讨论经济实体中的基本角色，即投资者、生产者和消费者，它们各自的控制权是如何变化的，如何导致“市场”发生变化，借债盛行，使经济体系变得脆弱和不稳定。

讨论经济实体组织运作的重要性

在一个以债务陷阱为特征的系统中，讨论经济实体组织（公司、银行等）运作的意义何在？行为和组织上的措施能预防系统性的债务陷阱吗？我们在第二章第一节已经知道，出于个人动机，一些学者确实在公司的层面研究危机，并呼吁银行家和贸易商更应有道德的市场行为。然而，这些呼吁就能够改变整个行业并预防危机再次发生吗？微观层面的行动固然有作用，但如果能在减少掠夺行为的基础上，通盘建立全新的组织形式，将会发挥更大的作用。虽然在危机中，更具适应能力的实体组织能够尽可能多地挽回损失。但是，单凭几个个人和企业无法从本质上预防系统性的债务陷阱。

一些主要的观点认为经济实体的组织形式可能与债务陷阱有关，但在我们看来，金融危机是政治经济方面的问题。

首先，大企业的复杂业务遍布世界，它们所发挥的重要性和影响力使全球经济体系承担着系统风险。这个风险已经威胁全球经济，因为这些大企业通过一系列的业务、产品和活动，与金融势力盘根错节，通过全球生产、分销和金融链条深入实体经济，在最顶端，则通过全球化的证券市场互相连结（见第一章）。面对这样的风险，政府当局不光成了给这些企业发放贷款的最后的救命稻草，为了维护社会的和平与稳定，还不得不用尽一切招术来维持这些大企业，不论它们的行为有多过分，而其中大部分费用都要由普通民众来买单。

其次，许多跨国组织（机构、公司），作为缺席者，会遥控各种经济实体。这些实体处于跨国组织的核心利益的边缘，有时是为了跨国组织的暂时利益而存在。但是，缺席控制者倾向于通过捕捉信息等手段深度干预实体运营的每一个细节，限制其自主性和理性的发挥。当企业里发生这样的事情，这些企业应该被更确切地称为“准企业”。① 这样的事情在世界各地都很常见，企业专注于快速扩张并攫取利润，导致财富不能长期增长，而财富的长期增长是世界经济稳定的重要因素。

再次，私人经济体与公共政策制定之间已经没有多大差别：我们不应该再觉得公共政策与私人企业之间是完全分开的。过去的30年，各种形式的大型经济组织，包括金融业界的和“实体经济”的，已经大大加强了其影响政府决策的能力。第二章（消费陷阱）里讲述的“影子银行”影响美国联邦政策的案例就是这种全球性的现象的一个例证。但是大企业不仅通过传统方式来游说政府部门，在许多情况下，它们还直接与政府联合管理。联合管理成为新的治理概念的一部分，新概念不再提公共权力对整个社会实施分层管理。对同时存在的全球化和地区化（以欧盟为代表）两股趋势的研究，表明私人部门确实参与到公共管理当中。

根据雷娜特·迈因茨（Renate Mayntz）的研究，公共与私人联合管理的第一种研究方向呼吁“一种新型治理模式，……一种更合作的模式，其中公共部门和私人部门能够参与到公私混合的社会网络中”。② 今天，在“对欧盟行使权力产生影响的规则、程序和行为”③ 的“治理”概念的引导下，欧盟明确鼓励私人经济参与到社会治理中。在欧盟治理白皮书中，这种治理是“多层级”的，包括“全球治理”和“经济和金融治理”。白皮书用“参与者”来称呼经济和金融部门的重要角色，也就是那些大企业，它们要以自身的“技术和实践经验”为基础构建起“伙伴关系”，使“欧盟规则和程序的形成、运用和实践”更加有效率。有些治理机构，部分已经建成，部分正在筹备，将要在这些参与者的“行业经验知识”④ 上展开工作。根据萨丽·拉

---

① 1994年一位巴西经济学家提出准企业的概念，用来定义那些没有自主经营权的企业（Oliveria，1994）。准企业并不属于核心业务或核心利益。它们处于战略地位的边缘地带，“是主要的企业用来为其最终战略融资的全球资源”（Oliveria，1994：38）。Oliveria 的观点基于“特别的这些羁绊阻碍了完全地自由地资本积累”（Oliveria，1994：35）。这些妨碍企业利用利润，以及获取资源来扩大企业的资产和规模。应该禁止将企业作为内部资本积累的场所的做法。换句话来讲，我们可以理解为一个经济实体受到远程控制者的威胁，因为企业无法自主发挥。

② Mayntz，Renate，1998.

③ 欧盟委员会，2001，第8页（附注）。从2000年开始，治理成为欧盟委员会4个特权之一。之后一份白皮书便以“治理”为目标，改进欧洲公共政策的制定方式。

④ 欧盟委员会，2001，第8页（附注）。从2000年开始，治理成为欧盟委员会4个特权之一。之后一份白皮书便以“治理”为目标，改进欧洲公共政策的制定方式。第23－34页。

齐恩（Sally Razeen）的观察，[①] 因为权利的分享，公司现在被看成是政治参与者。我们不禁要问的是：如果这些参与联合治理的公司不断制造泡沫、陷阱和危机，之后又通过纳税人为其行为买单而继续存在的话，它们还能够明确自己的身份并履行职责吗?

治理的第二种研究方向同样重要。施密特（Schmitter）、[②] 阿博特（Abbot）和斯奈德尔（Snidal）[③] 将跨国标准化与治理结合在一起，研究个体与社会行为之间如何协调。在这项研究中，经济实体成为重要角色，因为它能获得比政府更多的信息。政府因此欢迎在某些问题和领域里联合治理的做法，而这又最终决定了政策制定的日程、目标和手段。

这里有关经济实体组织、合理性和长期可持续发展的讨论应该超越个人动机和个人道德行为的范畴，虽然这些很重要，但我们不能只依靠这些东西。在讨论这个之前，我们需要区分控制权和所有权的区别。

所有权与控制权

所有权与控制概念的演变

按照托斯丹·凡勃伦（Thorstein Veblen）的学说，所有权起源于对人的强制控制的社会认同。这样看来，妇女是最早的私人财产。[④] 因此，控制在先，通过社会认同转化为所有权，最终成为常态。罗朗斯·丰丹（Laurence Fontaine）在研究早起近代经济活动时，同样用妇女的例子来说明人类为了保证经济上的活跃性，需要对自己的财产和家庭事务有足够的控制。[⑤] 当控制成为一种必要的经济因素时，得到和享用财产并不是对其实施足够控制的方式。

① Razeen, 1995.

② Schmitter, 2001.

③ Abbott and Snidal, 2000.

④ “所有权是一个人享有的对某物的独占性的支配权；这意味着所有者是个人。只有最终经过法律拟制，才能认为任何一些个人可以对某物行使共同支配权。所有权是单个人所有的权利。只能通过慎重的表达，和扩大概念范围，次人格的共同支配权才能够归于一些人。企业所有权只是次所有权；因此它必然是一个派生的概念，不可能早于个人所有权之前出现。在早期人类以掠夺物品为生的生活中，很难见到组织所有权的增强，但掠夺人则不一样。处在恶劣环境下俘虏主要是女人……这种所有权——婚姻似乎是私人财产和家族所有的起源。这些庞大的组织都是争强好胜的。”

Thorstein Veblen, ‘The Beginning of Ownership’, American Journal of Sociology, vol. 4 (1898 - 9), http://socserv2. socsci. mcmaster. ca/ ~ econ/ugcm/3ll3/veblen/ownersh。

⑤ Fontaine, 2008.

要主动地参与经济与市场活动，不光要有技巧，还需要权力和一系列的支持要素，涉及教育、权利、社会角色和社会资本等方面。否则，就不可能履行法律职责或参与明确的和不明确的契约活动。当有事物被诋毁为是无法充分控制的，它的所有权就被限制到了最小。①

19 世纪的经济学界对所有权的关注远多于控制。所有权理论认为物品永远属于他的所有者，所有者有绝对的权利来处置其财产，甚至在财产处置的案件中，所有权比控制更受关注。

约瑟夫·斯蒂格利茨（Joseph Stiglitz）这样解释："在传统经济理论中破产无足轻重，部分原因是因为管理层，即决策的人不重要，所以破产导致的变化对管理者也不重要，因为信息充分，借贷者没有理由把钱借给其他人，而不是把钱用来扩大所有者权益，尤其是破产的可能性很大，且破产会带来损失的时候。"②

"没有'明确的所有者'，管理者大多没有动力将企业价值最大化"，借贷人的利益也会受损。③

20 世纪初，凡勃伦对企业控制做了批判性的分析。那时股东对上市公司实施控制，但是财务控制做的不一定好。凡勃伦不认同马克思的既得利益者赚取"自由所得"和超额利益的榨取剩余价值的观点，其中没有考虑劳动价值。他强调金融和咨询的既得利益，认为"资本主义"，不同于"资本"，有着内生的缺陷，不利于资本的发展和财富的创造。

凡勃伦认为，商业对工业大规模地剥削，即金融剥削，是严重限制资本主义发展和再生产的因素之一。④ 太多的价值剩余被诸如收购、投机、广告、战争等活动侵占，剩下的部分不足以用于提高生产率、生产投资、知识和技能培训。在凡勃伦看来，"这样发展下去，用商业的管理方式管理工业，已经不适合工业的发展现状"，"以商业的目的来管理工业最终将导致工业发展的停滞"。⑤

一个世纪后，2010 年曼德尔森爵士（Lord Mandelson）有一段凡勃伦式的讲话："金融中介化和多样性使得大多数股东变成企业缺席的或暂时的所有者

① 这样看来，过去和现在某些国家的女性所遭受的和今天所宣传的工人无法控制企业的状况很像。

② Stiglitz, 2001.

③ Stiglitz, 2001. 第 513 页。

④ O' Hara, 2002.

⑤ Veblen, 1923, pp. 430 - 31 and p. 445.

……这样的风险给敏锐的市场观察者带来的回报要多于从事产业创新、质量管理和创业的人。从表面来看，这不是一个用耐心来建立企业的模式，却通过所有权来谋求低碳创新、基础设施建设和生产等英国的新技术。”①

这种对实物资产处置的忽视使人想起马克斯·韦伯（Max Weber）的“家产制”（区别于“世袭”）概念，社会中存在多种规则，膜拜权力，有权力的人能够做出任意的、专断的、意外的决定。② 韦伯将它与关注资产的长期性的理性官僚制作对比。我们不知道这一时期是否不被认为是一种“新全球家产制”。

观察到“控制”概念在财务报告（目标是取代会计）中所代表的新的利害关系，以及大企业努力建立“服务流”经济的转变，控制的问题在21世纪初回到了舞台的中心。

金融化

20世纪中叶，像阿尔弗雷德·钱德勒（Alfred Chandler）在其著作《企业规模经济与范围经济》一书中写的那样，经理人在对企业的分级控制中崛起。③ 大型国际企业迅速发展，以及其在股票市场募集资金等融资活动，使得所有权与控制权分离的问题又暴露出来，尽管股票市场能更充分披露企业信息的看法模糊了所有权与控制权的区别。

过去的几十年，主流思想界一直想强加于我们这样一种想法，即高层经理人正在转变成财务投资者和所有者，控制就等同于所有权，所有权就等同于金融股权：一副凡勃伦时代的腔调。其他的一切事情都被忽略，模糊不清。但是我们总能找到反例：比如，在一些合资企业里股权不清晰，掌握控制权的一方却不必承担全部的风险和法律责任。全球链条和商业集团的建立导致所有权快速被转手和许多模糊的事情发生。④

2005年欧盟委员查尔斯·麦克里维（Charles McCreevy）下大力气想向全

① Lord Mandelson, ‘One year on’, 1 March 2010, Trade and Industry Dinner, Guildhall, London, http://www.bis.gov.uk/news/Speeches/mandelson - mansion - house。

② 关于韦伯和家产制，见Gerth and Wright Mills，1991第298页，第440 - 441页。也可见Love，2000，第196 - 197页。

③ Chandler, Alfred, 1994.

④ 怀着所有权与控制结盟的想法，制定了国际财务报告准则第3号关于并购的内容。会计行业发现要达到这样并不容易。

欧盟推广“经济民主”，就是一股一票以及一份金融股权等同于一份控制权：[①] 因此，更多的股份代表更多的话语权。禁止企业创立者和家族所有人任何形式的限制其他人控制权的企图。这位委员最终以失败告终，因为欧盟大部分企业和机构坚决反对他的计划。欧盟经济与社会委员会表示，“欧洲的企业模式将企业看作是一个集体企业；无论其章程怎样规定，它都是人类社会的要素和连结欧盟经济体系的纽带”。[②] 在这样的模式下，投票权不等同于金融股权，因此企业的合理行为也可能不是金融投资的合理行为。

最近，所有权与控制的区别由国际会计准则理事会（International Accounting Standards Board，IASB）和美国财务会计准则委员会（Federal Accounting Standards Board，FASB）在新国际财务报告准则（International Financial Reporting Standards，IFRS）中阐明，这在第一章和第二章中已经讨论过。根据两家机构最近的说法：“有些人误解了控制的意思，在会计合并时误用控制条款。一个组织是否实施控制应该看它是否拥有获取某些经济资源的权利或特权。”[③] 因此，实施“控制”的一方拥有某项经济资源或者对其有特权，但所有权涉及的是净资产的概念：“在基本所有权概念下，如果某些物品的持有人能凭其来享有企业的净资产，它就能被划为股本。”[④]

目前，企业所有者或许不是控制企业资源的人。就像在前一节所讲到的，以及凡勃伦的“缺席所有权”概念里提到的，[⑤] 金融业和其他的既得利益者能够控制企业，通过高度杠杆化的债务，使所有者输给债务投资者。[⑥] 我们后面将要讲到投资者功能。

技术化

通过标准化、数学建模和股票十进制计价等技术化手段，金融化有了更大的影响力。技术化推动了资金流量运动，并使金融缺席投资者更便利地对企业实施控制。金融的技术化和实体经济缠结在一起引起了一些关于理性化

---

① ‘EU seeks to end bias among shareholders’, 16 October 2005, Financial Times, http://www.ft.com/cms/s/0/ae17a66e-3e6f-11da-a2cb-00000e2511c8.html.

② de Beaufort, 2006.

③ http://www.fasb.org/project/cf_phase-b.shtml.

④ http://www.fasb.org/action/aa103008.shtml.

⑤ Veblen, 1923.

⑥ 除了凡勃伦（Veblen）的组织假设，其他解释攫取企业利润的理论假说来自于马克思主义者和激进的经济学家。可以参考 Fred Moseley，‘The rate of profit and the future of capitalism’, Review of Radical Political Economics, December 1997。

的自相矛盾的问题。最终，由于这些问题互相关联，以及人们的无政府主义倾向，爆发系统危机的风险大大增加。

技术和科学都不是陷阱和危机的诱因。科技服务于社会、制造和艺术，带来巨大的进步。希腊哲学家柏拉图（Plato）和亚里士多德（Aristotle）用Techne一词来形容满足生存所需的技术方案，它总是从属于生命和社会的需求。在东方，和古希腊人类似，科技意味着通过技术手段来提高效率，改造世界，但它总会与人们对当时的世界的社会政治理解相符合。中国的哲学和道家学说认为世界在不断地变化运动。无为和无念分别指“无目的”（更确切地讲是“不强求”），和“无想法”（更确切地讲是“不被想法支配”）。这是一种用来解读这样一个对待事物顺其自然，不相信命运安排的内在系统的方法。①

从17世纪开始，西方对技术的认识超越了希腊时期，将技术理解为我们现在所定义的技术科学。当社会联系过多地由普遍使用的技术手段来确定时，问题就出现了。尤其是我们的时代有这样的倾向：一方面，我们相信技术带给我们更安全的生活，比如19世纪的机械。最近这种观念中又混合了“零风险”的概念，“零风险”拒绝不稳定和不确定因素。另一方面，伴随着全球贸易和简化监管的理念，全球化使零部件、生产过程和沟通标准化。在全球化和“零风险”之间，技术带来的影响已经超出了生产工具和工艺的范畴。它是我们现代社会文明的重要驱动力。

包括胡塞尔（Husserl）、哈贝马斯（Habermas）和海德格尔（Heidegger）② 在内的很多思想家，都警告技术对我们潜在的风险包括失去理性、暴政和极权主义。其他一些人则不赞成像机器一样组织运作的缺乏合理性的社会系统，它可能会导致极度非人性化行为的出现。

现在我们对技术的理解源自于西方的另一项传统。③ 在西方，对永恒和玄奥的事物的认知帮助我们理解技术化：它是对我们将要经历的已经被安排好的人生的一种必要的逐步地展现。决策的技术化能够使其适应不断的变化，因为这些技术基于各种假设运行。因此，机器可以自动地向“市场”传递命令，而人类只能不断地适应市场变化。这使人类觉察到自己正在失去控制权。

心理学家和哲学家翁贝托·加林贝蒂（Umberto Galimberti）试图阐释人

① Needham, 1956.

② Husserl, 1970; Habermas, 1971; Heidegger, 2000.

③ Severino, 2002.

类如何在巨量的技术应用和无限的工作细分下失去察觉和想象的能力。“……经过一段时间……随着意识不到自己正在做什么，我们发现自己不能根据线索推理”。[①] 这种效应越大，与其他事物的联系越多，我们就越难以察觉到我们的工作流程、结果、范围和周围的环境。这样，人们的行为是缺乏责任意识或无责任意识的。如果被技术蒙蔽了意识，那些商人、银行家和缺席投资者怎么能察觉到风险呢？其次，系统能够瞬间停止或崩溃。任何人为的小错误都被电脑自动传导到金融交易平台上。像2011年5月华尔街发生的那样，一个小错误能导致系统崩溃的恶果。金融界使用的最新科技使得人没有时间多考虑或怀疑，高频交易计算机的行为几乎无法被察觉到。

在第二章中，我们提到金融交易采用十进制计价带来的风险。首先，当老业务没有利润时，它迅速地被转化成计算机数据流。其次，纯抽象的数据便于对原始数据的完全掌控。大多数人怎么能够察觉到危机的存在呢？在罗伯特·席勒（Robert Shiller）《非理性繁荣》一书中，他讲到了计算机的使用导致人们不得不采取冒风险的战略。[②] 就在危机爆发之前，即使是全球性的金融机构，拥有引以为傲的超级计算机技术，仍然不能监控其员工和交易商的行为。所谓的“资产证券化”的金融创新，致力于降低风险，归根结底不是十分安全。

最近，几位诺贝尔物理学奖和化学奖得主试图建立对经济学的新理解方式。伯努瓦·曼德布罗特（Benoit Mandelbrot）和理查德·哈德逊（Richard Hudson）用混沌理论和分形理论来解释这次危机。[③] 在明斯基（Minsky）等学者看来，稳定只是暂时的。

凯恩斯（Keynes）担忧数学建模和过于复杂的语言。斯基德尔斯基（Skidelsky）宣称凯恩斯“本该完全反对超越平常理解下的金融创新，因此也反对超越平常理解下的控制”。[④] 凯恩斯的不确定性和明斯基的金融不稳定假说将我们拉回现实中。这样我们就需要重新审视有效的制衡，或者是苏珊·斯特兰奇（Susan Strange）所说的“反对派”。[⑤]

---

① Galimberti, 2002, p. 712.

② Shiller, 2001.

③ Mandelbrot and Hudson, 2008.

④ Skidelsky, 2009, p. xvi.

⑤ Strange, 1996.

控制与所有权在经济中的功能

投资人功能

阿代尔·特纳（Adair Turner）在2008年被任命为英国金融服务管理局（UK Financial Services Authority）主席。他讲到金融业要服务于其他产业："建立全球性的市场经济是给全世界带来繁荣的最好的办法：这需要建立全球银行系统，专注于满足商业和家庭的需求，而不是冒风险追求快速回报。"①

然而，金融行业在最近20年里最大的角色转变所带来的却恰恰相反，从被动转变为"积极的投资者"，逐渐建立起拥有权势的组织——投资基金和主权财富基金。处于被动地位的财务股东已经变为积极的操控者，而活跃的机构和经理人已经转变为企业所有者。

在股东经济模式中，企业股东作为企业所有者的同时，也应该是企业的控制者。直到20世纪80年代，财务股东主要指那些赚取企业分红，而忽略自身控制着身份的股东。因此，经理人是实际上主导企业的组织形式和战略发展的人，这导致企业所有者（传统的股东）和控制者（经理人）之间的隔阂越来越大。②

全球供应链的发展和债务机制的运用，已经改变了这一现状：一方面，财务投资者已经获得了更多的控制权，而经理人则保持着与原来一样的影响力，并增加持股，变成了所有者。中层管理人员的数量在企业合并和收购的重组中大大减少了。这对公司内部的信息流动和工作流程产生了影响：上下层之间的互相信任减少；信息在沟通中走样；与其他股东的协商更加困难；达成的协议的有效期非常短。

公司长远发展与财务投资者寻求短期回报之间的矛盾开始尖锐起来。双方不得不做出妥协，而债务使天平更偏向债权人。全球缺席股东举债经营，使公司被外部控制，还要负担各种昂贵的费用，如咨询费、服务费、重组费用等。如果没有预期的短期回报，他们可以轻易撤资并投资到其他地方去。不论这些日渐增加的缺席投资者和控制者是否承担起企业所有者应当承担的

① UK Financial Service Authority，http：//www. fsa. gov. uk/pages/Library/Communication/PR/2009/037. shtml.

② Chandler，1994.

风险，他们都不应该被看作是企业的利益相关人。

其实，真正的利益相关人（生产商、工人、供应商、顾客），作为企业生产链条的一部分，与企业休戚相关，与企业一起承担危机、违约和清算的风险，却失去了议价优势。而外部控制者如果觉得有利可图，则会把某个生产部分或生产环节分配到其他国家或地区去完成。企业变成了可以换来换去的片段。这个过程由全世界的专家和顾问协作完成——他们先识别，然后找到具体的目标，然后把它拿下（放到一个监控的储备库中，比如股票基金）并把它放到任何看起来有利可图的地方去。

债务可以作为投资者的惩罚工具来控制经理人，并可作为税盾：① 首先，在财务压力之下，企业经理会更加积极地追求更大的股东价值。如果做不好，惩罚不太可能是扣除经理的酬金。给管理层的好处往往会不在标准的商业条文中明确地表达出来。财务投资者宁愿把企业出售给新的财务投资者，以此作为对经理人的惩罚。在私募基金指导上这个方案已经成为经理人翻身作企业主人的主要方式。② 股票价值是这些机构最核心的利益。考虑到企业偏好利用债务来避税，最近的研究表明："税率差别对跨国集团使用内部债务呈现出重要的积极影响，这也支持了企业会用内部债务将应税利润转移到低税率国家的观点"。③

企业并购的关键和企业的达摩克利斯之剑是将企业网罗于债务关系网中的债务杠杆。约瑟夫·斯蒂格利茨在他的研究中强调："供给波动的副作用，供需双方相互影响的副作用，金融在放大市场波动的重要性。"意识到："问题是我们学习的模型不仅看起来是错的，还造成一堆无法解释的现象……为什么所有者权益能比债务更好地分散风险，却在企业增加新投资中发挥如此有限的作用？"④

瓦特（Watt）和加尔戈茨（Galgoczi）指出，对私募基金来说，税收是主要的问题，"一些地区的国家税务系统对私募基金给予特殊待遇。私募基金是

① Philippe Gaud, Martin Hoesli and Andre Bender, May 10, 2004, 'Further evidence on debt - equity choice', HEC - University of Geneva and FAME - International Center for Financial Asset Management and Research Paper, No. 114.

② BVCA and Price Waterhouse Coopers, 'A guide to private equity', June 2003.

③ Thiess Buettner and Georg Wamser, August 2009, 'Internal debt and multinational' s profit shifting, empirical evidence from firm - level panel data', WP 09/18, Ifo Institute and Munich University, and the Oxford University Centre for Business Taxation.

④ Stiglitz, 2001, p. 513.

专门用来减少其投资组合公司的纳税额的。所有的法律都支持银行贷款利息在税前列支（债务优先于所有者权益）”。[①]

变化从养老基金成为金融界新的重磅角色开始。迈克尔·尤西姆（Michael Useem）研究了这个过程，指出美国的养老基金，包括地方公共养老基金和私人企业养老基金，比如通用汽车的养老基金，长期资金不足。[②] 他们的资金池，像克鲁格曼（Krugman）描述的婴儿照看合作社一样，规模太小且只依靠有限的几个大的托管人提供资金。它们是不能长期可持续地发展下去的。如果不扩大基础规模，变得开放，具有较强的可持续性和流动性，只能从海外获取利润。这包括参与到全球私有化浪潮之中，以进入拉丁美洲为开始，确保自由化以保证自动的资金流。1992 年，美国政府要求退休基金投资者在投资海外时要保持在国内的投资策略，即作为“积极的投资者”，控制任何一个投资的企业，进行企业重组并尽可能多地赚取利润。在尤西姆看来，他们知道，这样一来，不久就会要求他们将全球的企业标准化。果然，为了使全面的评估能够简单地用母语看懂，美国政府在上世纪 90 年代初就已经开始在北美自由贸易协定（NAFTA）框架内与加拿大和墨西哥就国际会计标准开展工作。[③] 20 世纪 90 年代中期，他们已经很清楚的意识到美国当今的地位主要是靠其遍布世界的海外资产来维持的，因此他们正着手研究评估这些资产的方法。

20 世纪 70 年代发展中国家信贷宽松引发泡沫，时任美联储主席的保罗·沃尔克（Paul Volcker）上调利率致使泡沫破裂，逼迫这些国家开放本国经济并允许企业被国外公司并购。他的继任者艾伦·格林斯潘（Alan Greenspan）面对 1987 年 10 月的股灾和 90 年代初的经济衰退，以及在房地产和对国外的贷款中损失惨重的银行业，便向市场注入大量流动性。截至 1992 年，会计标准化和养老基金在海外的积极投资行为逐渐结成联盟。联盟双方通过股票市场结合在一起，相信全世界都会效仿格林斯潘的领导方式使股票的“公允价值”稳定上涨。为了满足这些要求，美国的货币政策被调整，不通过消费刺激经济。此外，由于信息科技领域的创新，人们产生了淘汰货币的想法，银行将存款者和所有者变成标准合同服务的使用者。

就像金融行业其他参与者一样，危机之前银行在全球化中也扮演了十分

---

① Watt and Galgóczi, 2009.

② Useem, 1996.

③ Useem, 1996. 第 266 页。

积极的角色，参与到企业的集中化、合并、收购中，扩大自己的业务范围。没有顺应这股趋势的银行很快被其他竞争对手收购。在《美国的十年》这本书中，这样写道："财务分析将利润归功于大量的企业合并……1997年银行业的收入为592亿美元，较上一年度（515亿美元）增长13%。根据联邦存款保险公司（Federal Deposit Insurance Corporation，FDIC）编制的数据，单在1997年就发生599起银行合并，美国银行数从将近14000家减少到9143家。合并使银行股价飙升。从1990年的最低点开始，银行股价上涨的速度是平均股价上涨速度的两倍，也将近是银行股历史涨幅的两倍。"①

为了收购海外资产，养老基金要尽可能地扩大规模。银行最担心的是要向这些基金的所有业务提供必要的服务。这样，我们便能理解美国国会2010年4月27日举行的关于高盛（Goldman Sachs）的听证会了。银行与大机构投资者的关系成为它们的核心利益。在有共同的利益的情况时，这种关系是一种交易对手的平等关系。重要的是针对交易对手的行为和成为做市商，而不是客户关系。另外，继续增加海外资产收购以及金融市场的不稳定，使银行认识到积极投资者需要对冲手段。

银行系统不得不做出改变来适应环境。甚至商业银行都不得不迎合来自市民和小投资者对投资回报的要求，连他们都在各个银行之间比较，选择投资回报最大的。还是在《美国十年》这本书中，有这样的记述："合并是这场复杂的不断进行中的革命的一部分，在20世纪90年代这场革命已经开始改变银行、金融、投资等行业。这场革命的核心是银行业所说的'企业合并'与'金融非中介化'之间的冲突，'金融非中介化'的意思是指去除中介，比如在金融交易中去掉银行。'金融非中介化'的倡导者，像电脑软件巨头微软（Microsoft）、财捷集团（Intuit），相信金融业的未来是属于那些能够掌握新技术并让顾客和投资者能够完全掌控企业财务的公司的。"②

这就意味着要抛弃银行。在现阶段，让银行承担更多的道德责任或者取缔银行可能不会阻止未来的泡沫和债务陷阱，尽管这样能减小一些风险。即使银行消失了，其他一些机构也会代替银行来控制实体经济企业。

然而，为了避免不稳定因素并保持实体经济增长，养老基金不得不再次

① 'Banking, money, and finance', in American Decades, 2001, Encyclopedia. com, http://www. encyclopedia. com/doc/1G2－3468303335. html.

② 'Banking, money, and finance', in American Decades, 2001, Encyclopedia. com, http://www. encyclopedia. com/doc/1G2－3468303335. html.

以尽可能大度和开放的姿态投身于地区性实体经济中去。这无助于走出目前主要的困境，即养老金覆盖全部人口的费用太大，不得不通过金融市场和股权交易将国外的资产和企业私有化来弥补。在这样的困扰之下，2010 年养老基金继续寻求更大的权力，通过代理投票来监管企业经理人。这就产生一个问题，如果中国一家大型养老基金，手上攥着上亿人的钱，开始到美国投资，重组企业，并迅速把它卖给下一个中国买家，而买家需要中文的会计信息时，情况会变得怎么样呢？如果发达国家开始禁止外国养老基金参与国内企业和机构的股权交易和控制，会发生什么？我们得重新思考一下这个以积极投资者为基础的经济模式。

政府正在考虑采取一些措施，使那些通过金融产品来寻求短期回报的投资者冷静下来。将来金融工具和海外投资将要向监管部门申报，政府有可能对其征税。2010 年 2 月，美国财务会计准则委员会（FASB）和国际会计准则理事会（IASB）就未来收益申报达成一致。除了净收入，财务申报中应该包括一种“综合收入”，反映企业未实现的未来收入和损失，包括有价证券或金融衍生品、养老金支出、境外投资和外汇对冲等的预期收入和损失。另外，还要提供根据综合收入计算出的合计税额。①

英国的曼德尔森爵士在 2010 年 3 月 1 日的一次演讲中说到：

“在关于商业模式的争论中，尤其是对股权来说更依赖债务，我们应该重新主张长期价值、有机增长和价值创造，而不是过度杠杆和挣快钱。信贷紧缩背后的一个大问题就是金融的抽象化。个人和企业买卖金融资产，却不关心它们所代表的实际资产。金融市场的中心是对实际资产的长期投资需要与从金融产品上短期获利的渴望之间的分歧所造成的紧张。短期获利的渴望应该比长期投资更重要吗？如果是，我们的经济最终会是什么样呢？我们必须给出答案。”②

我们已经看出，积极的投资者对控制企业的坚持已经改变了企业中所有权和控制权的边界划分，也使企业更加标准化，但与简化企业估值和保证财务信息公开，保持企业在全球产业链中的灵活性和可替代性相比，在提高企业效率上的效果却不那么明显。但还是有很多人不把财务投资者当作所有者

① 4 February 2010, http://www.complianceweek.com/blog/whitehouse/2010/02/04/fasb - iasb - ready - comprehensive - income - requirements/.

② Lord Mandelson, ‘One year on’, 1 March 2010, Trade and Industry Dinner, Guildhall, London http://www.bis.gov.uk/news/Speeches/mandelson - mansion - house.

看待，因为他们不关注企业的长期利益，只是做暂时的财务投资。我们接下来要讨论一下实体经济中的利益相关者，比如企业家、工人以及他们眼里的控制与所有权的概念可能发生的改变。

生产者功能

总的来讲，我们已经对金融部门做了很多批判，尤其是银行和金融交易商。但是增长的债务工具需求不但符合金融部门的利益，也还是当前的生产模式的系统特征。这个被忽略的关系是生产领域里所有权与控制权边界变化的一个重要因素。对实体经济中的所有者和工人而言，生产者功能正在发生变化。将工人看作服务单位，把企业看作全球供应链中可替换的一个链条，就是这种现象的两种表现。在生产者功能中控制与所有权关系的问题将要从实体经济中的在场所有者，其中可能包括工人（通过员工持股计划），和对企业无所有权的传统意义上的工人，这两方面来讨论。

在场所有者

一种支持企业金融化的观点认为，金融化源于管理层减少工资并提高生产率的压力。但是，众所周知，很多合并都没能创造长期的价值。另一种观点认为，除了合并，企业不得不更依靠留存收益经营。[①] 2008 年，罗宾·布莱克本（Robin Blackburn）将危机解释为以债务为核心元素的金融化发展所导致的结果。[②] 资本市场是债务活动的重要环节，市场预期企业能够控制风险。风险，尤其是对无回报的风险的厌恶，使得金融对冲和投机大行其道。在企业层面，风险规避导致超额负债。而不加限制地举债和资金使用的不透明，可以使整个系统像掉进黑洞一样沉没。

我们曾经认为只有国家和银行才需要依赖不断滚动地借债来维持。但是，现在看来企业也一样。举一个法国的例子：所有企业对金融部门的总债务从 2004 年的 111% 增长到 2008 年的 121%，是自 1991 年以来的最差记录。从 1991 年到 1998 年，这一比率减少到 100%。1998 到 2001 年，正值互联网泡沫期间，企业疯狂举债，并没有减少债务。2008 年，企业的融资需求约占增加价值的 7%。借来的钱有一部分用于新投资，创造新收入以还债，但大部分用于分红、发奖金和其他形式的奖励。当分红和奖金增加，为了使投资和收入数额相等，必须进一步借债。在全球危机的最高点，企业债务被大幅缩减，

---

① Stiglitz, 2001.

② Blackburn, 2008.

被迫尽可能地剥离一切来减少债务，从裁员到关闭产能低下或成本过高的工厂。①

为什么企业融资偏向发债而不是发股票？第一种解释认为经理人掌握着企业的关键信息，知道手中的股票是否估价过高。如果估价高，他们就不愿意发行新股票，因为这样预示着更低的未来收益。② 这样看来，在看涨的行情中，企业更倾向于通过发行债务来融资。再者，只有当无法借债的时候企业经理人才会寻求发行股票，因为发行股票会稀释经理人的控制力，积极投资者进入的时候更是这样。另一方面，危机期间，银行有机会将债务转化为股权，这能扩大其在实体经济中的影响力。比如，在意大利，2008 年到 2010 年间，债务转股份和会费转资本增加，银行购买股份成倍增加，即使债权人不情愿——被银行转化为股份的债务金额大约为 20 亿欧元，而自危机开始以来重组的债务金额大约为 460 亿欧元。③

作为一个系统因素，“控制”依靠债务和杠杆来发挥作用，这个说法最早由瑞格洛克（Ruigrok）和范图尔德（Van Tulder）在 1995 年提出。④ 他们用政治经济学的方法分析产业集团和产业链的竞争。他们提出的控制概念，是整合企业内部和产业链上的企业之间的一整套协议关系的理想形式。

我们之前已经提到，国际会计准则理事会（IASB）根据资源和资产来区分控制，似乎回应了瑞格洛克和范图尔德早前关于“协议关系”的分析，这也决定了在国际产业链重组过程中对经济资源的优先权和影响力，以及如何使用这些资源来创造产品和服务。国际政治经济和制度理论能帮我们更好地理解这些，因为在标准化的背景下寻求全球化的股份和资本供给符合实体经济中那些领导全球化进程的企业的需求。瑞格洛克和范图尔德讨论了资本主义中五种控制权的困境：控制人工流程、控制供给、控制分销和消费、控制生产技术、控制财务。这五种困境被企业用不同的方式化解，各种控制的方式之间亦存在竞争的关系。当一种控制方式成为主流，它只能流行一段时间。例如，“丰田的外包和垂直分解的哲学同样适用于金融领域。丰田式企业的自

---

① www. dgtpe. minefi. gouv. fr/TRESOR_ ECO/tresoreco. htm. 也可参考 economiques 第288 期 February 2010 第60 页。

② Baker and Wurgler，2000.

③ Monica D’ ascenzo，25 July 2010，‘Più banche in azienda dopo la crisi’，II Sole 24 Ore，http：//www. ilsole24ore. com/art/finanza – e – mercati/2010 – 07 – 25/bancheazienda – crisi – 080606. shtml？ uuid = AYJIfuAC.

④ Ruigrok and Van Tulder，1995.

有运营资本只占全部资本的一小部分。在丰田主义之下，企业的负债权益比达到80%都不足为奇。债权人通常是几家银行。”①

从市场建设的宏观角度来看，我们观察到，全球生产和分销链以在全球范围内展开商业竞争为特点，这种链条的建立导致结构性控制，而不是直接控制，这使所有权与控制权之间的问题变得模糊不清了。

由于缺乏清晰的公共机构管制，内部控制变得十分重要。1997年，在《全球化：批判性反思》一书的结尾，作者詹姆斯·米特尔曼（James Mittelman）坦承：“全球化是由席卷全球的失控的经济和技术洪流和监管体系失效所带来的挑战。它不仅重新定义国家的角色和存在的意义，还在不同程度上，以各种方式，使文明社会各个独立的器官复活了起来。”②

以丰田为例，我们来看看汽车生产平台和最近发生的因部件明显缺陷而导致的召回事件。丰田开创性的混合动力汽车所装配的刹车是和其他厂家共享的，在捷克共和国的一家标准化的工厂里生产。作为制造的最终产品，今天的汽车由来自各种渠道的标准化零部件组装而成。这种趋势下汽车的外形创新变化很快，而内部零件却是标准化，并且不受公共机构管制，自由地在世界各地流通使用。这种世界通用平台制造各个零部件，并把汽车组装起来，但是在公共宣传和服务时各厂商使用自己的品牌，在全球范围盈利。问题不在于同一汽车平台有太多的所有者，而是内部的控制机制必须要实时运转起来。在产品投放全球市场之前并没有全球性的公共管理机构来控制质量，或者先期的规定要在全球实地环境下测试，比如严寒、风沙或温度变化，使没有被测试到的风险扩散至全球的制造商。一个小小的事故就能引发整个行业和社会的恐慌。事实上，厂商已经采用了在实际驾驶中检测的原则，也就是由用户来检测。如有不测，比如发生事故，驾驶者受伤，车辆将会召回检查。如果召回是全球性的，将会刮起政治风暴。谁有权利来控制管理这个标准化并被各国厂商所拥有的通用平台呢？如果这家国际企业的名誉已经有污点，而且全球召回的成本高昂，但这家企业代表的是国家形象，它可能会得到政府的救助，从而增加政府赤字。③

在服务行业也有建立全球供应链的现象。从移动电话到网络接入，一条

① Ruigrok and Van Tulder, 1995. P36 - 62。

② Mittelman, 1996 pp. 237 - 41.

③ Pang, A. (2010), 'Toyota off the cliff?' Research paper provides lessons in leadership http://reliableplant.com/Read/23080/Research - paper - Toyota - leadership.

产业链能够整合多种服务。在诺基亚和爱立信曾经占优势的电信市场，美国的谷歌和苹果公司与中国的华为和中兴公司一起合作，一方提供操作系统软件，另一方提供廉价硬件，为西方使用 iPhone 和黑莓手机的商务人士，以及亚洲使用廉价智能手机年轻人提供网络服务。[①] 在中国，有时甚至会免费发放便宜的手机。服务链和运行于其上的信息流才是重要的东西。

逍遥（Sanchez Bajo）在 2001 年的研究表明，工商业的战略是运用国家和地区的各种联系实现全球化。研究还发现，先是经济中的某一个部门建立地区和全球性的生产分销链条，然后不断扩大，向上、下游发展，控制原材料、生产投入、知识和服务，并把这些资源整合起来。企业通过专业化，或者其他人所说的专注于核心业务，跨多个国家建立业务，扩大规模。这个战略包括在与全球产业链接轨之前将现有的经营活动和工厂分离开来。在上市之前，那些相似或相关性高的业务和部门会在地区或全球范围内整合起来。通过金融市场，这些企业加强了透明性和可追溯性。人们认为这样的战略能给财务股东带来价值上的增长。结果，为了应对在短期内创造高回报的压力，企业不得不持续重组。这样的策略在面对全球经济危机时暴露出了缺陷，因为我们现在处于一个封闭循环的全球系统内，危机会对这些活动造成沉重的打击，即使它们是全球性的。

随着债务融资的增加，财务利润、全球品牌战略和市场通路分组等决策和监控方法被越来越多地运用于对供应链的控制中。大企业调整了其战略。在第一章中提到的美国通用汽车的案例中，主要的刺激计划之一就是金融政策：贷款、租借、特许经营，不仅针对通用品牌经销商，还有针对民众的住宅次级贷和住宅按揭。这不符合一个汽车制造商的传统观念。另一个案例是消费零售行业的家乐福超市，其比利时分公司在接受国家援助的同时，[②] 却在比利时关闭 21 家自有超市，并解雇 1672 名员工。同时，它授权了 483 家特许加盟超市，这些特许加盟超市的营业额占家乐福比利时分公司全部营业额的 42%。[③] 对加盟商而言，预期的利润不过是财务数据，但风险却十分高，如果财务状况不够好，他们将被终止与家乐福的加盟合同。他们还要面对授权人将业务出售给投资基金的风险，比如家乐福曾在 2008 年考虑将业务出售给

① http：//www. guardian. co. uk/business/2010/feb/14/mobile – world – congressphones – networks.

② http：//www. 7sur7. be/7s7/fr/1536/Economie/article/detail/1073003/2010/02/26/L – aide – financiere – a – Carrefour – bloquee. dhtml.

③ http：//www. franchise. be/content. php？ lng = fr&news_ id = 1343.

CVC 合伙人资本（CVC Capital Partners）。①

发生了这些变化，企业还剩下什么要素？如果生产被转包给别人，劳务和管理被外包出去，如果研发可以通过收购创业公司的创新成果实现，如果数据处理可以外包，那么，还剩下什么？根据里夫金（Rifkin）链接的时代（见下文中的消费功能）的观点，可能是建立在长期服务合同上的品牌和广告营销。

无所有权的工人

在新系统里工人处在什么位置呢？毫无疑问，工人已经逐渐失去议价能力。自 2006 年国际自由工会联合会（International Confederation of Free Trade Unions）和世界劳工联合会（World Confederation of Labour）两大工会组织合并为国际工会联盟（International Trade Union Confederation）后，工会组织就在不断地调整重组中。而且，工人—生产商的职能已经变化，他们被看作是一个服务中心，能够自动适应不断变化的环境。在一份由法国顶级经理人于 2010 年撰写的报告中描述了工作场所中的种种不正常，导致工人的自杀行为。每间工厂中的层级组织都被打破，管理职位上不断变换着各种“专家”和经理。工人们能接触到的经理已经变成简单的命令传送带，没有丝毫决策的权限，工人们也很难确认他们的上级是谁。变化由外部突然降临，有时甚至很残酷：比如，菲利普斯（Philips）一个星期内给法国一间工厂的工人发了两封信，一封信命令工人们停止工作，另一封信要求他们接受被就近安置在东欧，月工资 550 欧元，远低于法国任何一个行业的工资和生活水平。除了引起失业的恐慌外，这件事进行得很顺利。②

这份报告继续讲到：“企业重组、整顿和变动的频率增加，已经影响到组织内部的所有方面，有时甚至粗暴地改变了员工工作的环境……新科技的使用，有时是错误使用，‘拆解’了人际关系：它弱化了私人和工作生活之间的界限，采用电子虚拟化的交换使人们的工作关系失去个性化，工作时间越长

① http：//www. 7sur7. be/7s7/fr/1536/Economie/article/detail/1073276/2010/02/27/Carrefour - avait - deja - voulu - quitter - la - Belgique - en - 2008. dhtml.

② Lachmann，H. ，Ch. Larose and M. Penicaud，February 2010，‘Bien - être et efficacité au travail - 10 propositions pour améliorer la santé psychologique au travail’，该报告是应法国总理的要求而作，网址 http：//www. ladocumentationfrancaise. fr/rapports - publics/104000081/index. shtml？ xtor = AL - 850&r = Crise。这份关于工人福利和生产率的报告成型于 2009 年 11 月到 2010 年 2 月之间，是一份反映“从业者”情况的报告，阐明了全球经济体系和企业本身的变化现状，以及其对企业经理人和工人的行为产生的影响。

越明显，造成紧急事物和重要事物的混淆……是第三产业（服务业）中新形式的泰勒主义。以任务和关系的标准化和碎片化为特点，这导致工作感的缺失。”

同时，工人们还被要求发挥主动性，却发现身处“自相矛盾的指令”之下，因为他们不能专注于任何工作中。

这份报告继续指出，整个组织内部都处于不稳定的状态。管理层已毫无威信。财务表现决定了价值：“劳动中不断增长的标准化程序，基层管理者参与决策不足，甚至组织的矩阵化，都会导致组织的不稳定。”①

在比利时，家乐福从2000年收购比利时GB超市并扩张到超大型超市起就一直在亏损，连续地更换领导层并没有挽回局面，工会在调整和重组中也显露颓势。② 这份递交给法国总理的报告还呼吁：“企业必须要保证它不会将社会心理的风险转移到其供应商身上。”

事实上，从供应商、组装车间，到工人、管理者，显然整个生产环节的组织都迷失了方向。尽管我们还能继续听到连篇累牍的在传统的市场价值观念上对企业家和工作的歌颂，但生产者的职能，甚至实体经济中企业的所有者，正在经历一场变化。生产商正努力采取理性化的行为，一种大多数时候猜不透而且不断变化的理性。

消费者功能

个人消费者

资本主义中，消费者的经济职能对产品和服务的比较和替换很重要。这促使市场竞争、交换和供需不均衡的风险的出现。最近兴起的流服务和链接访问的新趋势给这项功能带来了变化。这种长期链接访问的趋势不受市场交换的限制，而在市场交换的过程中才会有产品的比较和替换。而且，链接访

① Lachmann, H., Ch. Larose and M. Penicaud, February 2010, ‘Bien – être et efficacité au travail – 10 propositions pour améliorer la santé psychologique au travail’，该报告是应法国总理的要求而作，网址 http：//www. ladocumentationfrancaise. fr/rapports – publics/104000081/index. shtml？ xtor = AL – 850&r = Crise。这份关于工人福利和生产率的报告成型于2009年11月到2010年2月之间，是一份反映“从业者”情况的报告，阐明了全球经济体系和企业本身的变化现状，以及其对企业经理人和工人的行为产生的影响。第7页。

② Weghe（SETCa）强烈谴责集团的数次重组均没有其派代表的参与。家乐福总是忽略最基本的社会对话准则。家乐福于2009年7月最后一次从法国委派经理过去，当工会要求解释巴黎最新的重组方案时，Gérard Lavinay，当时的经理，正面对着十分紧张的气氛（http：//www. rtbf. be/info/les – syndicats – de – carrefour – sindignentdu – enieme – changement – de – pouvoir – gva – 122698）。

问一直都需要一个用来修改需求的可贷记交易账户。在消费者无需担保，通过贷记账户获得消费链接的过程中，信贷源头脱离了传统的银行业。为了确保利润，服务通过长期合同，被分割为持续的流量。它们不再被认为是交换，而被理解为即时的链接。资产的所有权转到了那些有效控制服务的企业手中。

杰里米·里夫金（Jeremy Rifkin）认为，这个系统的核心在于私人所有权能够转移到控制服务的企业手中去，并且企业还要确保服务体验或者消费者体验的“商品化”。[①] 这种趋势与实体经济中的使用、使用者和资源利用等旧观念大相径庭。[②] 另外，按照这种趋势的思路，个人的选择源自先天喜好。然而，选择不仅意味着选取的自由，还意味着改变想法的自由，而个人喜好不是这样的。人们认为自己得到的或可供选择的东西是来源于自己的喜好。但是个人的主观观点能否作为一个属性持续下去呢？此外，生活也在改变。而且个人未来的需要和品位是不能够精确预测的。最后，租赁和特许等投资方式所获得的更像是一种负担和责任，而不是资产，风险由此而外化。

在莫里斯·阿莱（Maurice Allais）的总体平衡模型中，风险是随机的，它由两种部门组成：有差异的规模不经济体和无差异的规模经济体。[③] 基于长期合同的流服务属于莫里斯·阿莱所描述的第二种部门，它使成本最小化，能够以边际成本销售产品，努力将财产的种类保持为无形财产。随着经济规模的扩大，单一一家公司要比几家公司更有效率。莫里斯·阿莱认为第二种部门指的是国家公共财产。然而，这些部门更多地掌握在私人手中。这个部门里主要是大企业之间的全球竞争，这些大企业主要的目的之一就是使服务流的期限尽可能长。然而，个人无法准确估量他们未来的需求和从中所获得的满足感。[④] 而产业中的讨论却集中在产出、交易量、标准化和销售速度。尽管如此，未来用户的总需求是无法准确预计的，未来的需要和偿付能力也是如此，因此从互相依赖的全球系统中累积起来的任何一种风险也是无法预计的。以上这一点，以及长期合同下的服务流需要可贷记账户这样的事实，将会带来新的挑战。

通过不断提供链接的长期合约，将习惯于一手交钱，一手交货的消费者，转变为“忠实”的长期顾客，是一项壮举。以后，只需要一项长期的交易就

① Rifkin, 2001.
② Ostrom, 1990.
③ Allais, 1953.
④ Allais, 1947.

可以了。对于服务提供商来说，这种方法减少了交易成本，并确保企业有一个贡献稳定的收入的现金流，是一项十分重要的资产。但“忠实”的客户从企业那里得到的却是不完整的变化的信息。

在资本主义市场经济中，买家和卖家交换各自的所有权，但在“流经济”中，消费者却无法卖掉手中的内容，甚至无法终止合约。电子阅读器就是一个例子。读者认为他们付款并下载了电子书就拥有了这本书，但是销售电子书的公司在遇到法律纠纷时能够将所有电子设备上的文档删除。虽然这并不必然意味着其他形式的交换会消失，但这是一个不断增强的趋势。在竞争形成市场的过程中，物物交换和传统交换同时存在。越是依靠长期合约的订阅服务，就会有越多的链接服务转化为法律上的责任。到处都是例子，从体育馆到电信服务，再到复印机租赁。

里夫金认为链接经济为消费者营造了内心的平静和便捷服务，但是却忽略了债务的问题。如果消费者不改变以前的消费习惯，并没有意识到他现在的消费是基于信用的，他们可能会过度消费，不去节约和减少生态污染。这很容易使他们跌入第二章中所说的消费陷阱。

链接经济中公共项目里的私人资本融资案例

如果大量的公共结构债务问题没有出现，链接经济的发展前景或许会更正面一些。以“公共私营合作制”（PPPS）和“私人主动融资”（PFIS）这样的方式实施的工程，是一个值得讨论的案例。

因为公共部门将要掌管工程，所以它得负担相应的债务。这就会使公共服务的价格偏高。这一不幸的结果，按照国际货币基金组织（IMF）的说法，首先是因为要规避财政约束。① 通过类似希腊的债务抵押债券（CDOS）和其他表外债务工具，很多“公共投资”的项目实际上变成了由公众在日常生活中付费的债务。PPP 和 PFI 项目，比如英国和法国的医院和公路，都被定义为高达 30 年的长期合约，覆盖项目的所有内容，从设计到建设，从养护到管理，以及提供项目中规定的服务内容。从 20 世纪 90 年代开始，这些项目由私人投资建设，由国家中央部门或地方政府付费使用，就像是向投资人支付租金一样。“租金”包括了预期利润，既能够从使用者，比如医院的患者处得来，还能够直接来自于政府。如果无法得到“租金”，医院就得关闭或者挪作

① International Monetary Fund Public Investment and Fiscal Policy, 12 March 2004 para 36, http://www.imf.org/external/np/fad/2004/pifp/eng/PIFP.pdf.

它用，而政府则欠了私人投资者的债。有一种常见的 PPP 形式，是政府和私人公司成立合资企业。大卫·霍尔（David Hall）在对 PPP 的分析中表达了对这种方式的不赞同：结果是不乐观的，而且这些债务出现在了政府的资产负债表中。他进一步解释道：截至 2007 年底，英国 PPP 项目的总额将近 600 亿英镑（750 亿欧元）。欧洲其他国家的数额在 2006 年底增长到 316 亿欧元。在欧盟地区，交通运输基础设施建设项目占到所有 PPP 项目总额的 82%，包括已经建成的、在建的和规划中的 PPP 项目；在英国，将近一半的 PPP 项目是医疗健康、教育和地方政府项目。①

PPP 项目中的政府债务以前是不会显示在政府的资产负债表中的，因为这些项目不是以政府投资或借债的方式出现的。② 欧盟鼓励各国运用这种方式来降低政府赤字。然而国际财务报告准则（IFRS）在 2004 年修订后规定，在判断服务特许企业的资产所有权的归属时，应该以实施实际控制为标准，而不是风险转移为标准，这就迫使政府将 PPP 项目作为公共债务来对待。③ 对资产所有权基于有效控制来划分的重新定义，与欧盟对 PPP 项目的统计决策相违，这个决策同样也是在 2004 年做出，认定 PPP 项目非政府资产，并且不在政府的资产负债表中披露，因为私人投资已经承担了建设风险和供需风险。

从消费功能的角度来总结：一方面，实体财产的所有权通过链接访问被放弃掉了，而另一方面，控制正在被用来判断所有权的归属。作为全球生产分销链条的结果，消费需要持续不断，并且是即时的。因此，所有权和控制之间边界的变化可能不只改变了消费的经济功能，还影响了人们对市场概念的理解。

总结

危机证明了连接金融和实体经济的债务的重要性。债务有可取的地方：

① David Hall, October 2008, ‘Public - Private partnerships (PPPs) summary paper’ Public Services International Research Unit (PSIRU) www. psiru. org.

② Denis Dessus, ‘L’ endettement caché de la France’, Le Monde27 April 2010 http: //www. lemonde. fr/opinions/article/2010/04/27/l - endettement - cache - de - la - francepar - denis - dessus_1342858_ 3232. html#xtor = AL - 32280340.

③ ‘New decision of Eurostat on deficit and debt treatment of public - private partnerships’, 11/02/2004, http: //europa. eu. int/rapid/pressReleasesAction. do? reference = STAT/04/18&format = HTML&aged = 0&language = EN&guiLanguage = en.

一种约束工具；避税；发展全球产业链；解决退休基金的长期投资不足；重新设计整个企业的协议关系；规避所有制风险和责任。从金融行业到实体经济，这一章将债务陷阱的概念同宏观和微观的实体经济联系了起来。

债务和杠杆等金融化和技术化手段推动了控制权在经济实体中发生变化。控制权与所有权同等重要，但却与所有权大相径庭。在金融化和技术化的资本主义社会，这两股力量不仅在金融界互相分离，在实体经济中亦是如此。为了消除债务陷阱，我们应当在经济实体中通过制衡机制，并配以相对应的控制机制来限制债务。的确，我们应该重新认识到，控制不仅要来自外部，但首先最重要的，要来自内部。

当全球金融—经济危机消退，许多梦想、事实和信念会动摇。过去 30 年来盛行的共识已经被打破。我们今天见证的广义上的巨量债务说明了更深层次的一些问题。早期以所有权为中心的资本主义，正转变为一种利用控制手段，既规避所有者风险，又获得利益的体系。一方面，控制权在手段和范围上都有所强化，而另一方面，实体经济中所有者对企业的控制又减弱了。这又鼓励企业进一步扩大债务。

一个被标榜为完美的经济形态实际上背负着债务，对经济实体的控制减弱，以至于在任何重大事件面前都显得很脆弱。这助长了系统性风险，并威胁全社会的财富。总之，“债务陷阱”是导致危机的重要原因之一；尽管本书前几章中所提出的，应该重新认识企业内部控制的重要性，并非本人首创，但是为了避开将来的陷阱、泡沫和危机，通过制衡机制实施企业内部控制的确是需要我们考虑的。

第四章　合作社：重要性、适应性及理性

引　言

第三章强调了所有权和控制权之间边界的变动。我们可以看到这样一种变动与第二章中见到的债务陷阱有着紧密的联系，我们确认债务陷阱是导致全球危机的主要杠杆之一，并且导致经济实体中的实际利益相关方丧失控制权，妨碍经济的可持续发展，最终妨碍创造财富。那么，如何解决呢？

陈规陋习日渐衰微，我们必须寻求新的解决方式，理论上多次强调过的，通过金融短期利润的系统优势，实际利益相关方的控制权及共同利益者的优先权正在获得应有的认可。[①] 在这场争论中，合作社，作为现存的具有优势的经济组织类型，不仅仅是理论上的可替换的一种模式，而是确实值得关注的对象。合作社为理论探讨、应用实践及政策制定提供了非常好的案例，其经验及内在控制杠杆完全可以证明合作社超出本身边界的重要性。然而，我们首先应该确认，合作社是否并且在何种程度上，既在全世界扮演充分的经济角色，又是一种完全不同的经济组织类型，特别是在合作社控制杠杆及对待资产与负债的具体态度方面。

合作社宣称他们有不同的再分配体系并注重满足成员需求。合作社宣扬民主、平等、公平、团结、诚实和社会责任，他们引领道德价值体系。他们特别强调教育及培训并十分关注社区生活。这些仅仅是一些高尚的理想，还

---

① Ostrom，1990，p. 25.

是合作社作为成熟的企业正在身体力行地所实践的价值观念？他们是在践行他们的观念吗？在市场经济大潮中有什么会使他们的行动有所诟病吗？更广泛地来讲，合作社宣扬并实践的共同控制、民主制衡相结合的模式确实有助于解决我们第三章中提到的导致债务陷阱的利益相关方的控制权丧失的问题吗？合作社确实在推动“利益相关方经济”来对应“股东经济”并为共同利益及共享财富而努力吗？这些问题必须提出来。

我们尝试在本章及以后章节中回答这些问题。但是，为了回答这些问题，我们不能忽略在过去一段时间已经形成的针对合作社的很重要的一些批评。因此，在第一部分，我们简要地回顾一下这些批评，在此并不判断其对错与否，因为我们还将在本书的其余部分通过综合数据及具体案例逐步找出真相。

然后，我们尝试判定合作社在全球的重要性：合作社，从全球角度来讲，是否扮演重要的经济角色？他们有多少成员？他们对就业有什么影响？

在随后的章节，我们将看到合作社是如何应对正在持续的全球危机的。他们的经济活动和业务工作是否优于其他企业？甚至依然发展壮大？

我们来探索合作社的基本理性：合作社主要存在原因是什么？他们的通用标准是什么？他们是如何有机运作的？他们的内部组织如何？他们想要实现什么目标？他们的资本积累及利润分配的体系如何？他们是否避免陷入债务陷阱？我们还会简要介绍一下合作社与互助社（非“互助基金”）的相同点及不同点。

最后一部分将合作社标准的演化置于政治经济远景中，一方面与内部的一些争论及国际组织的定义相联系，另一方面在更广阔的世界经济重建背景中进行讨论。

对合作社的批评

过去几年中，很多学者及公众都对合作社进行了批评。

理论方面的理由之一是，合作社是应对小众市场（niche markets）及市场失灵的产物。很多合作社产生于众多小生产者及消费者反对同业联盟及垄断的斗争，他们一直存在直到市场失灵的阶段过去。当市场调节手段及竞争又开始有效的时候，这种存在的理由就消失了。丹尼·寇特（Daniel Cote）用诺曼底乳业联盟（Union Laitiere Normande）的案例阐述了这一理论。一家法国牛奶合作社产生于当地农民对抗同业联盟的斗争，45 年后，当同业联盟条件彻底改变的时候，解体于企业化改革。[①] 这一理论暗示大合作社在高度竞争的市场中或者是不存在的或者是异常的——我们将检验这是否正确。

既然假设合作社是克服市场失灵的产物，那他们就只是有一个过渡作用，并且一定会在现代经济社会中消失——“只有在慢性市场失灵的特殊状况下，无限的寿命才可能被预测。”劳伦斯·哈特（Laurence Harte）这样认为。[②] 而且，既然世界上没有企业会装出一种永恒的生命，合作社就会比其他常规企业的寿命短。在下一章节，我们将评估合作社的实际寿命。

当合作社在完全市场条件下努力争得一席之地的时候，他们被怀疑是否适应现代经济的需求，比如哈特（Harte）。这是因为合作社更易于陷入财务风险。[③] 相反，亨利·汉斯曼（Henry Hansmann）认为，员工持股企业特别不愿承担风险，因为“工人，由于缺乏同时在多个不同企业承担工作而分散风险的能力，比起能够获得变动剩余价值的投资者来讲，处于弱势地位”。[④] 我们最后将看看合作社企业和其他企业比较风险性是大是小，合作社成员比起其他企业的从业者承担的风险是多还是少。

另一个问题是决策成本。汉斯曼（Hansmann）认为合作社具有集体决策成本高的特点，[⑤] 就如新制度主义学派指出的那样，特别是奥利弗·威廉森（Oliver Williamson），他极力宣扬根据分散和参与管理而进行的垂直分层的集中管理决策，他命名为“共享（communal）”。[⑥] 罗伯特·斯蒂威（Robert Schediwy）把这一理论应用于德国合作社银行，他认为竞争的加剧以及竞争者合并趋势造成了德国富埃森（Raiffeisen）合作社银行集团传统的三级合作系统（地方、区域及国家三级）显得十分老化和不配套。[⑦] 在第七、八章中，我们将检验合作社组织，如富埃森（Raiffeisen）中的这种复杂的决策程序，来看看这种做法应该看成是成本，或者还是投资。

如果有合作社碰巧强大了，汉斯曼（Hansmann）说，合作社也仅仅是变得有些与有限公司可区别罢了，直到“企业已基本上假定拥有一个投资公司

① C? té，2001，pp. 395 - 8.
② Harte，1997，p. 44.
③ Harte，1997，p. 44、41。
④ Hansmann，2000，p. 78.
⑤ Hansmann，2000，p. 78、89。
⑥ Williamson，1985 第 9 章。
⑦ Schediwy，2001 p. 106.

的特点”。[1] 赛爵·考利切斯基（Serge Koulitchisky）和雷内·马爵特（Rene Mauget）认为，为了适应，合作社演变成当选决策者和管理决策者联合管理的形式。这是因为，这些作者认为，现代管理的需求及全球一体化的挑战迫使很多合作社及合作社组织不得不雇佣拥有合适技术及专门知识的管理者，从而造成了权力集中，降低了原来成员对技术层面的管理，这导致了“重手段”和普通员工不熟悉的技术语言的使用。[2] 查韦斯（Chaves）和蒙松（Monzon）就这种现象进行争论，在企业文化方面产生了更深的分歧，并认为这危及到体系内成员的民主参与的主动性，这使得他们更可能选择公司制并采纳资本法定形式和垂直管理模式。[3] 在这本书其他部分的实例研究及一般论证中，我们将检验这一导致合作社中民主减少技术官僚增加的现象是否不可避免，并且是否确实发生了。

爱尔兰的克里乳品合作社是被提及的一个典型案例，这家合作社由于较高的交易成本，无法适应现代经济实际而逐步（似乎是不可避免的）走向公司化进程。成员们的控制权，通过选举委员会，逐渐降低以利于经营管理。不再有剩余价值分配给成员，他们失去对合作社的兴趣，转而追求股份的市场价值及农场增值所产生的额外资产。一部分合作社也就因而成为有限公司。其中一家合作社通过一家公司保留了合作社的全部活动，在这家公司中持有55%的控制股份。在其他的有限公司中，乳品合作社已只剩下少量成员了。哈特（Harte）认为这是爱尔兰乳业发展进程中不可避免的现象。这种公司化的进程，是一定会发生的，实际上有些已经发生了，合作社的组织形式迟早会适应这一变化需求的。[4]

合作社还在被人为推动方面饱受批评，如享受特别的赋税、法律及政策上的优惠等。[5] 哈特（Harte ）说：多年来，合作社的效率并未被他们的存在及发展所证明，这是因为大多数国家的合作社在税收及其他直接和间接支持上受惠于政府政策（有时被用作政府的政策工具）。[6]

2008 年，欧洲委员会同样表达了这一批评，竞争理事（Competition Commissioner）内丽·克洛伊（Nelly Kroes）处理了一系列关于意大利消费及信用

① Hansmann, 2000 p. 81.

② Koulitchisky and Mauget, 2001, p. 81.

③ Chaves and Monzón 2001, p. 72, and Koulitchisky and Mauget, 2001 p. 81.

④ Harte, 1997, pp. 31 - 53, and C? té, 2001, pp, 395 - 6.

⑤ Hansmann, 2000, p. 103.

⑥ Harte, 1997, p. 56.

合作社的投诉，抱怨合作社可以把盈余作为不可分割的储备而享受特别赋税体制的好处。克洛伊（Kroes）表达了这样的观点：大合作社很可能已经丧失了合作社的特征，而主张发展“纯粹相互合作模式”，因而间接地质疑意大利合作社立法超出欧洲委员会的要求。① 在下面的章节中，我们将验证合作社是否由于特殊的财产体制而产生了特殊的社会产品和资金储备，以检验相应的补偿政策和税收规则是否合理。

需要注意的是，上述关于合作社的论述都集中于20世纪90年代后期到2008年9月之间，也就是这场危机正式开始的时候。这一时期以高度自信及积极向上的主流经济及企业股市模式为特征（除了巴林银行和安然公司的惨痛失败，他们被解释为例外，这反而确认了某些规则，经常性一揽子救援计划及债务措施使得公众相信这些在如此众多国家中经营的公司太大了，不会倒闭，况且还有那么多的补贴及税收优惠给予这些跨国公司）。很多学者，在这一阶段，也迫于强大的压力附和主流观点。现如今，不仅是这些关于合作社的具体理论受到质疑，而且近来关于经济及经济实体的相关研究使得整个思维框架都受到怀疑。

既然这些理论是正在被质疑的更为广大的理论框架的一部分，我们就先放一放，暂不做驳斥。通过合作社在世界范围内角色的讨论（下一章节）以及实际案例（第五、六、七、八章），我们希望能逐步加以论证，也就是说，检验他们是否符合实际。

合作社在世界范围内经济及社会的重要性

经济重要性

表4.1提供了2008年合作社对于世界前10大经济体（大多数都位于全球危机的中心）GDP的贡献，前10大经济体2008年占到全球GDP的73%。我们观察到这些国家合作社的总营业额大约低于意大利GDP 10%左右，不到这些国家GDP总额5%。

对于这些数据还应该有很多考虑。

第一，这些估量很保守，在这些国家，并不是所有的合作社都被计算在

① 通信：布鲁诺·布萨卡（Bruno Busacca），里格合作社（Legacoop），欧洲合作社国家事务委员会，2008年7月3日。

内（特别是合作社银行）。而且，这些数据没有计算互助形式（指的是“互助社”，而不是“互助基金”）。这些形式，至少根据国际术语的理解，非常接近合作社，我们将在以下阐述。

第二，这些保守的数据只是估算到合作社直接生产的营业总额，而没有包括为了从主要一般投入中获益而隶属于合作社的生产者的销售收入，如独立的面包师、屠宰者、技工、店主及其他形式的自由职业者。这还没有计算数百万的与当地的信用合作社及合作社银行签有生产贷款合同的小企业的销售收入，没计入统计的还有由合作社带动生产活动的向上、向下及边缘相关的企业收入。

我们回到这部分末尾不能恢复 GDP 比例的合作社经济贡献数据上来。现在，让我们只是在某些关键地方研究合作社经济直接贡献部分。

在银行业，7708 家美国信用合作社在 2009 年资产超过 8990 亿美元，占整个金融机构资产的 6%。[①] 欧盟合作社银行 2008 年全部资产达到 77680 亿美元，占有欧盟市场 18% 的存款，16% 的贷款份额。[②] 在国家范围，相应的百分比是，德国，19%，16%；芬兰，34%，32%；奥地利，37%，32%；法国，42%，46%；荷兰，43%，30%。[③]

表 4.1　　10 国合作社营业总额及名义国内生产总值所占份额
（2008 年）

国家	GDP（2008）百万美元	合作社营业总额 百万美元	合作社 占 GDP 百分比
美国	14256275	652903	4.7
日本	5068059	184104	3.2
德国	3352742	244098	7.3
中国	4908982	221065	4.5
英国	2183607	56568	2.1

① 桑格·M.（Schenk，M.），（2009）“商业银行和信用联盟——事实、谬论及趋势”。美国国家信用联盟（CUNA），ppt 演示。

② 美国国家信用联盟（CUNA），http://advice.cuna.org/download/uscu_profile_yearend09.pdf。

③ 根据欧洲合作社银行集团（EACB），见 http://www.eurocoopbanks.coop/GetDocument.aspx?id=cd5c2f96-5298-4aad-a941-e817f3eec7cb。

续表

国家	GDP（2008）百万美元	合作社营业总额百万美元	合作社占 GDP 百分比
法国	2675951	207166	7.7
意大利	2118264	157285	7.4
西班牙	1442704	90050	6.2
加拿大	1336427	39216	3.4
巴西	1574039	48200	2.3
合计 G10	38917050	1900654	4.9

来源：2008 名义 GDP 数据来自世界银行，参见 http：//siteresources. worldbank. org/DATASTATISTICS/Resources/GDP_ PPP. pdf. 各国合作社营业总额来自：美国：威斯康辛大学合作社中心《合作社经济影响研究 2009》，参见 http：//reic. uwcc. wisc. edu；日本：与山田吉河公司的交流，日本合作社联合委员会（JJC）（2009）根据此数据出版《日本工人合作社联合会》；德国：参见 www. dgrv. de；中国：与中华全国供销合作总社及中华全国手工业合作总社通信；英国：英国合作社的《合作社回顾 2009》，参见 http：//www. cooperatives – uk. coop/live/images/cme _ resources/Public/CoopReview/2009/Review09. pdf；法国：Chiffres Clé 2008 des organisations cooperatives adherents au GNC，Groupement National de la Coopération. ；意大利：Legacoop：Imprese，occupazione e valore aggiunto，2009；西班牙：参见 www. cepes. es；加拿大：与加拿大工人合作社联盟的交流，源自 CCA 及 CCCM 数据；巴西：与 OCB 的交流。

在保险业，合作社及互助社（如上所述，是一种与合作社非常类似的经济组织，我们后面还会提到）在 2007 及 2008 年的全球份额是 24%。换句话说，合作社及互助社大约覆盖了全球保险业市场的四分之一。①

在农业方面，欧盟合作社大体上在农产品供应上占到 50%，在农产品收购、加工及市场方面占到 60% 以上；② 合作社占到荷兰农业的 83%；③ 芬兰合作社占到肉类生产的 74% 以及乳品生产的 96%；④ 瑞典合作社占到 60% 国内林业市场；这不仅仅是欧盟的个别现象。在美国，30% 的农产品是通过合作

① 根据国际合作社与互助保险联合会网站（ICMIF），http：//www. icmif. org/index. php？ option = com_ content&view = article&id = 210&catid = 20&Itemid = 96&lang = en。

② http：//www. copa – cogeca. be/Main. aspx？ page = CogecaHistory&lang = en。

③ 欧洲合作社发展促进委员会通讯，COM（2004）18. 国际劳工组织和欧盟通讯不仅标题类似，内容也有明确的联系，后者提到前者已被欧盟所有国家认可。

④ 欧洲合作社发展促进委员会通讯。同③。

社销售的；[①] 在巴西，合作社占到农业 GDP 的 40%；[②] 在新西兰，合作社负责 95% 的乳制品市场、70% 的肉类市场、50% 的农产品供应以及 70% 的肥料市场；[③] 在日本，合作社负责 95% 的大米生产以及 90% 的鱼类贸易；[④] 在印度，合作社占到 46.2% 的糖类生产以及 26.5% 的肥料生产。[⑤]

在零售业方面，新加坡的消费合作社占有全国 55% 的市场份额，[⑥] 在芬兰是 43%，在丹麦是 38%，在挪威是 24%，在瑞典 21%，在意大利是 17%，在匈牙利是 14%。[⑦] 日本消费合作社报告说占有 5.9% 的食品市场份额[⑧]。在法国，25% 的零售商属于合作社，[⑨] 而在新西兰，合作社占有 62% 的零售市场份额。[⑩]

在房产方面，合作社占有奥地利 8% 的房产股份，德国 10% 的房租股份以及挪威 15% 房产市场（40% 在奥斯陆）。[⑪] 在健康产业方面，合作社占有 21% 的西班牙健康产业市场，[⑫] 在比利时，合作社占有 19.5% 的药品市场份额。[⑬] 在意大利，合作社是社会服务产业的第一家私人供应商。

上述数据还不是十分详尽。他们只是力证，使用最常见的测量系统（市场份额），合作社是重要的经济参与体，特别是几个关键方面的重要组成部分。而且，由于完全的全球竞争，这些市场份额不仅在保持，很多还在增长。尽管在不同的国家，合作社的发展在很多方面很不均衡（由于大量的历史原因，已超出本书范畴），学派们提到过上述问题，根据该理论合作社主要在类似市场经济的状况下发展，而不能延伸到完全市场经济的状态（未在全球经济状况下提及），但也无法否认对这些有效数据的分析。上述另一主要的批评是说，这些合作社大都失去了其合作的本质，这一问题我们将在本章对合作

① 源自国际合作社联盟（ICA），见 www. ica. coop。

② 巴西－阿拉伯新闻通讯社，2007 年 2 月 2 日，http：//www. anba. com. br/ingles/ noticia. php? id = 13698。

③ 新西兰合作社联盟，2007，引自国际合作社联盟网站 www. ica. coop。

④ http：//www. wisc. edu/uwcc/icic/orgs/copac/member/un/int – day/950701/pub – info. html。

⑤ 通信：印度农民肥料合作社有限公司（IFFCO）。

⑥ 国际合作社联盟（ICA），见 www. ica. coop。

⑦ 通信，欧盟合作社。

⑧ Co – op 2007，Facts and Figures，Japanese Consumers' Co – operative Union.

⑨ GNC Newsletter，no. 348，June 2007.

⑩ 新西兰合作社联盟，2007，源引自国际合作社联盟网站 www. ica. coop.

⑪ www. icahousing. coop.

⑫ 欧洲合作社交流发展促进委员会，COM（2004）18。

⑬ 国际合作社联盟，见 www. ica. coop。

社的经济理性进行充分讨论，而这种理性如何转化为实践，我们将在以后章节通过四个实际案例来进行验证——纳蒂维达德（Natividad），赛若莱普（Ceralep），加鼎集团（Desjardins）和蒙德拉贡（Mondragon）。

社会及就业重要性

作为联盟体系的一部分，全球合作社成员总数，国际合作社联盟（ICA）直接及间接的成员超过9.6亿。[①] 但是，很多国家的合作社组织及专家指出，这一总数被大量地重复计算过了。然而，即使全球所有合作社成员都隶属于两个合作社，这一实际数字也会高达4.5亿。而实际上我们都知道大多数合作社成员只隶属于一家合作社，属于两家合作社的情况是不常见的。因此，即使我们考虑重复计算的情况，让我们假设一半合作社成员属于一个合作社而另一半隶属于两家，全球合作社成员的实际总数也会超过6.5亿：大约为世界人口的十分之一，[②] 全球成年人口的15%。作为合作社成员，尽管各自的经历及觉悟都不尽相同，事实情况是，通过合作社体系，成百上千万的普通民众成为成千上万家合作社企业的业主，这一社会及经济现象是不容忽视的。

数字在部门方面更加一致，因为这很难重复计算。例如，欧盟的合作社银行拥有5050万成员（欧盟人口的10%，欧盟6个发起国人口的17%），而美国信用联盟有9100万成员（美国人口的30%）。

在就业方面，合作社也扮演着重要角色。在欧盟，合作社的直接雇员有470万，[③] 在中国有458万，[④] 在美国有214万，[⑤] 印度为120万，[⑥] 俄罗斯为285155人，[⑦] 巴西为171000人，[⑧] 加拿大为150000人。[⑨]

在与依赖合作社业务的非直接就业及自营业务方面，合作社具有更加重

---

① 通信，国际合作社联盟。

② 世界人口前瞻2008修订本，联合国秘书处经济与社会事务部人口司，2009年6月，http：//esa. un. org/unpp/。

③ 通信：欧洲合作社。

④ 与中华全国供销合作总社及中华全国手工业合作总社的通信往来。

⑤ University of Wisconsin：Research on the Economic Impact of Cooperatives，see http：//www. uwcc. wisc. edu/.

⑥ 通信：印度农民肥料合作社有限公司（IFFCO）。

⑦ 通信：欧洲合作社。

⑧ 参见圣克鲁兹大学网站http：//www. uesc. br/ cursos/pos_ graduacao/especializacao/eco_ cooperativas/index. php？ item = conteudo_ mercado. php。

⑨ 通信：安德烈·沙普洛，媒体关系主任，加鼎集团（Desjardins Federation）。

要的作用，例如，印度的自营业主有1540万。[①] 在德国，大约60%的手工业者、75%的零售商、90%的面包师及屠宰者以及65%的自营税务顾问是合作社成员。[②] 这一数字也包括全球成百上千万的隶属于农业及渔业合作社的农民及渔夫。例如，德国几乎所有的农民、花匠及种植葡萄并酿酒的人都是合作社成员。[③]

合作社还为住房及服务业作出了重大的社会贡献。在欧盟，他们为2800万市民提供了住房；[④] 在意大利，拥有30000多名弱势员工的7000多家合作社为330多万用户提供第一手的弱势群体综合服务。[⑤]

无法用常规方法统计的经济及社会贡献

上述合作社对经济及社会的大量贡献是通过传统的计量工具如：GDP、市场份额、就业人数及比率等统计的。尽管我们看到，通过这些计量工具，合作社占有庞大的数字，但是这显然还不能充分反映合作社对于经济及社会的特殊贡献。事实上，这些计量工具不能计算出合作社寿命、创新能力、如何适应变化、当地（毛细）贡献、分享而不是集中财富的能力、有助于扩张的可持续发展能力等。

很多国家的案例研究表明，合作社比其他企业具有更长的生命力和更高水平的可持续性。在加拿大，政府调查发现3年后，合作社的幸存几率是75%，而全部企业是48%，10年后，44%的合作社仍在运营，而企业方面这一比率只有20%。[⑥]

合作社寿命还显示在国际合作社联盟（ICA）对世界头300家合作社及相关机构的调查中（或合作社组织及相关机构）。除了他们强有力的经济表现（2006年，他们营业额总计11亿美元，总资产95亿美元），这些合作社或相关企业及机构的寿命也十分惊人：其中25家成立于19世纪，67家成立于20世纪上半叶，38家在1950年至1980年间，趋势表明，寿命最长的合作社也

① 通信：印度农民肥料合作社有限公司（IFFCO）。

② DGRV：The German cooperatives in Europe（mimeo，2008）.

③ DGRV：The German cooperatives in Europe（mimeo，2008）.

④ 通信：戴维·罗杰（David Rodger）国际合作社联盟住房部主席，2010年5月24日。这一估计数字考虑到欧洲所有合作社成员的总数（680万），并按平均每四人一套寓所计算。

⑤ ISTAT（2007）Le cooperative sociali in Italia Anno 2003 - 2006. Rome：ISTAT.

⑥ 通信：安德烈·沙普洛（André Chapleau），媒体关系主任，加鼎集团（Desjardins Federation）。

是规模最大实力最强的合作社。[①]

同样，国际货币基金组织的专家认为合作社银行的稳定性要好于商业银行。2007 年，国际货币基金组织总结："合作社在发达经济体及新兴市场条件下比商业银行和储蓄银行（较小幅度）具有更高的 Z 分数。说明合作社银行稳定性更强。我们注意到合作社银行利益回报具有较低的可变性，原因可能在于在平时，合作社银行把大部分收益返还给顾客，但在困难时期，合作社银行能够收回这部分盈余。某种程度上，这种结果反映出很多合作社银行所创造出的相互支持机制。"

作者还认为：合作社银行的稳定表现表明了商业银行的缺陷，特别是那些已显疲态的商业银行。这可以解释为，合作社银行的高稳定性意味着在零售市场上留给商业银行的空间更小，而他们更多地依赖不稳定的收入来源，如企业银行或投资银行。[②]

关于这份文件，来自加鼎（Desjardins）集团的吉斯兰·帕拉迪斯（Ghislain Paradis）在联合国 2009 合作社与经济危机专家组会谈时指出："换句话讲，合作社银行不仅稳定了市场，而且'净化'了市场，并且迫使企业及投资银行改善了他们的风险管理水平。"[③] 这一重要的经济职能，在 GDP 比率中也没有体现。

另一无法从表 4.1 的 GDP 比率中推理出的重要作用是合作社的毛细现象。我们将在第七章中看到，加鼎（Desjardins）集团是惟一一家为 600 个魁北克自治地区的当地居民及企业提供金融服务的银行机构。类似的是，在法国，有 20000 多家的合作社银行网点，[④] 如果你在法国乡村旅游，你会发现，通常，当地的惟一一家银行是合作社银行，仅有的保险公司是其相关机构，仅有的杂货店是合作社网络"超级 U 杂货店"的一部分。在美国，乡村电力合作社，占全国千瓦小时的 10%，运营着 42% 的电力线路，覆盖美国四分之三的国土面积，为 4200 万乡村人口（美国总人口的 12%），1800 万企业，家

① See ICA Global 300 website at http://www.global300.coop/Global300List.aspx.

② Hesse, Heiko and Martin Cihák, 2007, Cooperative Banks and Financial Stability, IMF Working Paper, p. 19.

③ Paradis, G., Notes for the brainstorming session, United Nations Expert Group Meeting on 'Cooperatives in world in crisis', 28 - 30 April 2009, New York.

④ 引自欧洲合作社银行集团（EABC），见 http://www.eurocoopbanks.coop/GetDocument.aspx?id=cd5c2f96-5298-4aad-a941-e817f3eec7cb。

庭、学校、教堂、农场、灌溉系统及其他乡村设施提供服务。①

而且，如以下章节展现的那样，相较其他企业，合作社提供的工作更具稳定性，也更持久。因为，如我们以上看到的，合作社具有更强的生命力，并且对当地就业的人口来讲，他们通常不需要背井离乡。

2009年，阿马蒂亚·森（Amartya Sen）建议委员会主席约瑟夫·斯蒂格利兹（Joseph Stiglitz）起草一份声明，解释为何且如何在GDP数据中增添表示实际发展的测量指标，如物质生活水平、工作、教育、健康、政治诉求等都应加以考虑。② 这些新的计量工具将更好地衡量合作社的贡献，而不仅仅考虑共享财富方面。我们将在第九章中继续讨论。

合作社如何适应经济危机

来自合作社方面的大量报告表明，危机开始之后，经济形势方面的很多困难已不可避免地影响了合作社的各种活动，但合作社在恢复活力方面表现得非常强劲。

2008年9月以来，大多数合作社银行，大多是具有水平管理结构的当地小银行（如加拿大的加鼎（Desjardins）集团）继续主要为当地用户提供服务。在美国，信用联盟在2007至2008年间贷款增长了6.68%，而同一时期8300家美国传统银行贷款业务下降了0.39%。③ 2009年，信用联盟的贷款持续增长，尽管幅度较小（1.2%），但其生产性贷款在那年达到了11%，而传统银行则下降了15%。同时，2009年，美国信用联盟总储蓄及总资产的增长率达到了自2005年以来的最高峰，分别是10.3%和8.9%。④ 2009年其资本充足率是9.9%（1994年以来都差不多相同），“大大超出了最高分类中‘资本充足’7%的要求”。⑤

在欧盟（正如我们知道的，欧盟合作社银行占有19%的银行储蓄和16%

① 引自国家农村电力合作社联盟，见 http://www.nreca.org/AboutUs/Co-op101/CooperativeFacts.htm。

② Hassan Masum, Stiglitz and Sen, 'Manifesto on measuring economic performance and social progress', 30 September2009 at http://www.worldchanging.com/local/canada/archives/010574.html.

③ Birchall J. and Ketilson H. K., 'Responses to the global economic crisis - resilience of the cooperative business model in times of crisis', Geneva: ILO, 2009, p. 19.

④ 引自美国国家信用联盟，见 http://advice.cuna.org/download/uscu_profile_yearend09.pdf。

⑤ 引自美国国家信用联盟，见 http://advice.cuna.org/download/uscu_profile_yearend09.pdf。23页。

的银行贷款)，没有合作社银行破产，而一些政府和商业银行却倒闭了。① 合作社银行持续在中小企业融资中占有 29% 的市场份额。② 而法国农业信贷组织中心银行在 2008 年，因为其分支商业银行的贸易衍生物蒙受了巨大的商业损失（那以后，依照合作社民主管理的模式，管理层被其组成的合作社解散），③ 而其自有的当地银行，如在法国、德国及荷兰的所有大型合作社银行，都没有受到金融风暴的较大影响。④

欧洲合作社银行协会解释说："满意的偿债能力比率（欧洲合作社银行 2007 年 12 月 31 日整体一级资本比率是 8.6%）意味着欧洲合作社银行不需要求助于政府的资本重组计划。某些地方，合作社银行利用了政府的帮助，如在法国和奥地利的分支机构，这是因为他们试图保持在严重退化和高风险环境下的贷款增长率。"⑤

在法国，互助信贷银行——CIC 集团（互助信贷银行是一家合作社银行，CIC 是其分支机构；它是法国第四大银行机构，也是第二大零售类银行）2009 年一级资本比率是 11.8%，2008 年是 9.8%，2007 年是 9.3%。尽管需求在下降，集团 2009 年贷款增长了 86 亿元，达到 3042 亿元（增长了 2.9%），并且国内贷款市场份额增长了 0.6%，达到 17.5%。而且，互助信贷银行是首家连同本金和利息都偿还了政府援助款项（2009 年 10 月）的法国银行机构（政府提供 200 亿打包资助给法国银行，偿还了其中的 12 亿）。⑥

---

① EACB, 'European cooperative banks in the financial and economic turmoil - first assessments', research paper, 2010, p. 8, at http://www.eurocoopbanks.coop/GetDocument.aspx? id = f235ed2e - 3a13 - 4ce8 - 9262 - 4fcd25df1155.

② EACB, 'European cooperative banks in the financial and economic turmoil - first assessments', research paper, 2010, p. 8, at http://www.eurocoopbanks.coop/GetDocument.aspx? id = f235ed2e - 3a13 - 4ce8 - 9262 - 4fcd25df1155. 10 页。

③ http://www.easybourse.com/bourse/article/10362/credit - agricole - une - perte - nette - de - 309me - au - t4. html。

④ EACB, European cooperative banks in financial and economic turmoil - Expert Group Meeting on 'Cooperatives in a world in crisis' and the International Year of Cooperatives, United Nations, New York, 28 - 30 April 2009.

⑤ European Association of Cooperative Banks (EACB): European co - operative banks in financial and economic turmoil - Expert Group Meeting on 'Cooperatives in a world in crisis' and the International Year of Co - operatives, United Nations, New York, 28 - 30 April 2009. 使用另外一种计算方法，荷兰合作银行得出欧洲合作社银行整体一级资本比率为 9.2%，见：EACB：'European cooperative banks in the financial and economic turmoil - first assessments', research paper, 2010, p. 8, at http://www.eurocoopbanks.coop/GetDocument.aspx? id = f235ed2e - 3a13 - 4ce8 - 9262 - 4fcd25df1155.

⑥ 通信：杰拉德·雷塞（Gérard Leseul），全国信用互助联盟（Fédération Nationale du Crédit Mutuel）。

在德国，合作社银行占有19%的银行存款和16%的银行贷款市场：2009年上半年合作社银行企业信贷增长了2.1%，而大型银行下降2.4%，州立银行（商业银行）下降1.4%，地区银行（公共银行）下降4%，信贷额都下降了。合作社银行作出了一般信用机构在德国从未有过的重要贡献……无可否认，合作社银行也在雷曼兄弟和冰岛银行事件中经历了资产调整和缩水，但就总体而言，合作社银行比大多数私人银行和地区银行所受影响要小。因而合作社银行成为德国银行业三大支柱银行中惟一一家没有依赖国家支援的银行。①

荷兰拉博（Rabobank）合作社银行，在金融危机过程中，尽管其市场份额略有下降（2009年40%，2007年41%），但一直在国内保持统治地位，该银行中小企业的贷款份额则有所上升（2009年41%，2007年38%），抵押贷款份额也在上升（2009年30%，2007年28%）。② 2010年1月受荷兰政府邀请，该银行作为一个成功度过金融危机的案例，到听证会上介绍情况。③

相反，一些早期股份化（转化为传统银行形式）了的曾经是会员制的英国住宅互助社（类似合作社），反对将小额收益分配给其成员（例如，阿比国民银行（Abbey National）曾给每个成员分配过130英镑），在英国银行危机时就恰恰处于危机的中心而未能幸免（北岩银行（Northern Rock），阿比国民银行（Abbey National）和哈利法克斯银行（Halifax）损失最大）。援引英国住宅互助协会主任阿兰·科尔（Alan Cole）的话说，关闭分支机构使得住宅互助协会的数量下降了2.8%，而2000到2003年间传统银行的数量下降了4%。其中最可能的原因是那些上市公司（证卷交易所上市）承受着为股东创造价值而节约成本的较大压力。这种压力使得他们不仅关掉了那些不盈利的机构，而且还关闭了那些盈利但盈利不多的分支机构。④ 科尔（Cole）补充说，通常，在股份制机构中，管理成本加上派发红利要比单纯的管理成本高出

---

① Michael Stappel, Nach der Krise, in Die deutschen Genossenschaften 2009, Wiesbaden: Deutscher Genossenschafts - Verlag eG, 2009, pp. 22 - 3.

② 见荷兰合作银行网站 http://www.annualreportsrabobank.com/downloads/Key_figures_2009.xls。

③ 荷兰拉博合作银行削减福利后面对罢工，2010年1月19日。http://www.nrc.nl/international/article2462577.ece/Rabobank_faced_walkout_after_cutting_bonuses。

④ “建房互助协会”在英国是互助社的一种，类似合作社。

30% ~35%，[①] 因而削弱了企业可持续发展的能力。

欧洲消费合作社也受到了很大影响，在零售部分，特别是大型超市方面所受影响巨大。尽管如此，合作社的销售比率及成员人数都增长了。[②] 意大利合作社2009年比2008年在销售方面上涨了0.9%，在员工数量方面上涨了1.1%，在成员数量方面上涨了3.5%。然而，同一时期，家乐福的销售额下降了24%，从很多国家部分或全部地撤出，裁掉了很多工人，[③] 像我们在第3章中看到的那样。

住宅合作社的恢复力在租用住宅合作社（即其成员租用住房的合作社）里表现得更为强劲。而自有住宅合作社（其成员拥有自己的房产）则因为抵押贷款的短缺和资产价值的下降而损失较大，这些对整个住房市场都产生了影响（见第一章）。[④] 影响这两种住宅合作社的关键问题是信贷的可利用性，解决方案也正在实施或正在讨论中。例如2000家德国住宅合作社中40家已经建立了他们自己的储蓄机构。[⑤]

根据其所处的经济部门，工业及服务业合作社所受影响不尽相同，但即使是所受影响最大的那些合作社，也通常通过由其成员所决定的一些特别方法较好地抵御了经济危机，如不分配或减少分配年度盈余，或者在极端情况下，甚至暂停工资等。几乎所有国家都响应了国际工业手工业合作社委员会——工业及服务业合作社全球性组织，于2009年和2010年连续发起的世界范围内的调查，该调查表明企业的经济形势在一年内持续恶化（要看其所属部门，如社会服务业甚至一度扩张；一些合作社在某些领域的创新实践活动也十分成功，如一些西班牙建筑合作社采用了太阳能方式）。[⑥]

据报道，工业及服务业合作社的债务水平比同等门类且同等大小的传统企业要低。至于企业破产率则一直保持很小且比其他类型的企业要低；大多数关门的合作社在经济危机前就存在问题，危机则提供了引子。那些拥有强大的资金储备和良好配置的合作社（如蒙德拉贡合作社（Mondragon），我们

---

① 艾伦·科尔（Alan Coles）（建房互助协会联合会主席），“股份制：发生了什么，为什么，现在在哪?”在英国合作社论坛上的讲演，曼彻斯特，2006年3月21日。以及与英国合作社大学校长米瑞恩·威尔森（Mervyn Wilson）的私人通信。

② 通信：罗德里格·戈维亚（Rodrigo Gouveia），欧洲合作社总秘书长。

③ 通信：斯蒂芬妮·马尔科内（Stefania Marcone），里格合作社（Legacoop）国际关系部主任。

④ 通信，戴维·罗杰（David Rodger），国际合作社联盟住房部主席。

⑤ 海查曼·C（Hachmann，C）：“经济危机对欧洲住房合作社的影响”，PPT 演示见 www. icahousing. coop。

⑥ 见 www. cicopa. coop。

在第八章详细论述）则表现得最好。

在就业方面，欧洲工业及服务业合作社的形势的确恶化了，但是，其失业率依然小于同类部门的其他类型企业。例如在西班牙，2008 年～2009 年间工业合作社的失业率为 6.4%，其他类型企业是 11.9%。在欧洲之外的世界其他地方，据报道工业及服务业合作社的失业比率更低或是零。同样应该注意到，在经济危机中，以合作社的形式成功地把业务分解到员工身上，而保留其工作，在经济危机的情况中发生得越来越多了，特别是在欧洲南部及南美。[①] 在第六章我们将详细地论述这一案例。

上述数据，尽管还不很全面，但已能很充分地证明合作社能相对较好地适应全球金融及经济危机。为了理解这是如何发生的，我们现在还需要分析：合作社是什么企业？他们为谁的利益服务？他们想要达到什么目的？他们有些什么功能？

理解合作社理性的本质

对于合作社的基本理性存在着很多的误解。然而，如果合作经济组织模式被认为是解决债务陷阱的有效方法及控制经济实体的有效形式，应首先对其基本经济理性进行相应的分析和理解。

国际合作标准

尽管区域和类型不同，世界上所有的合作社，作为与国际合作社联盟相联系的组织机构（目前绝大多数如此）都遵从单一而明确的世界标准，这一标准定义了他们的基本价值体系、他们的社会经济目标、他们所有权和控制权的内部组织形式、他们的盈余分配机制，所有这些都区别于传统企业。因此，在全球层面，任何适用于合作社的普遍理性和组织模式，都应通过这些标准的检验。

给合作社下定义是一个独特的历史过程。它始于 1844 年，在曼彻斯特郊区洛克戴尔的消费合作社成员阐明了定义合作社业务功能的五条组织原则。[②] 这些原始的合作社标准，尽管经历了几次修订，到今天基本没有大的改变。

① 见 www. cicopa. coop。

② 历史证据虽然不太一致但却清晰地表明合作社或者按这种方式组织的企业已经在英国，欧洲其他地方以及北美数十年前就存在。

需要强调的是，这些标准都是通过辩论和大会决议而定义、更新并传播的（起初是全欧洲，但是很快传播到美洲、亚洲和非洲）。尽管因为具有书面的原则和标准，洛克戴尔通常被看作是第一例合作社实验，但有历史证据表明在法国和美国还建立过更早的合作社。[①] 而洛克戴尔则标志着合作社标准化进程的开始。

在洛克戴尔起草的合作社标准逐步演化为各国规范、监管及批准合作社的法律，在全球这么多国家中，中国是最后出台第一部国家级合作社法的（《农民专业合作社法》，2006）。这部巨大的国家法律，为明晰合作社理性及组织机构作出了贡献。

最后一版国际合作社标准是1995年在国际合作社联盟（ICA）曼彻斯特大会上通过的，之前这一标准曾在ICA成员国内部深度讨论过。几年后，正式出席国际劳工组织（ILO）会议的的105个国家政府，来自世界各地的各国工会及雇主代表一致同意（一票弃权），关于合作社身份的表述全文出现在国际劳工组织《ILO建议193/2002》中。从而使得合作社这一内部私有标准转变为国际公共规范。

《ILO建议193/2002》关于合作社发展的论述取代了之前的《ILO建议127/1966》，那一版把合作社仅限定在发展中国家。新版ILO建议中的合作社普遍特性来自于一年前联合国大会的一次投票决议，即“社会发展中的合作社”（联合国决议56/114）。在2004年，《ILO建议193》通过之后两年，欧洲委员会出版了交换刊物“如何促进欧洲合作社发展”，它是第一手的独家关注合作社，并且是明确承认国际合作标准的政策手册。

由《ILO建议193》起草，早先已由合作社自己定义的国际合作社标准，在2000到2002年间在国际劳工组织（ILO）的协调下，由各国政府、工会及雇主代表通过国际讨论进行检验。其中需要大量的准备工作，包括2000年由国际劳工组织（ILO）主持的涵盖其各成员国、工会及雇主（国际劳工组织的三方）以及全球的合作社组织的一次深度调查。

① 1839年法国一本书中的案例，明确地讨论了在其他类型的自助组织中，合作社发展得较成熟，这本书在法国厄迪库尔（Heudicourt）城堡的私人图书馆里被发现。他提到法国一个具体地区的400家合作社。另一个例子是美国叫做费城贡献者（Contributorship of Philadelphia）的合作社（一家火险保险公司），由本杰明·富兰克林（Benjamin Franklin）在1752年创办，现在依然以合作社的形态存在，已经250多年了。

2001至2002年国际劳工会议过程中，国际劳工组织三方及合作社代表[①]间每两周进行两轮紧张的协商。事实上，合作社代表小组（大约10人）[②] 被国际劳工组织三方（政府、工会及雇主）中的任一方认可就能参加起草委员会的讨论并可以在正式会议间隙期间举行由各组代表参加的特别会议。各种不同的观点都在讨论中表达交流，这些合作社代表不得不详细解释合作社标准的基本理性。他们列举各种事实及案例，说服各方这些合作社标准应该全部加入到《建议》里面去。他们成功了。[③]

事实上，各国政府、工会及雇主代表最后一致同意将国际合作社联盟（ICA）"关于合作社身份的表述"全文加入《建议》，表明合作社作为经济组织类型的基本理性对他们来讲已经逐渐清晰了。[④] 现在就让我们来研究一下国际合作社标准的基本理性。

理解合作社理性之一：国际定义

根据国际合作社联盟（ICA）及国际劳工组织（ILO）通过的国际定义，[⑤]合作社是"人们联合""通过企业"从事某些活动。"通过"表明了合作社的企业特点，这一特点虽然完整，但仍要服从于"人们联合"这一特征。最后的表述与资本联合不同，传统企业被认为是建立在资本回报基础上的。作为"人们联合"就意味着决策系统的建立是基于人而不是资本，因此，这些人在内部业务决策过程中都被视为平等的，就像联合国人权宣言中及世界绝大多数的国家宪法中那样。因此，在合作社中，"人们联合"通过"共同所有，民主管理"（在其企业程序及活动中）的企业开展业务。虽然，他们也可以把这种日常管理授权给一个或几个专业管理人员，但最终还是这些人进行决策，共同控制企业。

有趣的是，我们在第三章中观察到，在全球经济中，主要利益相关者的（投资者、生产者、消费者）所有权和控制权的分离现象持续增长，相反，合

① 合作社不是国际劳工组织的组成部分，合作社参与者需要被政府、工会或者雇主代表的特别委员会所认可。

② 在这些人中，有这本书的两名作者之一。

③ 在讨论中，一些政府和雇主代表团提出了完全不同的世界标准。如果国际劳工组织不受国际合作社联盟标准的约束，其他标准可能真的就被批准通过。

④ Roelants, 2003.

⑤ 合作社是"人们自愿联合、通过共同所有和民主管理的企业来满足共同的经济、社会及文化需求及渴望的自治组织"，国际劳工组织（ILO）建议193/2003，见www.ilo.org。

作社的定义，却清楚地表明了合作社带有所有权和控制权由在“人们联合”中包括的人们共同所有的特征，且没有给外部控制留下任何空间。我们在以下章节中所分析的具体实例，将会显示出这种所有权和控制权在企业中的充分结合，在合作社中不仅是可能的，甚至是企业长足发展的源泉。

一般来说，合作经济组织的双重性质（企业和联合）使得某些国际组织（如一些国际发展银行和多国机构），以及一些国家的企业和工会组织在概念和理论层面上感觉十分不舒服。他们很难接受合作社这一双重性质完全不相互排斥。但是，受经济危机影响，对于经济理论认识上的局限将会改变，并希望合作社这一双重性质能得到适当的认可。

为了深刻理解合作社理性，我们需要考察合作社的定义。合作社，其目标是让人们共同拥有，民主管理，从而“满足他们共同的经济、社会、及文化的需求及渴望”。的确，“满足他们共同的经济、社会、及文化的需求及渴望”是合作社经济理性的关键部分。在合作社中，对于很多人共同的经济、社会、文化的自然的需求和渴望需要由一个经济实体（企业）实现。实际上合作社意味着通过私人领域内的企业活动的方式来解决人们的需求和渴望。否则，则可诉求于其他形式的一些机构，如俱乐部、协会、非政府组织等。

什么类型的人们能够走到一起，在企业的形式下被“满足他们共同的经济、社会、及文化的需求及渴望”所激励呢？主要的一些类型如下：

* 银行账户持有人（私人、农民、小业主、中小企业所有者等）那些希望以高水平的担保、最可能优惠的利率、最好的服务，来储蓄、获得信贷或保险，在当地（特别是农村和偏远的地区）确保持久金融服务的，如第七章加鼎（Desjardins）集团案例；

* 基础设施的使用者，特别是农村和偏远地区，如水、电、电话等的使用者，想要保证这些服务的畅通并在一定水平上能控制价格；

* 想要在他们的城镇及村庄保证拥有永久商业设施的消费者，以及/或者保证他们消费的产品的价格及质量；

* 在竞争激烈的工业或服务行业，那些想要拥有或加强稳定就业的寻找工作的人们，或者那些想在企业面临风险时还能保有工作的人们（见第六章赛若莱普（Ceralep））；

* 想要联合采购农产品或共享农用机械的农民；

* 想要共同销售水产品，共享经销配额及捕捞区域的渔民（见第五章纳蒂维达德岛（Natividad）合作社）；

＊ 手工业者，如面包师、技师或泥瓦匠、小商贩，或者那些想要共享一系列服务的自营人员，如医生、建筑设计师或律师；

＊ 想以合理的价格在选定的环境下寻找住房的人；

＊ 想要以经济上可持续的方式进行并有效控制文化或体育运动的人们（如文化中心、乐队、民间剧团、节庆演出、足球队等）；

＊ 想要确保拥有基本公共福利服务的社区居民（如健康、教育、公共服务、交通等），而这些服务不能（或不再）由政府安排，和那些想要对这些服务的质量、支付能力、服务的地理范围和长期可持续性等保持足够控制的人们。

看看上述几种类型，会发现一个基本共同点，那就是他们是社会中的"利益相关者"。合作社因而在组织上发展了一种"利益相关者经济"，通过这一形式，这些利益相关者获得了"满足他们共同的经济、社会、及文化的需求及渴望"的可能，这或者是因为这种方式是他们惟一可行的方式，或者因为合作社提供给他们更好的价格、质量、途径或长期的经济可持续性，这比他们自己或通过他们无法控制的具有另一种理性的经济组织来获取要更好。因此，可以很容易理解的是，由利益相关者所进行的"共同所有，民主管理"是保持这一条件的基础。正如我们所看到的那样，合作社成员，像合作社企业一样，也带有双重性质：既是利益相关者，也是负责管理的业主。

理解合作社理性之二：操作原则

理解合作社理性的第二步是对决定合作社职能的七条运营原则进行分析并明确：（1）合作社企业与周边环境的关系；（2）合作社企业内部组织机构；（3）资本积累及分配体系与周围环境的关系

首先考虑的是，合作社是作为一家自主独立的企业来定义的（合作社原则第四条，"自主和独立"）。[①] 考虑合作社是一个准公共类型的企业，经常会把"公共"和"共同"的概念搞混。尽管他有"共同"的特点（共同管理、共同所有、共同利益相关等等），合作社是享有完全自主和独立于国家和第三方的私人企业。他们发展了一种可以叫做"共同—私有"的经济（"共同"在"共同利益"的意义上在本章初提到过，与"个体"相对），可以看作合

① 第四条，"自主和独立"："合作社是由社员管理的自主和自助组织。合作社若与其他组织包括政府达成协议，或从其他外部渠道募集资金，必须做到保证社员民主管理并保持合作社的自主性"，同上。

伙关系，但绝不会与公共部分搞混。以下各章的实例将会使这一（表面上自相矛盾的）“共同—私有”特点更易于理解。

合作社另一特点是合作社不仅限于满足一个封闭群体的需求及渴望，而是对所有由合作社提供服务的，具有共同需求和渴望的人们开放（合作社原则第一条，自愿且开放的会员制度），这取决于所服务的利益相关者类型。①

然而，这种对外部世界的开放性，是受具体条件制约的，如合作社服务的地理范围，合作社企业发展程度或者合作社所提供的新工作所需要的必要技能。对于开放的有效性来讲，经济发展至关重要，如果合作社想要很好地完成使命，就必须控制好开放的步伐。这一情况我们将在蒙德拉贡（Mondragon）合作社集团案例中看到（第八章）：只有通过长期逐步的经济发展才能创建新的工作场所，然后才能接纳新的员工。在纳蒂维达德（Natividad）岛潜水者和渔夫合作社（我们下一章进行分析），放缓接收新成员是缘于自然资源保护政策，因而也就是与企业的长期生存能力相匹配。在一些案例中，合作社这种发展与开放同时发生所产生的矛盾会导致痛苦的决定，例如有的合作社在业务转让给成员时没有接纳所有工人，如我们在赛若莱普（Ceralep）（第六章）案例中看到的那样。对合作社第一条原则更宽泛的解释可能会把业务转化工作消灭在萌芽状态，因为这样就会破坏合作社建立的根本目的和所有与之相关的潜在工作。

合作社既对周围社区开放，又有满足当地利益相关者的需求和渴望的定位，作为这一逻辑结果（如我们在以上合作社定义中看到的那样），合作社与周围社区的发展存在内在的联系，即便有时这些合作社没有明确直接地包含在社区发展规划中（合作社原则第七条“关注社区”）。② 相应的还有，合作社“为社区的可持续发展而努力”。同时，由于合作社给社区的贡献必须通过合作社成员所认可的政策实施，所以再次重申了合作社的私有特点。从较小的墨西哥的纳蒂维达德（Natividad）合作社（第五章）到较大的西班牙的蒙德拉贡（Mondragon）集团（第八章），我们将看到合作社成员通过民主程序所作出的决定对当地或地区产生了怎样的影响。

合作社标准还包含一个原则（第六条，“合作社之间的合作”），是指各

---

① 第一条，“自愿且开放的会员制度”：“合作社是自愿的组织，对所有能够利用合作社服务和愿意承担社员义务的人开放，无性别、社会、种族、政治和宗教信仰的限制”，国际劳工组织（ILO）建议 193/2002 关于促进合作社发展。附件见 www. ilo. org。

② 合作社第七条原则“关注社区”：“合作社通过社员认可的政策推动所在社区的持续发展”。

合作社，带有社会经济发展的使命，属于并贡献于更广泛的“合作社运动”,[①] 即人类开放并充满活力的社会，这完全符合联合国大会56/114号决议，“认可合作社以其各种形式充分参与了全人类的经济社会发展”。[②] 世界很多地方的合作社都充分显示了联合经营、民主管理、横向发展的能力，这使得他们成为全球经济中主流经济角色。加鼎（Desjardin）和蒙德拉贡（Mondragon）展示了合作社组织这方面的案例，但他们绝不是仅有的例子：我们在很多其他国家的重要合作社组织中也发现了这种情况，包括在G20中的大多数国家。[③] 在赛若莱普（Ceralep）案例中，我们看到一些合作社（一家地区联盟，一家银行，三家非银行金融机构）联合动员起来拯救一家被清算的小企业并使它再现生机和活力；英国、意大利、西班牙、巴西、阿根廷、加拿大及中国都有类似的案例记录。依据所代表的不同利益，合作社逐步发展出各种联盟体系，有国家的、各大洲的、各部门的，以及全球的联盟组织——国际合作社联盟。

在合作社第六条原则中，合作社宣称相互支持，并不意味着他们会在同一行业或行业间自动直接地相互支持，例如合作社银行支持工业合作社。一些合作社银行，如法国的信用合作社（法国大众银行（Banques Populaires）集团之一），或者储蓄合作社（Caisses d' Economie）（加鼎（Desjardin）集团481家信用合作社的一部分——见第七章），或者蒙德拉贡（Mondragon）集团的卡加·拉伯罗储蓄银行（Caja Laboral）（见第八章）按照他们的创建使命，确实扮演着合作社或更多的经济利益相关者发展银行的角色。但是，大多数合作社银行并不是建立在这样的使命基础上的，而是致力服务于成百万的农民、小手工业者、中小企业地区经济需求或成百万的与之相关的市民消费需求：他们改变他们的创建使命并没有理由。沿着同样的脉络，住房合作社也没有理由一定有义务满足工人合作社的工人的住房需求，当然，除非两家合作社共享同样的需求并一致同意。相反，在更广泛的合作社体系中，

① 合作社第六条原则“合作社之间的合作”：“合作社通过地方的、全国的、区域的和世界的合作社间的合作，为社员提供最有效的服务，并促进合作社的发展”，国际劳工组织（ILO）建议193/2002，见www. ilo. org。

② 联合国大会55次会议：“采纳大会决议 - 56/114 - 社会发展中的合作社”，2001年12月19日。这部分摘录也被插入国际劳工组织（ILO）建议193/2002关于促进合作社发展部分的序文中。

③ 其中，我们能提及的有，法国互助信贷银行（Crédit Mutuel and Banques Populaires）；德国来富埃森银行集团（Raiffeisen banking group）；意大利Coopitalia（分销）CCPL（工业），CCC－ACAM（建筑），CNS（服务）and CGM（社会服务和集成工作）；巴西UNIMEN，印度阿拇公司（Amul）和印度农民肥料合作社（IFFCO）；阿根廷SANCOR；墨西哥Cruz Azul。

合作社之间的常见做法是非直接支持，包括非常大型的项目，如通过联盟经费，发展基金，共享知识产权等。合作社法案以这种方式来帮助发展合作社体系，既不是为获取市场份额，也不是为了获取或控制企业或其他经济实体的开办或重组。

企业的内部职能

合作社标准规定，如我们在上述合作社定义中看到的那样，成员的民主管理必须通过一人一票，而不能通过一股一票的投票制度来实施（合作社原则第二条，“成员民主管理”）。[①] 在这个问题上，合作社是以公民为基础的企业，颇有点像理想国。合作社是由当地长期的利益相关者所管理的，这些人既不会改变身份，也不会一夜之间改变社会经济利益关系（生产者、工人、居民、账户持有人、借款方等）；而不是由代表外部利益相关者利益的经理们所管理的，外部利益相关者只关心最高投资回报。因此，合作社的经营者们更愿意基于在当地企业稳定的基础上，考虑可持续的工作和业务，选择更长期的企业策略。他们的目标是创建健康的，当然也必须同时是盈利的长期企业发展策略（因而他们不太可能跌入债务陷阱！）。

成员民主管理，如果正确实施的话，会比传统企业由一个外部的人或实体来控制困难的多，并且不可能通过收购实现，除非企业一开始就没有完全合作社化，换句话说，一旦成员们合法明确地宣布他们民主管理共同所有企业，那就只有业务和机器设备可以出售了。

另外，民主管理并不仅限于会员大会的正式程序中。换句话讲，它不仅是雅典人“集会”式的民主，而且是“共和主义者”的民主：像一个现代国家的分权那样，合作社依靠各种内部实体相互制衡。如果说这种制衡存在于一个合作社中，那么复杂的合作社综合体就会有更多的制衡关系，就在我们在加鼎（Desjardins）和蒙德拉贡（Mondrago）中看到的那样。这些复杂的协商和精巧的策略使得合作社综合体能够共同适应诸多不可知和不可预期的情况。

在分散却相互联系的原则（第五条，“教育、培训、信息”）中，合作社

① 合作社原则第二条，“成员民主管理”：“合作社是由社员管理的民主的组织，合作社的方针和重大事项由社员积极参与决定。选举产生的代表，无论男女，都要对社员负责。在基层合作社，社员有平等的选举权（一人一票），其他层次的合作社组织也要实行民主管理”。国际劳工组织（ILO）建议 193/2002 关于促进合作社发展。附件。见 www. ilo. org。

标准强调了培训和信息的重要性。[①] 无论世界链条上是否有外部“控制者”（第三章），或合作社有共同的内部“控制者”，信息对任何一个需要控制和管理企业的人都至关重要。问题主要在于企业内部信息不对称。[②] 并且，光有信息还是不够的。如果合作社成员只是提供了信息而没有充分培训如何处理信息，他们很有可能不知如何处理和表达，这样的话，在更复杂的合作社体系中，不通过适当的培训，共同”管理”的普通员工就更不知如何处理和表达这些信息了。

换句话说，合作社成员，正如我们看到的那样，都有着普通的经济和社会角色，如农民、渔夫、消费者等等，他们并不都拥有 MBA 学历。作为企业共同的控制者、所有者和管理者，他们不得不做出“艰难”的企业决策。因此，保证在合作社这样的以利益相关者为基础的企业实行“成员民主管理”的惟一方式就是加大对教育和培训的投资力度，不仅是给董事会成员或高管们，而且是给所有的普通成员。

当然，教育和培训不仅有助于实现成员民主管理：他们也是合作社理性的核心内容。合作社使普通市民有了一个得以充分培训来承担企业责任及经济民主的独特机会。例如，通过系统的培训，成千上万的普通市民成为加鼎（Desjardins）当地信用合作社的理事会成员，正如我们在第七章中看到的那样。

合作社教育不仅仅涉及到企业管理。加鼎（Desjardins）集团，如我们看到的那样，还大范围地组织家庭理财教育项目：它是整个地区的财务运动的核心部分，它是使普通市民更好地实现管理自己财政的目标。同样地，我们发现消费合作社也实施类似的教育活动，如阿根廷的“消费者社交圈”，他们讨论的主题有“食品与健康”、“疾病的预防”或者“环境保护”，[③] 意大利一家“合作社学校”培训“消费的觉醒”[④] 等等。这些都是为了教育人们充分承担具体的利益相关者（消费者、渔民等等）的责任，而且，更广义地来讲，

---

① 合作社原则第五条“教育、培训、信息”：“合作社要为社员、选出的代表、经理和雇员提供教育和培训，以更好地推动合作社的发展”。国际劳工组织（ILO）建议 193/2002 关于促进合作社发展。附件。见 www. ilo. org。

② Stiglitz, J. , 2001.

③ Cooperativa Obrera, Bahia Blanca, Argentina, http://www. cooperativaobrera. com. ar/consumidores/circulo_ consumidores. jsp.

④ 合作社学校（Scuola Coop）是由意大利消费合作社发起的教育集团，见 http://www. scuolacoop. it/。

不仅是做好企业共同的拥有者—管理者，更是要做好有知识、负责任的公民。

资本积累及分配体系：合作社第三条原则

合作社第三条原则，“社员经济参与”[①] 是与本书题目最相关的一条原则，它源于其他六条原则。它包括四部分内容，我们现在进行逐个分析。

1. 入股、报酬、资本

“社员要公平地入股并民主管理合作社的资金”。[②] 社员认购一定数额的股份资本。依照不同的合作社行业或体制，认购的数额可以是象征性的也可以是实际的，社员们认购的数额可以相同也可以不同（但是如上所述，在任何情况下，都要坚持“一人一票”的原则）。在一些情况下，如蒙德拉贡(Mondragon）集团，工人—社员投入相当于一年工资那么多的金额作为加入合作社的股份。而且，为了“民主管理”合作社资本，社员必须持有他们手头的全部股份，或者至少是绝大多数股份。[③] 因此，除了一些极个别的情况，合作社不能上市，也不能转让到私人投资者手中（除非他们一开始就“股份化”)。甚至是在国家规定允许少数股份可以转让到外部投资者手中的情况下，这些规定也只能在合作社大会批准的情况下才能实施，并且总是要达到一个固定阈值，通常不超过30%。在合作社社员手中的内部股份不能与外部交易，也不能在内部成员间交易。赎回，也就是合作社股金的释放，不能通过商业交易进行，而需要通过合作社决策机构的同意才能进行。这保证合作社很好地满足了经济和社会的需求，避免了垂直权利的产生。

“入股只是作为社员身份的一个条件，若分红要受到限制。”[④] 这条规定是为了避免资本贬值，而不是不让社员们从中得到收益。一般来讲，合作社的收益率会类似于，或比银行的普通存款利率略微高一些，在任何情况下，它永远不可能构成金融动机。

2. 返还给成员的盈余

“合作社盈余按以下某项或各项进行分配：……按社员与合作社的交易量

---

① 合作社原则第三条“社员经济参与”：“社员要公平地入股并民主管理合作社的资金。但是入股只是作为社员身份的一个条件，若分红要受到限制。合作社盈余按以下某项或各项进行分配：用于不可分割的公积金，以进一步发展合作社，按社员与合作社的交易量分红；用于社员（代表）大会通过的其他活动”，国际劳工组织（ILO）建议193/2002，见 www. ilo. org。

② 合作社原则大三条部分“社员经济参与”，见 www. ilo. org。

③ 一些合作立法使它可能有一个外部投资者的有限的比率，例如在法国和意大利。但事实上，这种金融动机是很低的，外部投资者通常要么是“母”合作社工程分拆，要么就是客户、供应商、基金会或参与业务的其他利益相关者。

④ 合作社原则第三条部分，国际劳工组织（ILO）建议193 /2002，见 www. ilo. org。

分红”。[1] 部分盈余通常重新分配给社员。但是，这种再分配与股东红利无关，因为，如上所述，合作社企业中只允许分配社员资本投资的边际报酬。合作社中的盈余再分配，实际上是年末合作社与社员间就一年的平均交易价格进行调整。(与买卖双方和雇主和雇员间的普通交易不同)

为了解释这种价格调整的原因，我们需要知道，任何合作社及其社员之间的交易价格，本质上，都是根据最终价格进行的预先支付。实际上，既然合作社成员是其共同所有者而不是普通顾客，一旦年度账户关闭，年度盈余结算，就可以知道与社员交易的“适当价格”了。可以根据购买价格进行价格调整（如成员是单个生产者的合作社），可以根据销售价格调整（如成员是使用者的合作社），或者根据劳动报酬调整（如成员是工人的合作社）。实际上，在价格调整前，与生产者、消费者或工人只能根据最终价格做预先支付。

3. 储备金

“合作社的一部分资本通常作为合作社的共同财产……社员分配盈余是为了……发展合作社，可能通过建立储备金的形式，至少有一部分盈余是不会被分配的”[2]。系统的和长期的储备金制度是防范债务陷阱的重要手段。我们会在以后各章中看到包括合作社集团层次的共同储备金制度的重要性，如加鼎（Desjardins）和蒙德拉贡（Mondragon）的经济发展以及应对数十年连续经济危机的恢复力。这种制度在全球不同大小、不同业务范围的合作社中的重要性是相同的，主要原因有两点。

首先，如上所述，合作社的股资由社员股份构成，而且合作社与普通的金融市场之间没有通道。一些合作社，如蒙德拉贡（Mondragon）的艾洛斯基（Eroski）分销连锁店，发行了没有投票权的债券。许多属于合作社系统的非银行金融机构都对银行产生了杠杆作用，其中一些发行了无投票权的“参与凭证”（吸收到自己的资金内），如赛若莱普（Ceralep）的案例（第六章）。但是这些金融手段很难弥补很多合作社在股资方面面临的具体的财政局限。储备金因而就显得非常必要了。在很多合作社，在经历了数十年的稳步扩张后，储备金经常是股本的十数倍，或更多。

其次，如果合作社的目标是拥有长期的经济生命，他们就需要保护自己以避免受到市场波动的影响，数次的经济危机的确证明他们是正确的，他们确实考虑到长期的经济目标。合作社的储备金通常投入在企业需要长期发展

---

① 合作社原则第三条部分，国际劳工组织（ILO）建议 193 /2002，见 www. ilo. org。

② 合作社原则第三条部分，国际劳工组织（ILO）建议 193 /2002，见 www. ilo. org。

的项目中，但当合作社需要与银行协商紧急贷款时，也可能作为抵押品或通常的担保品，在几次经济危机中经常会发生这样的案例。在合作社银行，由储备金占较高比率构成的资本与普通股资相比大幅度地提高了银行的品质及等级，正如本章及第七章中我们看到的情况那样。

合作社第三条原则，正如我们以上看到的那样，也提到了储备金部分“可以是不被分割的”。甚至在合作社清算的时候，未被分割的储备金也不会被再次分配给社员。这种做法在适用罗马法的国家中比盎格鲁撒克逊法中更常见。法国、意大利、西班牙、葡萄牙及阿根廷都有强制储备金制度。有趣的是，尽管英国起初也选择了不可分割的储备金制度，但近来通过了“社会公益公司”法案（该法案下合作社及其他类型的业务可以登记），法案中规定“资产锁”才是强制的。[①] 这种趋势正在扩大，近来世界很多不同地方都能看到这种立法趋势。

在不可分割储备金制度下，如果企业关门了，其储备金（付清外部债务后的剩余部分）会被转交给合作社联盟、合作社发展基金或类似机构以促进合作社的整体发展。因此，不可分割储备金制度使得合作社所有权的“共同—私有”的性质更清晰了。他们建立了一种特定的所有权制度，这与私人所有权完全不同。出于这种原因，也就是他们通常提交了与储备金可分割的传统企业相比完全不同的一种赋税（这一“谬论”是第一部分的最后一条批评）。

此外，不可分割储备金制度还是对欺诈行为、公司化和外部接管企图的强大威慑。实际上，外部受让人需要说服合作社成员通过社员大会决定放弃其民主管理权。甚至企业已被公司化或被接管，受让人也不能要求拥有这些储备金。

不可分割储备金制度为我们理解合作社基本理性提供了另一条基础线索，我们看到这些储备金不仅属于现有合作社成员，也属于合作社过去的和未来的成员。这是合乎逻辑的，因为如果合作社确实是“共同—私有”的经济体，它的成员就确实应该能够看到跨越数代以后的未来的远景。

4. 合作社体系发展基金

“合作社盈余按以下某项或各项进行分配……用于社员大会通过的其他活动”。[②] 在很多国家，部分盈余并不会被合作社自己使用，而是用于全国层面

① Roelants, 2009.

② 合作社原则第三条部分，国际劳工组织（ILO）建议 193 /2002，见 www. ilo. org。

的合作社体系的发展。这为实现合作社间的合作提供了可能的金融机制（如上所述，已载入合作社标准）。例如，西班牙合作社法案，参照蒙德拉贡（Mondragon）经验，合作社需给教育发展基金划拨不同比例的盈余（根据不同国家区域）。在意大利，国家法律责成所有赢利的合作社向合作社团结基金上交3%的盈余，以促进合作社企业项目（创业、转型、发展等等），因而产生了包括社会服务领域在内的几千个就业机会和几百项经济业务活动。

合作社价值

最后但同样重要的是，国际合作社标准包括一系列简单易懂的价值，每个合作社都应该遵守“自助、自主、民主、平等、公平和团结；以及诚实、开放、关心社会、照顾他人的道德价值观”。[①] 主要特征是，对于合作社，这些价值不是用来证明身份的，而是要身体力行的。这些价值必须转化为具体的组织和财务条款，就此意义而言：他们是合作社定义的根本基础，也是我们上面所看到的合作社的运营准则。当然，我们并不是主张合作社价值不适用于其他类型的业务，但是，在合作社案例中，他们一定是根本价值观念（多年来一直是合作社遵循的典范）。因此，在分享并实际落实这些经济价值方面，合作社做出了基本贡献。

这次经济危机，也正好为很多人（学者、舆论领袖、普通人）反省价值观念提供了一个开放的论坛。某种程度上讲，这也是一次价值观的危机。最终，到底要实现什么样的经济目标？应该提倡什么样的价值观？人类必须在基本价值的基础上，在多大程度上控制经济体系，还是让经济体系完全由这样的价值观控制，如对我们身边的人和共同的环境、贪婪、不平等、不公正、利己、自私、欺诈、暧昧、不负责任？我们想把哪一种经济价值观留给我们的孩子？

互助社，一种非常类似的经济组织

“互助”引起的术语混淆一开始就应该澄清（也称作“互助社”或“友爱社”），这跟“互助基金”的概念完全不同。根据牛津金融银行业词典的解释，互助基金是“一个信托单位的美国名称”，也就是“所形成的的信托是……组织股票有价证券组合，小投资者们可以买入整个组合中的一部分。这

① ILO Recommendation 193 on the Promotion of Cooperatives, annex.

给小投资者们提供了购买由专业的基金经理们筛选整合过的多种股票组合的机会，这些经理们会考虑高额的资本回报或收益率”。[1] 我们在第一章华盛顿互惠银行（Washington Mutual or Wamu）中看到过这种“互助基金”的例子。这种形式的经济体当然与合作社毫无关系。

根据同一本词典，互助社是“不发行股票，由其成员或存款人所有的公司。大多数英国建房互助协会和一些保险公司有这种结构”。

根据英国建房互助协会联合会、英国员工持股协会和英国金融互助协会所共同发表的“互助宣言”，互助社的含义比合作社要更广，包含：他们“采取多种形式，在多种不同的经济社会环境中运营”。但是他们的共同点是，他们是“为现在和未来的成员所拥有，并为其利益而运营的组织”；他们是分享“共同传统和精神——为其成员提供服务，并在更广阔的社会利益领域工作”的“会员制组织”。[2]

国际上对互助社的通常理解，在很多国家法律中都有记载，它所涵盖的范围并不像英国那么大，而是与合作社非常接近。根据欧洲保险互助合作联合会（AMICE）的解释，互助社，类似合作社，“由其成员共同所有，”并以“同等的所有权/控制权”为特征；“互助社的每位成员在成员大会上有同等投票权”。与合作社的主要区别在于“互助社不是通过由成员提供资本建立的”，尽管，像合作社一样，他们“有可能给会员通过返还和回扣的方式重新分配利润”。[3] 换句话说，互助社只是与包括上述合作社第三条原则在内的四条规则不符。他们没有明确具有第四条原则（自主和独立），第五条原则（教育、培训和 信息）和第六条原则（合作社间的合作），但是他们逐渐在这些方面与合作社的行为类似。然而，互助社不具有像合作社这样清晰的法典化的国际标准，尽管他们的经济组织类型模式非常类似，而且在某种程度上，从很多观点方面，他们可以与合作社一起研究。

大多数互助社在保险业界非常活跃，无论是普通保险（寿险、一般风险等）还是健康险，并且，在这一领域，互助会的重要性逐渐超越了合作社。

---

① 1997 版。

② The Mutuals Manifesto 2010，http：//www. icmif. org/images/stories/MutualsManifesto. pdf.

③ http：//www. amice - eu. org/today. aspx？ lang = en#A_ unique_ legal_ concept。

关于合作社的政治经济研究

如我们所知，合作社的演变与与两个社会经济因素相关，从19世纪以来，合作社一直在欧洲蓬勃发展，并且逐步扩展到世界各地：（1）传统的社会经济结构的转变以及（2）两次连续的经济全球化浪潮。[①]

前面章节中提到的，社会经济需求通过传统经济结构的转变被疏导，这带来了人们之间新的团结方式和经济联盟。伴随着工业革命，早期流行的社会保护机制被瓦解了，正如卡尔·波兰尼（Karl Polanyi）在《大转折》一书中描绘的那样，强烈鼓励劳动力灵活地直接向新的工作场所迁移。[②]

在19世纪的欧洲，关于合作社的辩论与工业社会的演变相关。在诺曼底（Normandy）厄迪库尔城堡（Heudicourt Castle）发现的，出版于1839年的一本书提到，合作社与贫穷以及如何应对可能危及到社会政治秩序的工人阶级边缘化相关。这些19世纪的辩论在21世纪初得到了共鸣。同样地，今天，政府力求反对边缘化，强调社会包容，关注长期失业和移民，考虑一下吧，合作社恰恰是解决这些关注点的关键要素。然而，尽管政府只是将合作社看成是保证社会稳定的手段，但合作社成员却通过建立这一强有力的经济体系看到了他们的经济未来。

影响合作社演变的第二个因素由全世界经历的两次连续的经济全球化浪潮构成。在19世纪经济浪潮中，面对经济集聚水平的不断提高，日益激烈的竞争和不断扩大的经营规模促使普通民众分享他们的知识、信息和资源以更好地满足他们的需求。的确，合作社制度使得普通民众也能达到一定的规模经济，这种规模经济在很多案例中都是非常突出的。在最近这次开始于20世纪90年代的经济全球浪潮中，合作社在诸多行业重新焕发了活力，如工业、服务业、银行业和保险业等等，发展中国家也提出了很多要求支持和交流的愿望。

从1929年的大萧条到20世纪70年代（除了纳粹法西斯和共产主义体制的中央计划时期），很多国家在推行社会福利政策时，或者提倡增加合作社价值，或者把合作社价值看作增加社会凝聚力的一个要素。除了发展中国家的

---

① 经济全球化是什么时候如何开始的有很多争论。鉴于此书的目的，我们认为有两次主要的浪潮，一次从19世纪中叶到20世纪初，另一次从20世纪60年代直到现在。

② Polanyi，1957.

一些“发展主义”政权，这些国家这样做，同时保留他们的自主性。20 世纪 80 年代以来，这些国家重新进行了体制改革，构建了全球服务市场以应对经济全球化。质疑合作社，包括质疑合作社社会经济组织特性及与当地经济的嵌入性都变得十分盛行。

一些合作社在这些压力下解散成为上市公司，如前面提到的前英国建筑协会。随着经济全球化，全球连锁及标准化的趋势加剧了这种压力。

正是在这样的背景下，上述国际劳工组织《建议 193》产生了。要感谢合作社运动代表机构的动员工作，《建议 193》最终详尽地涵盖了早期合作社运动标准，认为这些标准是具有自身特点及要求的企业要素，与其他企业类型并不相同。而且，《建议》呼吁各国应承担起在符合合作社标准的制度框架下来促进合作社发展的责任。国际劳工组织的文本并不是合作社运动动员工作的惟一成果。实际上，随着每次金融及经济危机（见第 2 章“流动陷阱”），股票市场和经济金融化就都成为关注的焦点，其他的途径就会被探索和改进。

尽管困难重重，反对合作社特有经济组织类型的压力可能已经导致了一个不太可能的结果：合作社缓慢的主流化进程。全球认可这种经济组织合法和明确存在的国家现在也包括发达国家，而不是像从前只有发展中国家承认。我们因此可能会慢慢地见证关于这种经济体的新的总体思考。

现在让我们回到合作社的实际案例中，去看看在全球金融危机发生的过去几年合作社发生了什么。

第五章　墨西哥纳蒂维达德岛潜水渔业合作社：合理利用自然资源，创造更多财富

引　言

本书的第一个案例取自墨西哥的一个小型渔业合作社。该案例旨在说明合作社如何处理自身发展和环境保护的问题。

纳蒂维达德岛（Natividad）地处墨西哥与美国边界，是墨西哥境内加利福尼亚海湾沿岸的一个小岛，长6公里，宽约为2公里。岛上现有居民400余人（约80户人家），潜水和渔业捕捞是他们惟一的谋生手段，但渔业资源的开发与利用不得违反当地与政府签订的特许协议。潜水员靠水面上同事的帮助和一根氧气管连接，每天要在水下工作4～5个小时，靠采集一种珍稀鲍鱼挣钱，人均月收入10000美元左右。

合作社总部设在内陆的港口城市恩森那达（Ense ada）。渔民从岛上捕捞的鲍鱼全部集中到这里，然后冠以“太平洋岛”的品牌，从这里出口到国外。因为亚洲人对鲍鱼情有独钟，所以这里的鲍鱼大部分出口到亚洲国家。

合作社的发展

潜水渔业合作社的发展并不是一帆风顺的。该合作社最早组建于1942年，是加利福尼亚巴哈（Baja）地区成立最早的第二个渔业合作社。合作社最初的发展相当缓慢。据当时的社长埃斯特班·樊艾尔（Esteban Fraire）介

绍，合作社从开始的第一艘渔船开始，到后来又修建了罐装厂、发电厂和脱盐中心①，迄今已有25年的历史。在过去的25年里，合作社经历了多次危机。20世纪80年代，受厄尔尼诺现象影响，海水温度上升，渔业资源数量大幅减少。之后，由于合作社本身的失误以及外来渔民的非法捕捞又导致了渔业资源过度消耗。80年代末，合作社成功地克服了这些困难，并有效的遏制了过度捕捞，从而使渔业资源得到了恢复。一名生物学家指出，与其他措施相比，控制过度捕捞是渔业发展更为科学也更环保的方式。

合作社前任社长马丁在回忆合作社发展历史的时候说："在危机期间，我们强制性关闭了一些特定的渔业区域。此后，社员大会又决定实行为期四年的季节性休渔来恢复渔业资源。我们因此受益良多。仅仅过了一个休渔季节，这项措施就使得渔业资源大幅度增加，使我们有足够的资金新建一个罐头厂和冷库。这大大超过了我们的预期。最初我们只想到休渔可以使鲍鱼资源得以恢复，但没想到恢复的如此之快、之多。"

合作社的成功引起了科学界的关注。斯坦福大学海洋中心的一名专注于海洋资源管理的研究人员，克莱蒙特·多蒙特（Clement Dumout）经常到岛上进行调研，并与合作社的生物学家安东尼奥建立了密切的联系。他说："合作社能有一个生物学家的指导有诸多优点，这样不但能在渔民和科学界之间建立一种联系，还可以使渔民更好地理解和掌握科学技术，而这恰恰是我们需要解决的一个问题。"②

几年前，安东尼奥曾向合作社的委员会提交过一份关于能保证鲍鱼和海参数量的水产保护建议，合作社采纳了这一建议并关闭了某些渔业场所，为此，合作社的年收入大约减少了30多万美元。合作社社员之所以决定这样做，主要是因为他们事先就从斯坦福大学和其他科研机构了解到，只有这样才能确保他们将来会有一个持续稳定的收入来源。

多蒙特（Dumont）曾说："我们与渔民之间的这种关系的确很奇妙。他们从不怀疑我们关于休渔的建议是否凑效。他们知道这样做是对的，而且也乐意去尝试。他们担心的主要问题是外来的渔民会不会跑到他们的休渔水域偷偷捕捞，尽管这些水域早在20世纪90年代政府就以特许协议的方式划定

---

① 2010年受访者姓氏。

② 文森特（Vincent Perazio）：La isla de la Natividad - un sanctuaire protégé；系列纪录片 the Le document sauvage，于2009年11月3日法国5频道播出。

给他们专门使用了。”①

确实，在90年代末，在他们自己管理的渔场，合作社的确遭受了严重的非法捕鱼。当时合作社并没有向政府救助，他们完全靠自己解决了这个问题。一位渔民这样说：

“现在，这里几乎没人再来非法捕捞了。外地的渔民不敢来，因为他们知道我们有两艘巡逻艇始终在我们的水域巡逻。这两艘船日夜围绕海岛，一旦发现非法捕捞的渔船进入我们的水域，我们就会截住它，有时甚至会撞坏他们的船不让他们逃跑。这个区域有很多非法捕捞的渔船，有时候他们还会带武器，因而我们常常有被枪杀的危险。”②

好在后来政府介入了，在沿岸设立了一些监视点，这样我们就不再是孤军奋战了。

内部组织：危机和合作的结果

合作社的人并非都是社员。合作社只有82名社员，其余的56人并不是合作社社员，因此也就没有在合作社委员会（general assemblies）投票的权利。作为非合作社成员，他们只能等现有的社员中有人退休之后才能顶替他们的岗位。在此之前，他们只能从事一些低附加值的工作，例如将社员捕捞的藻类销售给制药厂。托斯（Toxi）就不是合作社的成员，他每天早上起得比社员早，为的就是有朝一日能有机会顶替一个社员的岗位。“这些年我起早贪黑努力工作，为的就是有一天能够成为一名合作社成员。”③

20世纪80年代初，合作社有120名成员。因为过度捕捞收入减少，合作社决定几年内不再接纳新成员入社。这使那些非合作社成员不得不努力工作才能在有机会的时候被接纳入社。托斯（Toxi）说：“我必须严格遵守纪律，努力工作，认真负责。”④ 他必须等到一名合作社成员退休之后才能获得名额。

---

① 文森特（Vincent Perazio）：La isla de la Natividad – un sanctuaire protégé；系列纪录片 the Le document sauvage，于2009年11月3日法国5频道播出。

② 文森特（Vincent Perazio）：La isla de la Natividad – un sanctuaire protégé；系列纪录片 the Le document sauvage，于2009年11月3日法国5频道播出。

③ 文森特（Vincent Perazio）：La isla de la Natividad – un sanctuaire protégé；系列纪录片 the Le document sauvage，于2009年11月3日法国5频道播出。

④ 文森特（Vincent Perazio）：La isla de la Natividad – un sanctuaire protégé；系列纪录片 the Le document sauvage，于2009年11月3日法国5频道播出。

托斯（Toxi）是入社候选名单上的第一位。尽管从业 24 年的潜水员斯万多（Servando）已经退休，但他至少还得等上至少一年的时间才可能有机会顶替：因为社委会最近又做出了一项新的决定，即便有人退休，合作社暂时也不会吸收新成员入社。

斯万多（Servando），现年 48 岁，由于身体条件不允许他继续长时间的潜水而退休。合作社要求他在工作 23 年后就提前退休，他同意了。在社员大会上，斯万多（Servando）非常伤感地说："现在我突然发现原来我的感情也那么脆弱。我真的无法掩饰我的痛苦，但我还是得跟你们说再见。我非常感谢合作社，作为一名社员，我永远都不会忘记这个集体。它尊重社员的价值观，让我们懂得了很多道理。它是一所人生的学校，而且是最好的一所人生学校。"说完，斯万多（Servando）的眼泪夺眶而出，在一片热烈的掌声中缓慢的走回他自己的座位。[①]

合作社成员与家人在岛上生活有诸多好处，譬如免费的自来水和电力供应。当然，生活还是很艰苦的：岛上没有酒吧，一周需要工作六天，惟一的业余活动只有每周日的棒球比赛。

社员退休之后都生活在主岛恩森那达（Ense ada）市并由合作社提供全方位的照顾：合作社还为那些退休后不太富裕的社员提供特殊的住房。退休时每位潜水员能领到 30 万美元的奖金。用这些钱，他们可以在市里做点生意。此外，社员退休后每个月都会在海滨餐馆里进行多次聚会。

全球危机期间，合作社也未能幸免于难。正如社长埃斯特班（Esteban Fraire）所描述的："2009 年是我们最为艰难的时期。我们不得不削减行政开支，社员们也不得不牺牲他们部分的收入。但是幸运的是，现在已经度过了难关。"[②] 但即使在危机最为严重的 2009 年，合作社也取得了 400 万美元的营业额。这对于墨西哥的一个只有 138 名渔民的小型渔业合作社而言无疑是个相当令人满意的成就了。

社员们对合作社的未来相当乐观。现在政府对合作社重视的程度提高了，尤其是通过政府某些机构，如墨西哥国家渔业研究院（Inapesca）和国家养殖与渔业委员会（Conapesca）。此外，政府还对合作社提供了许多项目支持，例如根据欧盟标准对合作社包装厂的升级换代和新建的鲍鱼卵子实验室。尽

① 文森特（Vincent Perazio）：La isla de la Natividad - un sanctuaire protégé；系列纪录片 the Le document sauvage，于 2009 年 11 月 3 日法国 5 频道播出。

② 2010 年受访者姓氏。

管合作社与政府签订的特许协议2012到期后需要重新谈判，但合作社成员对协议的续签很有信心。埃斯特班（Esteban Fraire）说："这就给合作社和渔区的长期规划与发展提供了必须的法律保障。"①

合作社与斯坦福大学的合作还在进行。此外，斯坦福大学还与其他几个机构，如墨西哥非政府组织生物情报委员会（Council on Biological Information）和美国一家专注保护世界海岸线非政府组织珊瑚礁健康调查委员会（Reef Check）共同携手，负责本地区自然资源的监测。与恩塞纳达港科学研究和高等教育中心（CICESE）和墨西哥加州湾自主大学（UABC）的合作研究协议也已签署。

自然资源管理

岛上的捕捞作业管理非常严格。潜水员和渔民们的每天早上7点开始作业。作业开始前，捕捞督查员（均由合作社社员担任）会向潜水员和渔民分发各自的作业路线图以及每支捕捞队精确的捕捞配额。捕捞作业的每一个环节都有严格的规定：如早上出发前下达捕捞路线图和捕捞配额具体的时间、下午什么时候开始限制捕捞作业、捕捞斩获如何称量及计算等。此外，在每个捕鱼季节开始之前，由于事先已对所有的渔区划定了明确的界限，合作社很容易对各渔区现有的渔业资源进行非常准确的测算，并据此计算出不同渔区现存的捕捞资源和相应的捕捞配额以及循环捕捞的时间间隔和数量等。这样一来，实施捕捞作业的渔民便可以清楚地知道他们所在的渔区都有哪些渔业资源可供他们捕获。

上述这些做法极为符合科学界最新的自然资源管理理念。在过去，人们通常把大陆架附近的海域视为一个整体，认为要想精确地测算出某一个具体区域资源的存量是不可能的。但最新的研究表明，人们对海洋生物资源存量的测算完全可以精确到某个具体的海域乃至该海域具体的深度。② 纳蒂维达德岛（Natividad）潜水渔业合作社的情况就是一个典型的例子。作为与合作社合作的一个科研机构，墨西哥生物情报委员会（COBI）也同样认为："该合作社在渔业资源管理领域的确是一个样板，社员代表大会上制定的有关政策

① 2010年受访者姓氏。

② Vincent Perazio：La isla de la Natividad – un sanctuaire protégé；系列纪录片 the Le document sauvage，于2009年11月3日法国5频道播出。

甚至比政府渔业管理部门制定的政策还具前瞻性。”[①]

合作社的实践同时也进一步证实了诺贝尔经济学奖获得者埃莉诺·奥斯特罗姆（Elinor Ostrom）在《公共事务管理》中所述的观点[②]，即：若将自然资源完全置于一味追求短期利润最大化的企业管理，这些资源注定会彻底枯竭。所以，自然资源的维护必须有资源所在地居民的参与，因为这与他们自身的利益息息相关。

合作社的实践同样也佐证了里卡多·彼得雷拉（Riccardo Petrella）关于水资源管理一书中的观点。在《水的证言：全球水利资源契约论》一书中，卡多·彼得雷拉（Riccardo Petrella）这样说道：“降低国家对水资源的垄断管理很有必要。也就是说，应当通过主张一个国家公民对水资源的权利，将水资源从国家垄断管理的思维中解放出来。降低国家对水资源的垄断管理并不是要政府将水资源的所有权和控制权完全私有化，或简单地转让给私营企业，而是将所有权和控制权下放给具有合作社性质且严格按照合作社原则经营和管理的企业，因为这类企业既非国有，也非纯粹资本主义制度下的私有企业。”[③]

事实上，正如作者在第四章所阐述的那样，合作社是介乎“共有和私有”之间的集体所有制企业，它和政府既有密切的合作关系但又不受政府的主导和控制。

结论：要将长期的环境、经济和社会利益统一起来

如果真如某些学者假设的那样（参见第四章），即便在准市场经济的环境下合作社的发展也将陷入困境，那么，纳蒂维达德岛（Natividad）的合作社的案例显然不支持这一观点。该合作社的业务不但进入了国际市场，同时还将其产业链延伸到水产罐头深加工的环节，并与美国一流大学和研究机构合作涉足资源管理的研发领域。

该案例同时还告诉我们这样一个道理：科学的民主管理和控制在有效保护当地的自然资源的同时，照样可以给社员带来超出平均水平的经济收入以及一系列令人羡慕的社会效益。它不仅仅只是一个环境保护的案例，也是一

① http://www.cobi.org.mx/? pag = r - pbc - isla - natividad&idioma = esp.

② 奥斯特罗姆（Ostrom），2000。

③ 派德拉（Petrella），2001。

个经济成功的案例。实际上，合作社的管理并非完全是为了保护环境。对于他们来说，自然资源的管理早已成为一种共识，是他们确保经济发展和经济活动长期可持续发展的一种手段而已。当然，所有这一切都是以全体社员重视经济的长期可持续发展而非急功近利为前提的。

此外，社员们之所以能够自觉遵守合作社制定的各种规章制度主要是因为他们每个人都享有充分的知情权。这是他们之所以可以充分发表个人意见和民主决策的基础，做出的决策也因此具有高度的法定约束力，而全体社员个人的自律又反过来进一步强化了这些规章制度的法律权威。

在本书第四章里，我们曾论及合作社的第一条原则，即“入社自由和自愿原则”。尽管该案例中的合作社在接纳新社员的问题上没能完全遵守这一原则，但考虑到制定该政策的出发点是为了保护自然资源，这样做也是合理的。其实，申请人需要长时间的等待才能获准入社的确是为了合作社长期的生存和发展。这一政策无论对申请人，还是对将来入社的新社员，乃至合作社所在的整个社区都是利大于弊的。

由于保护自然资源能够保持和提高合作社所在地区整体的经济水平，这样合作社就能避免陷入债务危机的困境。相反，一旦自然资源枯竭了，连环债务便会陷入恶性循环，越滚越大。此外，由于合作社设有一套高度完备的社会保障制度，因此使得合作社和其社员的个人利益达到了高度的统一。这同样也可以避免社员个人陷入债务危机的困境。

最后，合作社社长埃斯特班（Esteban Fraire）用下面的一番话概括了全体社员未来的愿景：“正是通过合作社我们才得以生存。我们的社员中社龄最低的也都超过 21 年。尽管眼下我们的收入很高，但确保未来对我们来说更为重要。因此，作为渔民，我们必须不断地拿出一部分收入作为投入，以确保合作社的可持续发展。”

第六章　法国赛若莱普的故事：全球经济中的戴维与哥利亚

引　言

在第三章，我们研究了通过全球产业链使用缺席投资者债务来控制企业。我们也看到工人们在蒙受损失而管理者和企业似乎开始遵循非理性策略。赛若莱普（Ceralep）就是这样的一个典型案例，直到工人们转变了企业的命运。①

赛若莱普（Ceralep）是法国一家生产陶瓷绝缘用品的企业，成立于1921年，2001年被美国股票基金收购，2004年被后者清算，通过当地和国家合作社机构网络的帮助，改造成为其雇员所有的合作社。改变管理模式后，企业迅速得到复苏，企业现在正在全速扩张，扩招了新员工，客户稳定，出口增长，在亚洲有着良好的业务前景。

圣维拉（Saint - Vallier）是一个有着4122名居民的小镇，座落于罗纳河（Rhne river）岸边，大约距里昂南部约70公里远。它是这个中小企业密度较高，人口大约15000人的地区的中心。这一地区具有悠久的工人传统和强大的企业文化。直到20世纪60年代，很多工厂都一直生产陶瓷产品（瓷砖、家居用品等等），但是由于技术变革这些工厂逐渐倒闭了。同时，圣维拉（Saint - Vallier）周围有很多以葡萄和果树为基础的农业产业。很多家庭一些成员在工厂工作，而另一些是农民。失业率很高（官方统计约10%），并且

① 本章以《鲁兰茨的赛若莱普》（Ceralep in Roelants）2011为基础并进一步加以发展。

随着经济危机的加剧失业率一直在上升。第一批经受危机痛苦的是打短工的工人。贫穷也在加剧，越来越多的人加入了“食物银行”（一种食物分配体系）和当地的“爱心餐馆”（为穷人提供饮食的法国餐饮连锁）。

在本章的前半段，我们回顾一下这个令人惊奇的故事：这些业主如何获得这家企业，经济危机如何爆发，相关各方如何参与（工人、银行、支持机构、当地社区领导人），企业如何在不到一年时间里从亏损状态转为盈利并扩张。然后我们转向这幕戏剧里的各演出方，让他们告诉我们，他们从这个故事中得到了些什么探索性的经验。

2003 年前赛若莱普的演变

赛若莱普（Ceralep）起初于 1921 年由梅林·格尔恩（Merlin Gerin）公司（现在施耐德（Schneider）电力）组建，最初的名字叫“电器绝缘用品公司”（Electroporcelaine）。从一开始，它就发展成为电器绝缘用品的专门生产厂家。1973 年，梅林·格尔恩（Merlin Gerin）的分公司与法国另一家重要的陶瓷技术生产厂商合并，它被改名为赛若莱普（Ceralep）。从那以后，它一直是法国惟一一家生产大型陶瓷绝缘用品的公司。

1980 年，法国阿尔斯通（Alstom）集团（专门从事核电站，后来被阿海珐集团（Areva）兼并）购买了该公司 40% 的股权。1989 年，赛若莱普（Ceralep）被瑞士劳芬（Laufen）公司收购，然后在 1993 年卖给奥地利富蓝德（Ceram）公司。

公司被外资接管后，工人们就察觉到来自管理层关系的改变，但他们觉得他们依然与专业厂商在共事。工会领袖鞠斯·卡考夫（Driss Kharchouf）回忆：“瑞士人购买了赛若莱普（Ceralep）后，他们就经常抄袭我们的技术。一次，他们邀请我们去瑞士，我们看到他们正在生产一些配件，而根据之前他们告诉我们的说法，这些配件是市场上不需要的。然后，我们被奥地利人购买了，一段时间内，关系还好，但是他们逐渐也拿走了我们的技术。但是至少他们不是融资人，他们是家族企业。他们为赛若莱普（Ceralep）做了很多事情，我们应该认识到这一点。”

在那段时间，赛若莱普（Ceralep）保持并发展了很多重要且稳定的客户包括：核工业巨头阿海珐（Areva）、法国国家铁路公司（SNCF）、法国电力公司（EDF），以及其他很多重要的国外客户，如倍耐力公司（Pirelli）。除了

2000年由于技术现代化，2001年，美国陶瓷绝缘体公司（PPC）收购了赛若莱普（Ceralep）母公司富蓝德（Ceram）的绝缘体业务部分。美国陶瓷绝缘体公司（PPC）反过来1998年又被河畔股票基金（Riverside Equity Fund）收购，河畔股票基金又是被一系列的养老基金参股的。其控制关系如图6.1所示：

美国养老基金

↓

河畔股票基金

↓

美国陶瓷绝缘体公司（PPC）（代替了富蓝德（Ceram））

↓

赛若莱普（Ceralep）

图6.1　赛若莱普（Ceralep）控制关系图

根据河畔股票基金的网站，河畔“坚定地关注中间市场低端，采取历经考验的购买—创建策略，最大化各公司组合的潜在收益，同时为买方、合伙人及中间商创造财富”（而不是为了已收购的企业本身）。河畔“在取得资本增长及价值增值的共享目标后会撤回投资”。①

在奥地利富蓝德（Ceram）被美国陶瓷绝缘体公司（PPC）购买后，赛若莱普（Ceralep）的员工注意到他们与管理层的关系有了显著的变化：“他们的态度彻底改变了。首先，他们解雇了主任，主任告诉我们：‘你们非常危险，我最多再给你们十年时间吧’。”鞠斯·卡考夫（Driss Kharchouf）回忆道。其他被采访的证人也都做了类似的陈述。鞠斯·卡考夫（Driss Kharchouf）说：“非常奇怪的是，我们每次要求涨工资，他们都毫不犹豫地答应。同时，生产下降了很多，我们无事可做。我们知道有一些非常棘手的事情即将发生。很多高管都离开了。我们的营销部主任被提拔，负责管理集团三家欧洲工厂：法国、奥地利和斯洛文尼亚。他搬去了维也纳，我们就几乎再也见不到他了。一次，在2002年，他回来了，我们把他堵在办公室里直到他开口，他承认赛若莱普（Ceralep）就要关门了。这样我们就知道他们是怎么想的了。”

事实上，2002年，赛若莱普（Ceralep）亏损了，美国陶瓷绝缘体公司（PPC）没有再注入资金，并且有条不紊地转移了技术和一些利润较好的产品

① http：//www.riversidecompany.com/.

到集团的其他一些企业。伊曼纽尔·穆玎（Emmanuel Mottin），一位工作在产品概念与设计部门的技师回忆道："投入一直保持在最低水平，多了一点也没有，我看到没有改进任何产品项目，也不关注发展。"①

管理层和工人之间的气氛迅速恶化了，而且这种压力对某些员工来讲已经不能忍受了：工人中有一人自杀。技术及营销服务部的路克·卡尼尔（Luc Garnier），在工厂里自杀并留下一封遗书，在信中他明确指出他承受了巨大的压力。②

在那段时期，工人们拦在工厂的门口，用身体堵住卡车，阻止了几次把大型机器设备搬走的企图。卡琳·伊格里奇（Karine Iglicki），来自一家工人合作社地区联盟（罗纳阿尔卑斯区企业合作社（URSCOP Rh ne - Alpes），后来的几个月内一直给公司提供建议）评论道："最重要的是工人们掌控了局势，一直阻止集团把公司的东西都转移出去，也没有停止生产，而集团一直想停产。集团后来不得不提出破产请求，因为工人们一直堵着大门，如果他们想要关闭企业，他们没有其他选择，这也使得最后由工人全面收购成为可能。实际上，要不是这样的话，公司会把技术和设备一扫而光，也就剩不下什么可买的了。"

请求破产

然后，2003 年 9 月，突然地，美国陶瓷绝缘体公司（PPC）申请破产，赛若莱普（Ceralep）被托管 6 个月。美国陶瓷绝缘体公司（PPC）宣称公司结构有问题，包括生产成本太高、市场低迷、竞争激烈等。③ 技师伊曼纽尔·穆玎（Emmanuel Mottin）回忆道："我一点也没预料到，我刚度假回来，真是吃惊，我从未想到会到这一步，但是，也算事后诸葛亮吧，很显然，他们要拿走我们的技术和客户。同时，我注意到，低附加值产品的比率达到了 80%。他们可能在 2003 年初就计划破产了。"④

工人们迅速地写了一封公开信，递给地区律师、托管人和德龙省（Dr me département）行政长官，呼吁进行质询，认为"这些可耻的经历证明管理者

① 穆玎（Mottin）访谈 2010。

② 阿尔托（Artaud）访谈，2010。

③ 'Ceralep: un sursis de six mois', Le réveil, 19 September 2003, p. 27.

④ 穆玎（Mottin）访谈，2010。

和股东真的想要让企业破产，让150工人失业，让圣维拉（Saint-Vallier）地区的经济社会生活蒙受痛苦”。①

2003年11月，50多名工人被解雇，公司还剩下93名员工。公司在托管人的管理下依然运转。工人委员会通过注册会计师开始研究工人买断计划，他们希望，通过这一计划，公司可以以象征性的一欧元转交到他们手中。

2004年1月，他们向当地的商业法院提出了他们的计划，然后就等待裁定。同时，工人委员会副秘书罗伯特·尼盖斯（Robert Nicaise）联系了工人合作社地区联盟——罗纳阿尔卑斯区企业合作社（URSCOP Rhne-Alpes），卡琳·伊格里奇（Karine Iglicki），当地的业务顾问，她回忆最初与工人们的一系列会面：“我赶到那里去，向他们解释了合作社法规和所需要的企业计划，然后工人们说：‘那很好，但是我们在注册会计师那有另外一个计划。你的计划听起来更有意思，但我们没有钱’。注册会计师设计的计划里并没有包含真正的企业计划。工人们认为可能不会有财务问题，而且他们可以从客户那里得到一些订单。我告诉他们‘好吧，你们暂时会没事，但是6个月后你们就死定了’。那时是星期三，法院裁定将在周五下达。我们的律师告诉我：‘法院很有可能说不’。实际上，星期五，法院决定让公司关门。那天晚上，一听到这个消息，工人委员会中的一位女士流着眼泪打电话问我：‘现在我们该做些什么？’”

从清算到建立合作社

卡琳·伊格里奇（Karine Iglicki）继续回忆说：“那时，事情变得更复杂了，但并不是毫无希望。我们仍然可以起草一个工人买断计划给法官。于是米歇尔·洛哈特（Michel、Rohart），罗纳阿尔卑斯区企业合作社（URSCOP hne-Alpes）的主任）和我在周一早晨从里昂赶过来。公司门上上锁并有警卫把守，工人们无法进去，他们在工厂门口焚烧轮胎，他们都很沮丧，有些在哭泣。

我们解释了情况，我们说：‘情况很混乱，好吧，现在我们如何解决问题呢？’我们告诉他们，他们需要在三周内起草并递呈给法官一个完整的买断计划，还要有一个合理的业务计划。否则客户就会另寻他家了，但是我们进不

① Le réveil，19 September 2003，p. 27.

了工厂，拿不到那些必要的信息来起草业务计划，后来我们发现，里面也没剩下什么文件。

我们必须马上开工做出可靠的东西来。我们知道这可能会失败，我们必须降低风险。这真的是杂技。只有一位高管、营销部主任，留了下来，其他的都离开了。员工里没有人有业务情况的完整版本，但是还有很多良好的愿——于是我们开始工作。我们与他们约谈，一起重新构建企业机构，把来自不同部门的工人们分成几个小组。营销部经理设法重建客户名单。我们开始收集信息，例如，原材料成本，每个产品的生产时间等等。我们构建了估算出来的损益账户，经营销部主任检查，看起来十分匹配。”

业务计划清楚地显示出，整体计划不可能包括所有的93名工人，只能是52名。因此40多名工人将不得不离开。幸运的是，有大约35名工人表示愿意接受离职补偿，并迅速地表达了他们不愿加入这一新企业的意图。同时，还必须检查每个岗位，以确保每个保留下来的工作场所都配有胜任的员工。最后，只有两三个想要参加合作社的员工不得不被排除在外。①

伯纳德·维拉（Bernard Valla），来自罗西那（Rossignol）业务咨询公司，经常帮助罗纳阿尔卑斯区企业合作社（URSCOP Rhne - Alpes）处理业务转化案例，也在起草业务计划中扮演了很重要的角色。他说“业务计划需要考虑三方面要素：第一，资产的购买成本；幸运的是，报价可以较低，因为，任何报价都会比仅剩的报价更有优势，那就是永久地结束公司，把资产一块块卖掉；第二，最初的紧急投资，如果没有的话，公司就不会有充足的竞争力；第三，营运资本的要求，这是最重要的，对于估计营业额在400万欧元的企业，营运资本要求是90万欧元。”

伯纳德·维拉（Bernard Valla）认为“筹集这些资金是可能的，因为该项目的情况显而易见，这很容易解释，很容易使人们理解该项目是可行的。这是这个国家最后一家这种类型的企业，该企业有一些像法国电力公司（EDF），阿海珐集团（Areva），法国国家铁路公司（SNCF）这样的大客户，并且它的专有技术在法国甚至是在欧洲都是独一无二的。”②

然而，伯纳德·维拉（Bernard Valla）也说到：“除了业务计划清晰明了以外，对项目来讲，有具体执行的人也同样重要。”卡琳·伊格里奇（Karine Iglicki）强调说：“领袖是必须要有的。工作委员会主席罗伯特·尼盖斯

① 尼盖斯（Nicaise）和伊格里奇（Iglicki）访谈，2010。
② 维拉（Valla）访谈，2010。

(Robert Nicaise) 是当然人选，但是刚开始的时候他又不那么“当然”。因为他的工作委员会的岗位，他成为管理层的主要对手，现在要求他做公司经理。几天后，他知道如果他不这么做，这个项目就会失败。于是他决定彻底投入。但是，然后，整个环境（法庭、商会、银行）又认为作为公司经理，他资历不太够。”①

这时，一位来自圣维拉（Saint - Vallier）跨国公司退休高管多米尼克·阿尔托（Dominique Artaud）出现了。阿尔托（Artaud）在好力集团（Olivetti）做人事部主任，法国可口可乐公司总裁，欧洲钢柜公司（Steelcase Strafor Europe）（一家办公家具公司）的 CEO，法国和北非布林克斯（Brinks），一家在途现金公司的 CEO。在他小时候，与罗伯特·尼盖斯（Robert Nicaise）是校友。几十年过去了，他们再次在赛若莱普（Ceralep）这里相遇，阿尔托（Artaud）立即自愿加入到这个项目中来。

多米尼克·阿尔托（Dominique Artaud）这样解释最初阶段：“很明显，工作能力是欠缺的，只有一个高管留了下来。因此我推荐罗伯特（Robert）。我必须强调我们从罗纳阿尔卑斯区企业合作社（URSCOPRhne - Alpes）得到的帮助是关键的。这些合作社成员能力超群，包括财务方面，我希望我能在我的职业生涯中遇到像他们这样的人。”

社区动员和资金募集

为了募集到项目实施所需的 150 万欧元，首先需要落实 10 万欧元股份资本。卡琳·伊格里奇（Karine Iglicki）说：

“我们用扩音喇叭把工人在工厂门前召集起来，向他们解释他们需要在一两天内筹到 10 万欧元。他们回家后，查看存款，与家人商量。我们在一个公共大厅安装了一个从市政当局那里租来的投票箱。员工们可以把他们每人可以投资的金额写在小条上投进去。总计金额只有 5 万欧元，还需要 5 万欧元才行。”

罗伯特·尼盖斯（Robert Nicaise）于是有了一个想法，想从当地社区募集资金，工人们也同意了。他们打印了小册子，在当地市场，居民家里，主要是在赛若莱普（Ceralep）所在的 A7 国家公路附近募集。鞠斯·卡考夫

① 维拉（Valla）访谈，2010。

（Driss Kharchouf）回忆道："那些给我们钱的人都是普通人，其他厂的工人，路过的人，甚至是小朋友打破了他的小猪储钱罐给了我们3欧元。当我现在说起这件事时，依然十分感动。我们每人筹到5到50欧元。马路对面的超市给了我们1000欧元。他们想让赛若莱普（Ceralep）依然存在，因为有谣言说另外一家超市可能会建在我们的厂址上。除那以外，他们还每天给我们提供食物，这样我们就能几周内都在工厂前面给所有工人提供午餐。我们还给守卫大门的警卫也提供了吃的。他们小心地让我们中的几个，不时地进入工厂个把钟头以保养机器设备。甚至警察也站在我们一边。一次，宪兵队长过来了，我们和他共享了香肠和咖啡。"

仅仅在10天之内，802名捐赠人就捐出了总计5万欧元的款项。

圣维拉（Saint－Vallier）市长雅克·柴沃（Jacques Cheval）记得："你能听到城里的人们一直在谈论赛若莱普（Ceralep）。我们强烈地感受到团结。我们看到这种经济的结果就是金融资本要比劳动力重要，养老金限定于不切实际的利润目标上。人们觉醒了。他们考虑的东西不仅限定在圣维拉（Saint－Vallier）地区内。"当地和区域媒体大量转播了这次群众动员。很多报纸发表了文章，电台和电视台也来了，并分别发表了头条新闻。

然而，虽然集齐了10万欧元股份资本，在见法官前，要募集到项目计划所需的150万欧元还需另外的140万。

第一家介入的机构是斯科登（Socoden），一家法国团结基金，它成立于1965年，直属于法国工人合作社共同联盟（CGSCOP），其宗旨是支持工人合作社的创建和发展并帮助他们克服经济危机。斯科登（Socoden）的资本来源于全法国加入法国工人合作社共同联盟（CGSCOP）的工人合作社（现在有超过1900家企业）的营业额的千分之一。它的决策结构使得它有可能在几天之内就能放款。在它参与的企业化项目中，斯科登（Socoden）通常按企业自有资金的相同比例提供匹配资金。在这一案例中，工人们设法筹集到了10万欧元，斯科登（Socoden）也会给该项目提供10万欧元的贷款。

第二家被动员起来的机构是艾斯菲兹（ESFIN－IDES），它是一家参与法国工人合作社共同联盟（CGSCOP）和其他法国社会经济机构的公司，它的资本主要通过非投票的参与证书筹集。艾斯菲兹提供了10万欧元的长期资本作为股权，这样就可以在与银行协商的时候起到杠杆的作用。SPOT，另一家法国工人合作社共同联盟（CGSCOP）旗下的金融机构，也以参与证书的方式提供了另外5万欧元。

下一个被请求的对象，经常出现在法国类似案例中的是，信用合作社，也就是合作社银行。盖登·参德里克（Gaetande Chanterac）那时正负责瓦朗斯（Valence）临近城市的信用合作社的管理，他回忆道：在我加入信用合作社之前，我为一家商业银行工作，现在它是汇丰银行的一部分。我最后发现，信用合作社的最大长处，是能够把严密的金融分析和一个行业案例结合起来，在这个行业专业机构合作者的帮助下，用这一行业精深的专业知识加以完成。作为我这样的银行从业人员，要是给个定义的话，就是'多面手'。为了了解一个项目，我必须了解其中的专业要素，以及落实该具体项目的人员。像罗纳阿尔卑斯区企业合作社（URSCOPRhne - Alpes）这样的机构既了解行业也熟知人员，并且掌握我们已收集到的所有信息。这种工作模式是信用合作社的最大长处。

要是常规银行，我当然不会考虑赛若莱普（Ceralep）。我们去了那里是因为其他各方都涉入了，包括：罗纳阿尔卑斯区企业合作社（URSCOPRhne - Alpes），公司的员工们，以及当地的民众。我们开始对这一卷宗感兴趣，因为它是由人民提起的。这是一个典型案例。

然而，当我参观了工厂并与工人代表进行了第一次会面，我想这恐怕不太可行。我真的被吓坏了：这个任务看起来就像是一个古埃及法老。但是然后，我认真思考了一下，一个基本因素是罗纳阿尔卑斯区企业合作社（URSCOPRhne - Alpes）知道，必须强烈支持这一缺乏管理经的验员工队伍，他们动员了诸多专家共同从事这一项目。第二个有利于项目的重要因素是产品本身。赛若莱普（Ceralep）是大型陶瓷制品行业的世界领跑者。并且它的领袖有着坚定追随者。因此，这就意味着，你有世界顶级的产品，强有力的领导，有着钢铁意志的民众以及专家支持团队。所有成功的元素都在这了！①

卡琳·伊格里奇（Karine Iglicki）回忆说："同时，几乎所有的地方当局，如省、市、当地各协会都支持这一项目，并且提供了大量的帮助，包括财政方面的，因为他们最初也购买了固定资产。相反，企业家机构，例如当地的商会，都不支持这一项目，甚至包括专门从事企业转型的企业协会的领导们。"②

银行家盖登·参德里克（Gaetande Chanterac）补充道："大多数企业人士都感到十分勉强。他们想阻碍这一计划，因为对他们来讲，有一个不可思议

① 参德里克（Chanterac）访谈，2010。

② 伊格里奇（Iglicki）访谈，2010。

的信息：一个工会代表现在要成为一个有 50 人的企业的老板。”

工人们最后集齐了他们需要的 150 万欧元资金，并且仅仅在宣布清算的几周之后就向法官提交了买断项目申请。在法国，这种决定由一个商业法庭法官而不是评审小组作出，就像一个月前的清算那样。而且，法国贸易法庭的法官们是商界领袖，而不是专业法官。负责这一案子的法官犹豫了好几天，由于一系列的反对退缩了好几次，每次罗纳阿尔卑斯区企业合作社（UR-SCOPRhne – Alpes）都设法去进行交涉。最后，争论不多了，法官终于把这一项目授予了合作社。①

赛若莱普合作社

这一决定刚一下达，每个人都卷起了袖子。建立合作社这一合法实体又花费了两周的时间，这才开始生产。鞠斯·卡考夫（Driss Kharchouf）回忆说：“当我们又得到可以开始生产的绿灯后，我们都自觉地成为了自己的老板，罗伯特·尼盖斯（Rober、Nicaise）回来检查，但他发现一切都没问题。这太不可思议了，不是吗？一家在工人管理下运转的企业，情况彻底改变了。现在我们为自己工作。现在，要是我探查到我手头上的产品有一点点瑕疵，我都会进行改进直到最好。而以前，我是不那么在乎的。我们工人自发地做出一些决定，像多呆半个小时以完成工作，或在有大订单的时候周六早晨也来上班。”

另一位工人，珍·玛丽·佩莱格林（Jean Marie Pellegrini）补充道：“是的，这是我们第一次工作的时候没有老板。我们彼此信任。能身在其中真的很好，我们竭尽所能。但是我们也知道一开始并不是那么容易的。在工厂内部，现在，人们更加协调一致，他们对工作更加负责。我们不需要等着有人来告诉我们该做什么，我们知道我们要做什么。我总是尽量做完十一件，而以前我通常只做十件，并不多做一个。”

在费用方面，公司不再承担管理层的高工资和表现成本。前主任每个月有 8000 欧元工资，而罗伯特·尼盖斯（Rober Nicaise）只拿 2400 欧元，只是最低工资的两倍，并且历经多次董事会都拒绝提高。②

---

① 尼盖斯（Nicaise）和伊格里奇（Iglicki）访谈，2010。

② France Inter programme Lù bas si j’ y suis and France 2 documentary film for Complément d’ enquète.

但是自发的自我管理并不是万能钥匙，还远远不够，卡琳·伊格里奇（Karine Iglicki）这样描述最初的几个月罗纳阿尔卑斯区企业合作社（URSCOPRhne - Alpes）紧张的咨询和接下来的工作：“新当选的CEO，罗伯特·尼盖斯（Rober Nicaise），是个非常有智慧的人但是缺乏经验。我们至少每两周会抽出半天时间拜访赛若莱普（Ceralep），并且我们在会面中间保持经常的电话联系。不单单是我本人，整个罗纳阿尔卑斯区企业合作社（URSCOP Rhne - Alpes）都介入了，其他的培训、财务、企业战略专家等等都定期地从里昂赶来。新的注册会计师帮助处理管理工具问题。多尼米克·阿尔托（Dominique Artaud）的贡献是不可估量的：他六个月中有一半时间在此工作但没要一分钱。另一件事是，我们必须培训整个董事会，我们不得不给他们解释，什么是他们必须要做出的重要决定。另外，我们把52名员工分成小组，每2~3天为一个周期，系统地对他们进行了培训。”

然而，生产、培训、改组以及管理并不是仅有的岌岌可危的问题。重新获得以前的客户是企业可持续发展的基本要素。但这是一场艰苦的斗争：合作社刚一开始生产，美国陶瓷绝缘体公司（PPC）就在离圣维拉（Saint - Vallier）10公里远的地方开了一家商务公司（雇佣了赛若莱普（Ceralep）商务部的前任干部），给所有客户发信告知他们赛若莱普（Ceralep）无权使用他们的商标，试图破坏公司的商业信誉。①

赛若莱普（Ceralep）耐心地说服客户们。罗伯特·尼盖斯（Rober Nicaise）解释说：“负责营销的两个人去见了我们130个客户中的每一个。起初，他们还有些担忧，但是2004年，法国国家铁路公司（SNCF）确认了我们的产品并开始订货。2005年，我们的老客户中的最大一家，阿海珐集团（Areva），回来了。”②

罗伯特·尼盖斯（Rober Nicaise）继续描述客户们起初的犹豫：“我们主要得到的是全身产品的订单，这些更易于制作但利润少些（与虚体产品相比）。我们的客户可能想在他们认可我们可以生产更复杂的产品之前先测试我们一下。”③

同时，技师伊曼纽尔·穆玎（Emmanuel Mottin）“不得不学习如何跟客户交谈，起初，我经常给我的前老板打电话向他征求建议。现在我已经知道如

---

① France Inter programme Lὰ bas si j’ y suis.

② 罗伯特·尼盖斯访谈，2010。

③ 罗伯特·尼盖斯访谈，2010。

何使客户消除疑虑了”。

在2005年，新的管理者做出了他们生产初期几个月的第一次评估。他们设法挣扎求存，尽管生产和营业额还低于既定目标。表6.1的数字给了我们如下信息：

* 尽管低于2000年早期的数字，但生产和营业额在2004年和2008年间稳步增长。2009年略有下降，可看作是经济危机的影响。

* 在整个时期，出口都保持较高水平。

* 除了2009年略有下降，劳动生产率一直在提高，甚至在2009年，劳动生产率也显著高于2000~2002。

* 劳动力被更好地利用，从2004年起员工数量稳步增长，2009年比2004年员工数量增长17%。

* 除了2008年，2003年以来废品率在稳步下降。

* 适中但稳定的年度利润（2007年尤其突出）与2000~2002年间的连续赤字形成鲜明对比。

* 企业的金融储备在2000~2003年间被耗尽，2006年以后逐渐重建。如果企业以同样比率持续增加的话，2000年原有的100万欧元的储备金将在几年内恢复。而且，现在的储备金性质完全不同，根据法国合作社法，它们是不可分割的，这意味着有一个资产锁，外部收购者不可能得到这笔储备金。

* 股资也在稳步增长。尽管，增长幅度不大。正如我们在第4章中看到的，在合作社中资本化的方式主要通过共同的金融储备而不是股份资本。

而且，当储备金和资本金逐渐建立，赛若莱普（Ceralep）就能够偿还贷款。在最初的资本结构中，仅有25万欧元资本（10万欧元股东资本，15万参与证书形式的准自有资金）对应的是125万欧元的负债（包括保付代理）。尽管2007年有了更多的负债（用于投资项目），2010年（取代了债务中的最初的保付代理部分）负债金额为105万欧元。它只有814000欧元外部的未偿还债务，2010年中期（加上以工资储蓄计划形式欠自己员工的226000欧元），对应867000欧元的资本加储备金（加上最初的15万欧元的参与证书）。[①] 我们能够看到，负债/资本比率六年内在合作社的形式下得到了显著的改善（从2004年的6:1到2010年的大约1:1）。特别要考虑到它成为合作社时还存在经济危机的状况。鉴于在经济危机中仍能保持平稳的年度营业额，赛若莱普

① 通信：罗伯特·尼盖斯，2010年8月2日。

(Ceralep) 应该在支付未偿还贷款，为未来投资举借新贷款，或是所需的现金流等各方面没有问题，同时还会增加它的资产（资本加储备金）。

表 6.1　赛若莱普（Ceralep）生产数据年度对比

年	生产（吨）	营业额（百万欧元）	出口（%）	增加值（百万欧元）	劳动生产率	废品率（%）	员工（人数）	利润（百万欧元）	储备金（百万欧元）	股东资本（百万欧元）
2000	3248	16.07	n.a.	9.10	80.5	18.20	207	4.12	1.00	2.86
2001	2481	14.18	n.a.	8.11	84.4	17.90	168	4.01	0	2.86
2002	2331	14.03	n.a.	8.82	84.5	21.80	166	1.24	0.04	2.86
2003	n.a.	n.a.	n.a.	n.a.	0.0	20.20	93	n.a.	n.a.	n.a.
2004	17.80	52								
2005	941	4.89	49	3.03	90.7	20.10	54	0.12	0	0.29
2006	1165	4.92	55	1.97	91.1	17.00	54	0.11	0.05	0.36
2007	1117	5.78	35	2.69	103.3	15.20	56	0.64	0.09	0.41
2008	1208	6.15	41	2.65	104.2	22.30	59	0.16	0.38	0.51
2009	1014	5.90	36	2.79	96.2	14.00	60	0.19	0.44	0.54

注：2005 年的数据包括 2004 和 2005 两年。因为 2004 年底才开始重新生产，新合作社的初始账户包含两年的数据。

源自：赛若莱普（Ceralep）提供的数据。

参与者从赛若莱普得到的主要经验教训

缺席投资者 VS 真正的经济生产者

多米尼克·阿尔托（Dominique Artaud），跨国公司的前执行官，帮助赛若莱普（Ceralep）转变为合作社的形式，阐述了他对股权基金和养老基金的感受："我对这些基金天然地感到厌恶，他们是一些看不见的人，你从没见过他们，但是他们就在那儿，并且他们只想获利。在我的职业生涯中我遇到过很多次这样的情况。这些基金的利率与企业生产不匹配：当今，对于一家企业来讲，如果在税后有大约5%的利润，就表现非常好了。但是这些基金想要15%。通过这些，他们能做的惟一事情就是榨干企业的财富。这些基金的经理相信通过将某些产业转移到低收入国家和依靠供应商B2B的关系链，他们能得到他们想要得到的。最后，从产业的角度出发，他们是完全不称职的。"

盖登·参德里克（Gaetan de Chanterac），赛若莱普（Ceralep）的银行家，这样考虑："我们已经看到了这些基金的局限性，他们给自己设定了太高的回报目标。我真的不理解这些股权基金怎么能进入到企业生活中去，因为企业是有社会角色的，有人类在其中发展。一个企业项目不能存在五年，五年也就是股权基金的平均投资周期。在企业和股权基金之间怎么能有共同的企业愿景呢？财富是必须历经岁月才能创造出来的。"

赛若莱普如何转化为合作社

赛若莱普（Ceralep）的经验表明了当地社区的支持是重要的。正如卡琳·伊格里奇（Karine Iglicki）的评价："这次经历的主要特征：

第一，是充分动员。当地人们真的自我动员起来了。而且，当地的动员持续了相当一段时间。"

第二，相比投资者的短缺，相关各方真正承担起了企业的责任，这才是根本。多米尼克·阿尔托（Dominique Artaud）认为："让人们在企业中真正地扮演角色，真正的承担企业责任的过程是获得生产率和良好产品质量的基础。正是因为这个原因，我认为工人合作社的经验还应广泛推广。"

第三，当利益相关各方充分阐释了企业愿景和项目优势的时候，实验开始走向成功。外部业务顾问伯纳德·维拉（Bernard Valla）认为：

"这一特别项目，其主要特征非常明显。当你解释赛若莱普（Ceralep）案例时，你可以使用非常简单的语言。这是一个真正的童话，是非常充满智慧的一个。一段时期内我们定期去看望和资方相对立的员工们，和企业相对立的银行们，在这儿你发现人们能够了解企业实际，转变角色，并自问如何继续创造财富，并且，正是这些人，最后得出结论，他们能自己做这件事，并认为'我们并不比别人笨，我们能做好企业，我们有我们的企业愿景'。因此，我们观察到一个完全逆转的形势：那些想带来合理项目并产生价值的人没有成功，反而这些工人们做到了。他们做到了，并且现在，因为良好的企业表现，他们能让很多美国养老基金嫉妒。"

第四，有一群有着钢铁意志的人们来开办这一项目。银行家盖登·参德里克（Gaetan de Chanterac）认为赛若莱普（Ceralep）"对每个人来说都是经验：一个企业就是一群人，并且如果他们有决心，他们的项目就有成功的机会。合作社让工人们自己投资企业的概念非常现代，它符合时代特征，并且每个人都有兴趣来进行这方面的尝试"。

关于合作社类型

多米尼克·阿尔托（Dominique Artaud），以当地赛若莱普友好协会（Association of Friends of Ceralep）的名义列席赛若莱普（Ceralep）董事会，以前他也出席过各种跨国公司的董事会，认为"这一董事会与传统企业的董事会非常不同，那些董事会的会议记录事先就写好了。这非常有意义，工人会带来建议，人们提出新的想法"。

罗伯特·尼盖斯（Robert Nicaise）认为："在赛若莱普（Ceralep），我们从金字塔形的管理结构转变为水平形的。以前，顶层向管理层下命令，管理层告诉执行层，执行层再转告给他们的工作小组。现在，每次董事会后，就召集所有工人开会，CEO会用简单易懂的语言，说明情况是否良好，我们是否还需作出努力，而无需隐藏什么。所有这些都是自然发生的，因为我们每个人都是公司的一员。"

德龙（Dr me）省委员会主席阿兰·格森（Alain Genthon）认为："合作社是人类关系的真实实验室，它置于市场现实中，但也能保持内部的协商，这在我们这个非常残酷的世界中是独一无二的。这种人类共同自我管理，同时还从事市场活动的能力是非常伟大的，特别是在当今这个劳动力国际化的时代。"

伯纳德·维拉（Bernard Valla），业务顾问，曾帮助过很多类型的企业，认为："合作社资本积累模式非常有优势，特别体现在经济危机时期。现在最脆弱的企业就是那些负债累累的企业。他们曾认为他们的债务会像他们所支付的赋税一样富有规律。债务是不会这样的，很多陷入债务泥淖。持有现金要比向银行举债好得多，因为当情况不妥时，向可能心情恶劣并送你出门的银行家请求什么是非常冒险的。而且，我见过企业有4%的利润空间，但是3%要支付银行成本：最后你为谁工作，为自己还是银行？"

结论

我们看到了一个公司的案例，其理性被不断变化的投资方所扭曲，这些投资方成为远方的控制者，企业就像全球供应链上的一个可替换的芯片一样被处理，我们在第三章中讨论过的远方金融控制手段的鲜活案例。这种理性给企业带来失败。在引起失败的原因消除后，企业才恢复生机。而且，作为工人合作社案例，企业效率的附加元素也在表6.1所显示的数据中被评估到了。工人—企业家们提高了他们的福祉，公司开始建立稳固的合作社储备金，雄厚的资产，健康的股权结构。恢复了金融平衡，非生产性成本已经下降。这个公司仍然在偿还贷款，但是它能全部偿还，而不再经受债务陷阱的痛苦。

信息的透明度和流动性已经提高，管理更加扁平，使得董事会成员能够及时决策。会议记录不再事先做好再强加给股东，现在这些股东是合作社的"工人—成员"。

管理权从远方的控制者手中移交到当前承当风险的利益相关者手中。三家活跃的来自合作社的投资方为公司的资金筹集作出了贡献，但是他们是作为发展工具，基于一个长期的角度而出资的，他们没有像前任投资者一直做的那样，增加公司的结构性债务，也没有在降低生产和商业化手段的同时要求不可能的回报。此外，他们还为合作社内部协调支持环境作出了一定的贡献，提供了培训和和后续服务。

第七章　加鼎合作社集团：魁北克发展历程中的金融运动

引　言

根据这个实例，我们一方面可以看到在第二章和第三章中讲到的金融与消费债务的关系，另一方面也可以观察到它们如何影响到实体经济。

加鼎集团（Desjardins）是加拿大魁北克省排名第一的金融机构，在整个加拿大排名第六。资产价值1555亿美元，是加拿大这个世界第九大经济体的金融市场的主要参与者之一。它2009年的核心资本率为15.85%，在2010年第一季度达到了16.13%，其中83.7%是由集团的储备金（即非报酬资本）所构成。加鼎集团还是加拿大惟一一家建立自有安全基金的金融机构，2009年这一基金净值62亿美元。它在全球金融危机中表现出的适应性令人印象深刻：在2009年，《全球金融杂志》发表了对全球最大的500家金融机构的调查，加鼎集团在世界前50个最安全的金融机构中排在第26位。[①]

加鼎集团在整个魁北克金融市场的份额为：储蓄占44.2%，农业贷款占45.3%，抵押贷款占39.6%，工商业贷款占27.3%，个人贷款占23.4%。2009年，除了农业贷款有微幅的下降，其他市场份额都较2008年有了提升。[②]

---

① 材料来源于加鼎集团网站（www.desjardins.com）和与加鼎集团董事安·拉沃伊（Ann Lavoie）的私人通信。

② 材料来源于加鼎集团网站（www.desjardins.com）和与加鼎集团董事安·拉沃伊（Ann Lavoie）的私人通信。

加鼎集团在魁北克省的雇员多达39000人，是魁北克地区最大的私人雇主，也是加拿大最大的20个雇主之一，全国雇员达到42000人。

尽管有这些经济、金融和企业家的优势，加鼎集团并不寻求股东投资回报的最大化，而是设法保证580万所有者——社员能够得到满意的服务，其中包括540万个人（70%的渗透率，整个魁北克省的人口为780万人）和400000个企业（44%的渗透率）。它的地理覆盖也很密集，其网点覆盖了魁北克省58%的市。在600个小镇和村庄里，其中包括了位于魁北克省最北边的11个因纽特人村庄，加鼎是能够发现的惟一银行机构。它有超过10亿美元的盈余，其中一部分被指定用来充实储备金，其余一部分用来返还给社员，还有超过7000万美元通过教育或发展项目回报给社区，这些项目还包括国际合作社培训中心和国际发展中心这两家机构为了支持发展中国家的信用合作社发展而开展的技术支援和小额信贷投资基金项目。

但是，加鼎绝不仅是一个银行机构，而是一个由481个被称作caisses的区域自治的信用合作社组成的，并被其共同所有、共同控制和管理的水平领导的合作社集团，caisses等同于加拿大英语区和美国的信用合作社。

在以下篇幅中，我们将回顾合作社集团110年的发展演变历史。为了更好的理解这样一个由数以百万计的社员——所有者所构成的巨大的合作社的运行模式，我们重点列举关于机构运行以及在整个历史发展的不同时期的组织结构改革的例子，看它如何应对每个时期出现的危机及其为社员服务的使命的挑战。

加鼎最初的发展

从17世纪早期法国殖民者的到来，到19世纪中叶，魁北克的经济一直依赖于贸易，一开始是由法国人主导，后来由英国人主导。在1760年，英国人占领了魁北克过了60年之后，英国商人替代了法国籍加拿大皮毛贸易商人，并且建立了他们自己的金融机构。自此，法裔加拿大人便被排除在传统的金融循环体系之外了。

一开始，创立加鼎是为了满足小农、小制造商以及工人的金融需求，这些人经常受到高利贷的盘剥。[①] 1989到2000年任加鼎集团主席的克劳德·贝

① Poulin. 2000, pp. 3 - 8.

兰德（Claude Béland）介绍说："那时，魁北克经济大部分掌握在英裔加拿大人手中，而魁北克人民和法裔加拿大人（占魁北克省总人口的80%）基本上享受不到银行服务。"①

在1900年成立的时候，加鼎的创立者阿尔封斯·加鼎（Alphonse Desjardins）曾写到，时间是他最好的同盟者。② 历史似乎印证了他的看法。早期的创业者们保持着一个比较缓慢的发展速度，由于是刚开始，每个社员只有很少的信用额度，这样就使集团保持一个比较严格的管理风格。一直到20世纪90年代，集团将股本和通过年复一年积累的盈余建立起的准备金，建立起资本保证金，以防偿债违约。信用合作社在管理和融资上保持高度的自主性。信用合作社需要很长一段时间，积累足够的资本来规划其发展道路。③

第一个信用合作社是1900年在靠近魁北克城的李维斯（Lévis）市，由130名社员发起建立的。11个月后，社员人数达到了721人。李维斯信用合作社的成功，乃至整个加鼎合作社运动的成功，很大一部分要归功于阿尔封斯·加鼎的妻子多莉梅尼·加鼎（Dorimène Desjardins）。加鼎合作社运动发展史专家皮埃尔·波林（Pierre Poulin）讲到："与丈夫分享合作社的理念以及在管理和财务方面的天赋——阿尔封斯·加鼎称她为自己的'财政部长'——1900年12月6日，李维斯人民信用合作社建立之后，她很快就参与到其日常事务之中。她是一个很细心的管理者，经常请社员到家里倾听他们的心声，在没有获得法律认可之前，她对什么事情都很谨慎。她具体参与管理并不断支持加鼎信用合作社的发展，使她在丈夫过世后成为信用合作社领袖中知名的有影响力的人物。……到1932年她去世的时候，魁北克城一家报纸认为她的死是'法裔加拿大人的巨大损失，因为她的确是一位从社会角度对经济问题有相当深刻见解的女性'。同时，'我们应该认识到，如果没有她，加鼎人民信用合作社很有可能已经不存在了。'"④

李维斯的信用合作社模式的传播需要魁北克省法律的认可，在1906年它已经获得立法机构的承认。信用合作社刚开始的时候从牧师和教会组织处得到了场地支持，因为它被教会认为与天主教新的社会教义一致。信用合作社便大规模出现。克劳德·贝兰德这样叙述道："许多信用合作社位于教堂的地

---

① 材料来源于2010年对贝兰德（Béland）的访谈。

② Poulin, 2000, p. 2.

③ Poulin and Tremblay, 2005 p. 7.

④ http: //www. desjardins. com/fr/a_ propos/profil/histoire/dorimene - desjardins. jsp#ref3#ref3。

下室。这是一个比较隐蔽的现象：当人们成为信用合作社社员之后，他们一般不敢到处宣扬。但最终，信用合作社离开了教堂的地下室，合作社运动则继续公开发展。”[①] 这个模式成长的比较慢，但一步一步都很踏实：到 1920 年阿尔封斯·加鼎去世的时候，已经有 140 个信用合作社和 31000 名社员。

同时这也是信用合作社模式在北美大陆传播的时代。加鼎的合作社模式也直接激发了美国的信用合作社运动，如今美国有 7708 个信用合作社，9100 万社员，以及 8990 亿美元的总资产。[②] 加鼎甚至在 1912 年受到了时任美国总统霍华德·塔夫特（Howard Taft）的邀请，直接帮助美国起草关于信用合作社的法律草案，也直接帮助美国建立了最早的 9 个信用合作社。

1921 年，加鼎第一次面对经济危机，因为欧洲国家对加拿大农产品的进口大幅缩减了，导致了农产品价格的大幅下跌。阿尔封斯·加鼎设想应该通过一个联盟和中央信用合作社将各个信用合作社联系到一起，但很可惜，他没有活着看到这一理想的实现，因为在那时，信用合作社十分珍惜其独立性。然而，拥有一个能居中协调的机构的重要性越来越明显——信用合作社正处于危险之中。

1920 年，信用合作社开始在地区范围内重组，各地纷纷建立起叫做地区联盟的二级机构，具有监督和审计地区内的信用合作社的职责。到 1925 年，65% 的信用合作社被重新整合在地区联盟之下。同年，魁北克通过了一部法律，赋予地区联盟能够强制对辖区内的信用合作社进行年度稽核的权利。这部法律是加鼎的领导自己要求的，这将大大加强地区联盟在加鼎集团内的地位。[③]

大萧条：加鼎的成长机会

当时加鼎集团面临着一个相对严峻的挑战：与重创美国经济一样，1929 年的大萧条对加拿大的影响也很大。地区联盟的稽核审查还没有很好地运作起来，并且也没有安全基金。从 1930 年到 1933 年间，37 家信用合作社不得不停止运营，还有其他 20 家也临时停止了他们的业务。在同一时间段，整个集团的资产总额也缩水了 25%。然而，信用合作社还是成功地返还了社员的

① http：//www.desjardins.com/fr/a_ propos/profil/histoire/dorimene - desjardins.jsp#ref3#ref3。

② http：//advice.cuna.org/download/uscu_ profile_ yearend09.pdf。

③ Poulin.2000，pp.37 - 9 and Poulin，2009.

储蓄并且追回了绝大多数贷款，接受以实物形式归还贷款，甚至有用槭糖浆来归还的。[①]

1932 年，加鼎信用合作社成立了一个覆盖魁北克地区的中央联盟，以协调对信用合作社的稽核工作，每年魁北克省政府会给它拨款 20000 加元。[②] 因此，成立后仅用了 31 年，加鼎集团就得到了常规的补贴，用来补助基础审计的开支。[③] 一开始，中央联盟只从地区联盟那里拿到了很小的权力。然而，这一步很关键，它使得整个集团的金融安全成为可能。[④] 更重要的是，1932 年标志着加鼎作为一个综合性合作社集团的开始，可以更有效地处理大萧条带来的影响。

经历了第一次有破坏性的打击之后，信用合作社成立了联盟居中协调，大萧条则反被认为是促进信用合作社发展的催化剂。贫困和失业使魁北克社会中产生了团结的思想。1933 年到 1936 年间平均每年有 33 个信用合作社建立，1937 年到 1942 年平均每年有 61 个信用合作社建立。信用合作社的总数从 1932 年的 189 家增长到了 1945 年的 944 家。社员人数增长了 8 倍，从 1933 的 36000 人到 1944 年的 304000 人。这种信用合作社模式也推广到了加拿大其他省份。在同一时期，一系列的教育机构也设立了合作社培训项目。在信用合作社成长的过程中，魁北克也出现了其他形式的合作社，例如农业合作社、渔业合作社、林业合作社、运输合作社等。[⑤]

在扩张过程中，集团一直在积累雄厚的准备金，这样信用合作社就能够建立子公司，首先是在保险行业，1944 年建立大众信用合作社保险公司（Société d' Assurance des Caisses Populaires，SACP，即今天的加鼎一般保险集团），这家一般性保险公司在 8 个月内签署了 7000 多份保险合同。1948 年，加鼎人寿保险公司成立（Assurance Vie Desjardins，AVD），如今它被称为加鼎理财保险公司（Desjardins Financial Security），到了 1961 年，它已经成长为魁北克排名第十四的人寿保险公司。[⑥] 加鼎人寿保险公司资助了一些社会研究和

---

① Poulin，2000，p. 41；Poulin 2009，p. 16.

② Poulin. 2000，p. 43.

③ 魁北克政府于 1970 年停止发放这一补贴：这一点在与加鼎集团发展史学者皮埃尔·波林（Pierre Poulin）的私人信件往来中被提到。

④ 魁北克政府于 1970 年停止发放这一补贴：这一点在与加鼎集团发展史学者皮埃尔·波林（Pierre Poulin）的私人信件往来中被提到，44 页。

⑤ Poulin，2000，pp. 48 – 50；Poulin and Tremblay，2005，p. 6；Poulin，2009，p. 16.

⑥ Poulin，2000，pp. 65 – 6.

一个家庭理财教育方面的电视节目，这个节目叫做“保持收支平衡”，有100万观众。随后信托、投资基金、工商业贷款、风险投资、证券和资产管理等领域的子公司也相继建立起来。因此加鼎集团覆盖了金融行业的大部分业务。

当20世纪90年代金融全球化的浪潮抵达加拿大的时候，加拿大银行建立这种子公司已经很普遍，而加鼎集团在20世纪40年代就已经开始这种尝试了。此外，加鼎集团的这种子公司与传统的金融机构有着不同的逻辑，它们作为金融杠杆工具，是为了满足信用合作社和社员的需求，并促进魁北克经济发展而存在的。然而，随着这些子公司所占有资产的逐渐增加（1971年最高占到加鼎集团总资产的15%），它们开始对集团其他的业务施加影响力。这助长了集团内部管理的技术专家主义和以边际决策为中心的论调，也使集团开始逐步改进组织结构。我们后面要讲到这部分。

战后时期、20世纪60年代和70年代：在消费模式上的讨论

第二次世界大战结束后，消费模式上的深远变化，像在第二章的“消费陷阱”中讲到的，加深了魁北克家庭的债务问题。出现了一些新的金融机构，它们提供的利率高达24%，而传统的利息仅仅才6%，[①] 很多低收入家庭会很容易陷入深度的债务危机中。一开始，专注于生产性贷款的加鼎集团对待消费性贷款的态度比较严格。它的贷款对象仅针对具有生产功能的长期消费品，比如住房（当时住房抵押贷款占到加鼎集团资产总额的40%），但不针对汽车、冰箱和洗衣机等当时被认为是奢侈消费品的消费贷款。这样就在魁北克加鼎集团社员内部之家引起了广泛的争论：信用合作社到底应不应该给购买消费品贷款？一方面，如果支持消费贷款，那么这就有些违背当年成立信用合作社的初衷。另一方面，如果再在这件事上顽固下去，就给了利率相当高的不道德的金融机构机会，甚至会使高利贷在魁北克死灰复燃。加鼎处于开展新的业务与违背自身使命之间的两难境地。集团委托魁北克拉瓦尔大学（Québec's Laval University）做了一项社会调查，证实魁北克家庭债务正呈现指数增长，并且借贷消费已经成为新型生活方式的一部分。于是集团第一次对贷款政策进行了比较谨慎的修改，并在1963年的集团代表大会上通过了经

① Poulin, 2000, p. 71.

过谨慎修改的政策。[1] 另外，为了防止过度负债，集团还投入了很多重要的资源开展经济教育活动。

到20世纪60年代，加鼎集团已经步入成熟期，魁北克大部分地方都有信用合作社。整个系统包含了1227家信用合作社，社员120万，总资产10亿加元。[2] 除了增加消费信贷业务，集团还通过子公司的收购，涉足保险、信托和投资基金等业务。

但20世纪70年代才是加鼎集团的扩张运动最波澜壮阔的时候。资产从60年代早期的10亿加元，增长到1979年惊人的115亿加元，尽管其间在1973年还爆发了石油危机。在这几年加鼎集团的增长率一直维持在19% ~ 23%，是加拿大其他金融机构增长速度的两倍。集团通过建立工业贷款和投资协会又扩展了服务范围，它向企业提供风险投资并积极参与企业的发展（它不同于第三章中积极的缺席投资者，而是一个由会员，包括企业家会员，所有并控制的金融服务机构）。

20世纪70年代，关于消费信贷的争论再度兴起。尽管在60年代已经有消费贷款，但它的发展速度十分缓慢，业务份额仅从1961年的8.8%上升到1971年的19.3%（而传统的银行的份额已达到了45%）。整个魁北克地区的信用合作社社员之间都在讨论他们对储蓄、信贷的看法和期待，以及信用合作社在整个魁北克地区社会中的影响。一些社员批评了加鼎集团保守的信贷政策，甚至声讨集团的家长式作风，指责集团缺乏判断能力，同时要求集团引入在魁北克刚出现的信用卡服务。他们认为信用合作社不应该只鼓励社员投资合作社股权和债券，至少还应该向社员提供一些有关这些产品的信息，并且集团应该更多地参与消费者教育。[3]

同时，银行同业间的竞争开始加剧。20世纪70年代通过实施新的银行监管规则，加拿大传统银行业通过与加鼎信用合作社竞争，在信贷和储蓄市场的份额有所增长。信用合作社因此被迫提高他们的信贷水平，同样也造成储蓄水平的下降：整个70年代，贷款占整个资产的比例从52%一直上升至72%，而流动性从44%一直下降到25%。结果，信用合作社不得不努力改进管理，并且从那时开始，集团开始引进专业人才和专业的管理方法，开启了

① Poulin, 2000, p. 71 – 78。加鼎集团会组织一般的代表大会，由全体信用合作社代表讨论当前的问题。尽管代表大会没有决策权（与年度全体大会不同），但它在民主决策中扮演了十分重要的角色。

② Poulin, 2000, p. 71, 81。

③ Poulin and Tremblay, 2005, pp. 23 – 5.

意义深远的变革。①

20 世纪 60 年代和 70 年代还有个重要的特点就是集团机构支持力度的显著加强。地区联盟为信用合作社开发了一整套服务，包括行政、教育和培训、技术分析、员工管理和金融服务（现金、赔偿金、信用、贷款、投资等）。随着对内部协调、培训和熟练使用会计和计算工具的需求越来越大，以及建立全国计算机网络的项目需要，中央联盟的权力和职责也有所加强。研发、信息和公共关系等新部门相继建立。在这 20 年里，中央联盟的员工数增长了 8 倍（从将近 100 人增长到 800 多人）。教育、稽核和劳资等新的委员会也建立起来。中央联盟同时还开展了一个新的培训项目，让地区联盟来培训他们自己的员工、当选官员和合作社社员。1963 年，加鼎集团建立寄宿制成人培训中心，即加鼎合作社学院。数以百计的当选官员和总经理在中心接受培训，与他们一起学习的还有来自北部因纽特人少数民族地区、非洲和亚洲国家和地区的实习生。②

中央联盟在成立 ITC 中也扮演了重要的角色，1970 年联盟与国际商业机器公司（IBM）签订协议，使集团的信息化比同行业竞争者早好几年。集团通过将所有电脑连接到中央服务器，将所有信用合作社的业务信息化：加鼎是世界上第一个实现这个技术跨越的金融机构。由这项创新所衍生出的一项新服务就是社员在任何一家信用合作社都能办理整个集团的业务——又一次，加鼎集团成为世界上第一家能够向顾客提供这种服务的金融机构。

20 世纪 80 年代和 90 年代：北美自由贸易协定和全球化

1981 年～1982 年，一场破坏力堪比大萧条的金融危机蔓延到了魁北克。利率达到了历史最高记录，并伴随着个人贷款锐减，生产率（在 1982 年生产率为 6.5%）和公司长期投资的大幅降低，破产增加和就业市场严重恶化（13.8% 的失业率）等情况，又一场萧条发生了。各个家庭勒紧裤腰带存钱，压缩消费。③ 加拿大银行业也受到影响：一些银行互相合并，还有两家银行破产。魁北克经济恢复很快，但是公共和私人的债务问题让政府开始减轻其在

① Poulin and Tremblay, 2005, pp. 23－5，28。

② Poulin and Tremblay, 2005, pp. 23－5，31－36。

③ Poulin and Tremblay, 2005, pp. 23 － 5，48。

经济发展中的角色，让位于私人企业。

尽管爆发了危机，但在同时，由于受到了刺激，加鼎集团的扩张势头在20世纪80年代并没有衰退。集团从它保守的流动性政策上尝到甜头（这个政策以前还被批评）。它建立的新的安全基金（独立于对二战后建立的两个小规模安全基金的合并），使它能够干预200多个信用合作社的运营。[①] 同时，集团还合并或者重组了一些信用合作社和小型联盟组织，它们最初在加鼎信用合作社运动中建立，但已经脱离了加鼎集团，例如在蒙特利尔地区的几家小型联盟，或者是不曾隶属于加鼎集团的合作社，例如基于特殊职业、技艺、工作环境以及种族团体的储蓄合作社（caisses d' économie）。[②] 加鼎集团在魁北克农业和工商业信贷市场的份额增加了，1991年分别达到了53.8%和23.3%（与上个10年相比，各自增长了30%和300%）。[③] 加鼎开始成为服务中小企业（SME）发展的金融机构。

另一件强化加鼎商业集团地位的重要事件发生在1981年，CCD，即加鼎中央信用社的成立，尽管仍旧由魁北克省立法机构监管，集团事实上已经成为加拿大银行系统的一部分。这一机构的主要职责是代表加鼎集团参加加拿大支付协会（Canadian Payments Association），并与加拿大银行（Bank of Canada）沟通，解决信用合作社和其他子公司的流动性需求，并开展集团的国际市场业务。它迅速与世界上其他金融机构建立联系，其中大部分是合作社银行和信用合作社（比如美国、法国和德国）。

同时，加鼎集团还需要适应快速变化的金融市场环境。顺应北美地区的大趋势，养老基金开始资本化并在全球范围内寻找投资机会（第三章），受到加拿大政府税收政策的驱使，企业在大肆发行股票和债券。金融机构之间的竞争越来越激烈，金融市场中“出售”的趋势开始流行，有些加鼎社员也参与其中。这就迫使集团改善服务，以免社员流失。

曾在20世纪90年代担任加鼎集团主席的克劳德·贝兰德这样说道：“全球化使价值观念发生了巨大变化。一直到20世纪90年代，魁北克更多的人考虑问题时会从社会因素和创造社会财富的角度出发。而当20世纪90年代到来，整体思考、地球村和个人主义大行其道，我们的大客户，那些曾经对较低资本回报率很满意的人，现在开始要求更高的回报率。合作社社员本身

① Poulin and Tremblay, 2005, pp. 23 - 5, 49, 56。

② Poulin, 2000, pp. 89 - 90.

③ Poulin and Tremblay, 2005, p. 68.

就是合作社的拥有者，我们必须按他们要求的做。”①

20 世纪 80 年代和 90 年代，随着自动柜员机（1981 年）、信用卡（1982 年）和借记卡（1989 年）的应用，集团的服务质量提高得很快。两个重要的创新，一是开始在信用合作社销售一般保险产品，二是成立了一家资产管理子公司。由于在美国佛罗里达建立了加鼎银行以及集团与不同国家的机构签署了不少协议，国外的服务质量也得到了提高。1996 年集团推出 Desjardins. com 网站和网络银行，虚拟出纳功能开放使用。

同时，正如我们所看到的，始自 20 世纪 70 年代的资本比率和流动性不足，仍然在较小范围内影响着加鼎集团。集团的研究部门曾经做了一个研究，预见到了定期存款增加的趋势，以及由此而来的信用合作社利息支出增加和偿付能力不足的风险。在保持系统分散性的前提下，信用合作社和子公司要充分协调，维护商誉、保持财务平衡和加强内部协作的要求屡屡被提出。提高效率，压缩成本，增加高素质员工的压力与日俱增。②

到了 20 世纪 90 年代，加鼎集团的增长开始放缓。随着 1989 年美加自由贸易协定（USA – Canada free – trade agreement）的签署，加拿大的金融系统变得更开放，吸引来了大量新的金融产品，比如回报率更高的投资基金等。此外，加拿大又爆发了与 20 世纪 80 年代初类似的，以高失业率、破产和房地产危机为代表的新一波衰退。③

虽然加鼎集团的社员数达到 500 万，几乎涵盖大部分魁北克省的成年人口，但这次衰退还是对加鼎集团产生深重的影响，限制了集团的扩张。一方面，加鼎依旧是魁北克省最深入人心的金融机构，在存款（加鼎占 41.7% 的存款额，其他六大机构存款总和占 36.5%）和住房按揭市场（加鼎占 37.7% 的市场份额，其他六大机构共占 30.7% 的市场份额）上具有无可争议的优势。然而，这些业务在 90 年代的衰退中所遭受的打击最重，而集团在非固定资产经济这样的新业务上则远远落在其他银行后面。这大大限制了信用合作社的发展能力。而且，加鼎集团需要投入 0.75 加元的交易成本才能创造 1 加元的收入，大大高于加拿大其他银行机构 0.63 加元的水平。

为了解决这一问题，信用合作社开始将更多的盈余转为储备金来充实资本比率，以使其达到国际标准。像在第四章里讲到的，合作社系统已经预料

① 2010 年对贝兰德（Béland）的访谈。
② Poulin and Tremblay, 2005, pp. 49 – 52.
③ Poulin and Tremblay, 2005, pp. 49 – 52, 79。

到盈余的一大部分将被转作为储备金；而且，在魁北克（或在世界其他国家或地区），储备金是不能挪作它用的，甚至是在破产清算时（见第四章）也不行。此外，集团开始合并各个分公司，尤其是保险业务公司。另外，面对竞争对手之间大量的收购兼并，加鼎集团收购了“劳伦特”（La Laurentienne）金融集团的大部分资产，在加拿大银行业的排名从第六跃升至第四。同时，加鼎安全基金，在20世纪80年代重组，10年间资产增加了12倍，1990年占到集团总资产的0.5%。这个基金是分散化的加鼎集团提高信用评级、提升社员信任和市场信誉的得力工具。①

然而即便如此，资本总额不足在集团内部仍然是一个问题，尤其在子公司内部。20世纪80年代，集团授权子公司CID在市场上公开发行股票，并新成立了4家公司。1989年，资本率从3.8%上升到4.07%。1990年，集团启用另一种新工具，即永久付息股票，它代表持有人一种财务上的特权。② 1994年，加鼎集团的子公司加鼎资本（Capital Desjardins）在国际金融市场上发售债券，又在1995年向机构投资者卖出了2亿美元的公司债。这些债券没有投票权，因此符合加鼎集团合作社的特点，即不以资本的多少来决定话语权（见第四章）。1995年资本率达到11.13%，超过国际规定，稍高于加拿大其他金融机构。③

集团提供了很多新业务，尤其是针对工商业的信贷服务，尽管这块业务在20世纪80年代有很大发展，但是信用合作社仍然落后很多。加拿大工人合作社联盟（Canadian Worker Cooperative Federation）主席阿兰·布雷迪奥特（Alain Brideault）回忆，“直到那时，加鼎还没有真正进入到企业金融市场，因为单个的信用合作社没有能力做这些业务。比如，因为没有足够的服务能力，他们丢掉了林业合作社的市场。”④

虽然信用合作社在90年代增加了工业信贷的份额，但是这块市场是在不断缩小的。信用合作社建立起内部联盟，并且在1998年建立起一系列面向企业服务的企业金融中心（Enterprise Financial Centres，CFE）。加鼎集团主席贝兰德回忆：“我本人曾深度参与到企业金融中心的建立中。不可能让这1000家信用合作社每一家都有这个能力。但如果它们重新组合成企业金融中心，

① Poulin and Tremblay，2005，pp. 49 –52、57.

② Poulin and Tremblay，2005，pp. 49 –52、65 –66.

③ Poulin and Tremblay，2005，pp. 49 –52、65 –67.

④ 2010年对布雷迪奥特（Brideault）的访谈。

它们能慢慢掌握这些技能，通过后续的专业服务来帮助企业家并且与其建立真正的伙伴关系。”① 到2001年8月，已经有64家中心成立，雇佣员工1400人。中央信用社和子公司，尤其是加鼎风险资本公司（Desjardins Capital de Risque），除了为集团业务提供服务，还在企业金融中心成立之后的许多关键发展阶段，做出了很大贡献。此外，成立加鼎地区合作社资本公司（Capital Régional et Coopératif Desjardins），以及推广地区投资基金，使得集团在地区经济的发展中发挥了更积极的作用。

Trustco Desjardins 旗下的子公司加鼎工业信贷公司（Crédit Industriel Desjardins）和加鼎信托公司（Fiducie Desjardins）在90年代初期的衰退中遭受了很大的打击。集团从小股东那里回购了这两家公司股票，从而将公司完全置于自己的控制之下。加鼎信托公司（Fiducie Desjardins）和信用合作社之间的合作逐渐多了起来，波林和特伦布莱（Poilin and Tremblay）引用 Revue Desjardins（加鼎内部刊物）的文章，评论道：“过去信托公司会被看成是信用合作社的竞争对手，如今它吸收信用合作社的存款，使资金在合作社运动内部循环，否则这些资金将会流向其他的银行和‘信托公司’。在市场竞争中，加鼎基金是一个有力的武器：两年之内，他们增加了65%的市场占有率，将加鼎推上了魁北克金融市场第五的位置。”②

当集团的信用合作社专注于传统的存款业务时，越来越多的普通储户开始关注投资基金（北美共同基金，不要与第四章中分析过的互助基金或互助社混淆），加鼎社员因此更倾向于使用加鼎子公司的专业金融服务。信用合作社希望通过定期存款等传统手段挽回局势。据波林和特伦布莱的文章透露，加鼎的领导层曾扪心自问：“抵抗有用吗？这种抵抗方式可行吗？根据社员的想法，我们可以认为他们是想要以一个合理的价格得到市场上所有可能的产品。这样看来，市场趋势就很明朗：人们更多地将储蓄投资于共同基金和非固定资产。”③ 这就对集团内部各个部门之间更紧密地协同运作提出了挑战。

加鼎随之发布了一项创新产品，叫作“股市收益存款”，即以存款本金为担保，收益与股指挂钩。这个产品在1997年迅速推广至整个集团。在一次访谈中，产品的设计者，克莱蒙·罗贝格（Clément Roberge）说内部推广使销

---

① 2010年对贝兰德（Béland）的访谈。

② ‘Les fonds de placement, une carte maitresse pour Desjardins’, La Revue Desjardins, 5 (1998), pp. 14 - 15.

③ Poulin and Tremblay, 2005, p. 118.

售额达到 8 亿加元，而如果只由集团内一家机构专营的话，销售额可能只有 4000 万加元。为了激发集团的最大潜能，这就要求各部门，包括领导机构，都要融入到集团的金融产业链中，在集团网络中充分发挥各自的职能。[①]

20 世纪 90 年代集团内部关于重组的争论

在接下来的一节，我们要讨论集团怎样开始实施一项意义深远的重组，通过大规模的组织创新来面对未来的挑战。这是通过集团内部的民主大讨论来完成的。

以地区联盟和中央联盟为骨干力量的加鼎集团强劲发展，同时要维护集团民主的特性，这激起了在两个联盟和其他机构之间重新划分权责的呼声。关于管理权限的讨论在 1974 年就开始了，[②] 但中心治理的问题在 20 世纪 80 年代变得更严峻，到了 20 世纪 90 年代在银行间激烈竞争和减少交易成本的强大压力下，这个问题变得更加紧迫。这么多年来，集团委托有关机构作了无数份报告，成立了无数个委员会，无数个解决方案经过讨论并被代表大会和理事会审议通过。但是一些地区联盟和信用合作社对深度整合的抵制很强烈。

确实，整个系统建立在基层组织的高度自主经营之上，并且高层次的整合首先要保证基层组织的自主性，以及它们对属于自己的集团的民主控制。另外，暂且不考虑集中化和分散化的争论，另外一个同样关键的问题是，即要保持集团的合作社身份，又要面对金融全球化，需要怎样的灵活度才能保持集团的继续发展。[③] 在组织的合作社特性之下，这个问题只能通过民主讨论解决。

1989 年一场关于在集团内各级组织之间划分管理权限的讨论在集团新主席克劳德·贝兰德的任内重新开启。从 1989 年到 1992 年，先后有 3 个委员会尝试推进机构改革的努力失败。地区联盟的理事们召开会议深入讨论，整个 1992 年一年，理事们都在与辖区内的信用合作社开会。就在这一时期，一场广泛的、深入全系统的大辩论开始了。

根据来自基层的反馈，中央联盟的领导层开始幻想在 2000 年前建立起理

---

① Poulin and Tremblay, 2005, p. 118, 118 - 119.

② Poulin and Tremblay, 2005, p. 118, 41.

③ Poulin and Tremblay, 2005, p. 118、84.

想的组织结构，并编撰了“一份叫做千禧年愿景的文件，全面并深入地拷问集团的组织结构，申明‘加鼎集团当前的组织架构已经不能对合作社的发展发挥积极的作用’。”[①] 然而，关于组织结构变化的讨论并没有完，又与信用合作社未来发展的战略需要和加强信用合作社的合作社属性挂起了钩。在1992 年一次讨论划分责任权限的会议中出现了截然不同的局面，尤其是在讨论中央联盟的权力的时候。会议最终达成一致，授予中央联盟“46 条权力”。[②] 中央联盟的治理结构变为选举出的理事和地区总经理管理委员会两级。然而，在别的问题上则没有任何结果。但至少已经开始的结构变化会促使争论继续下去——这也就是加鼎集团主席克劳德·贝兰德所说的“变化教育”。

而且，其他的动议也支持在整个合作社系统中各部门互相合作，开展架构重组，比如一项关于通过技术升级和电子化重构整个系统的倡议。[③] 负责这项提案的委员会发现减少业务中重复的无增加值的环节能够节省一大块开支。随之整个集团内开始了对员工的再培训。

怎样优化基层组织结构的问题已被提上日程。1998 年少数几家具有开拓精神的地区联盟曾试图通过“微观市场”和地区信用合作社合并来获得本地区基层组织的支持。在通过全体大会的审议后，一些组织实现了合并。同时，信用合作社也不断向集团要求提高集团子公司的效率。

议程上的所有改革都将集团总体结构改革这个敏感问题提上了日程。争论基于成本分析和成本削减的目的。一份名为“联盟在未来的角色”的工作文件中测算加鼎集团的成本利润比（成本/利润）约为 77%，而其他金融机构约为 62%。为了缩小差距，必须节省出 4 亿加元，其中 2.5 亿加元出自重组工程。另外 1.5 亿加元则要靠第二级组织（地区联盟）和第三级组织（中央联盟）节约成本得来。之后的舞台就交给了一个叫做“加鼎集团二三级组织和子公司整合运营成本职能委员会”的改革机构，它能够完全独立地提出议案，委员构成只限于从基层信用合作社中选出的委员和基层信用合作社的总经理，而非来自第二、三级组织的人（避免第二、三级组织中的既得利益者阻碍比较剧烈的变革），委员的任命以个人能力而非其所代表的组织为准。[④]

---

① Poulin and Tremblay, 2005, p. 118、90.

② Poulin and Tremblay, 2005, p. 118、92.

③ 再造也包括以咨询服务和日常业务的自助化为特点的服务改进（来源于与皮埃尔·波林（Pierre Poulin）的私人信件往来）。

④ 再造也包括以咨询服务和日常业务的自助化为特点的服务改进（来源于与皮埃尔·波林（Pierre Poulin）的私人信件往来），125 页。

首先要解决的问题是代表权的问题。考虑到每个地区联盟都是一个能够行使各种权利的法人，根据合作社“一人一票”的原则，在中央联盟的会员大会上，每个地区联盟只代表一票的表决权。而国际合作社运动对高层合作社组织的代表权有另一种解释，国际合作社联盟1966年在维也纳的一次代表大会中通过决议，高层级合作社组织的代表权由其所代表的基层合作社会员数占基层会员总数的比例决定。这样一来，因为各地的基层会员数不同，不同的地区联盟所拥有的表决权就不平衡了。

1997年，加拿大几家银行开始合并，魁北克省财政厅甚至建议加鼎集团与另一家银行合并。这样的项目暴露出一些加拿大特许银行的增长野心。尽管加鼎集团的状况持续好转，尤其是在领导层的敦促下，基层信用合作社加快合并，在短短的几年里从1275家减少到800家左右，但是随着银行规模的扩大，集团与传统银行之间的成本利润比（成本/利润）差距仍继续扩大。①

基层组织在合并的同时，也在给上层的管理机构施加更大的压力，要求它们减少开支。集团上层结构的问题就变得严峻起来。目前的上层组织由1家中央联盟和10家地区联盟，以及1家储蓄合作社联盟构成，这个储蓄合作社联盟由108家基于不同职业的储蓄合作社（caisses d' économie）构成，已经加入集团20年，总是保持自己的独特身份。改革委员会要求削减成本，也要求加强整合：中央理事会的决议应该具有约束力，并且上层组织的结构应该高度简化。第一次讨论了完全，至少是在业务操作层面（同时保持决策的三级结构），精简地区联盟这个第二（中间）层组织的想法。此外，加鼎中央信用社主席还提醒大家注意加鼎集团信用评级下降的危险。②

1997年有79家信用合作社提议召开集团的代表大会。1998年底到1999年初，召开了一系列正式和非正式的重组会议。只保留一个协调机构用于帮助信用合作社发展的观点越来越清晰。

然而一些上层组织，尤其是储蓄合作社联盟对此的抵制越来越强，他们只有一个覆盖魁北克省的二级组织，没有一个特定的区域作为基地，害怕自己的非典型组织在上层组织中消失后其利益会受到威胁。尽管处于少数，但这个联盟的呼声不能被轻易忽视，因为它有26万社员，活跃在大约700家涉

① 再造也包括以咨询服务和日常业务的自助化为特点的服务改进（来源于与皮埃尔·波林（Pierre Poulin）的私人信件往来），127 - 128页。

② 再造也包括以咨询服务和日常业务的自助化为特点的服务改进（来源于与皮埃尔·波林（Pierre Poulin）的私人信件往来），129 - 130页。

及教育、医疗、研究、文化和制造等领域的单位里。社会舆论开始对加鼎集团不利，魁北克省主要的工会组织 CSN 公开支持储蓄合作社联盟，认为现行的重组会导致大量的失业。

最终，在 1999 年 1 月，双方在中央董事会上达成一致，建立一个单独的联盟组织（因此取消了第二级组织），与集团当前的 12 个二级组织加第三级组织形式相比，其权力甚至有所加强。①

在 1999 年 3 月召开的加鼎集团第十七届代表大会（Desjardins XVII Congress）上，来自基层组织的几千名参会代表讨论了理事会的决议。大会召开之前，代表们收到了一份 75 页的背景资料，其中不仅包含机构重组的内容，还介绍了加拿大金融行业发生的巨大变化。关于削减成本，资料里测算出加鼎集团与传统银行之间 12.3% 的成本利润比差距：

＊ 其中 2.7% 的差距是由于集团的合作社属性（比如，召开会员大会、代表大会等），这部分无法进一步压缩。此外，合作社的这个特点还能够带来其他的优势，比如业务的长期可持续发展。

＊ 其中 3.3% 的差距是由于营业网点的广泛分布，包括在农村和城郊的网点，这些地方没有其他银行机构的网点和分支机构，而服务这些地区正是集团的使命所在，因此这部分费用也无法压缩。

＊ 其他 6% 的费用支出可以通过成本合理化改造压缩。

2825 名代表中的 76% 表示同意将更多基层的权力转授给上层的组织，并认可高层组织的决议具有强制性，尽管他们中有一半人对这两项持保留态度，75% 的代表同意组建单一的联盟组织。同时大部分代表认为基层组织应该参与规划集团的战略方向和使命。②

随着提名新的委员会来完善结构改革，重组程序进入到新的阶段，委员会由十名选举出来的信用合作社官员（其中有六位是信用合作社主席），和五名信用合作社总经理构成，并由安永会计事务所（Ernst and Young）提供技术支持。共有两套备选方案：建立一个由 16 个地区分部构成的联盟，或者保持现有的第二级机构，但是减少其数量。比较两套方案，委员会认为第一套方案更有利，从成本削减的角度来看，第一种方案能够节省 7500 万加元费用，

① 再造也包括以咨询服务和日常业务的自助化为特点的服务改进（来源于与皮埃尔·波林（Pierre Poulin）的私人信件往来），137/138 页。

② 再造也包括以咨询服务和日常业务的自助化为特点的服务改进（来源于与皮埃尔·波林（Pierre Poulin）的私人信件往来），144 – 145 页。

而第二种方案能够节省 4400 万加元，而且采用第一套方案更有利于民主管理，各部门能够更加充分地发挥职能。除了来自储蓄合作社联盟的代表，其他所有代表都倾向于第一套方案。而摆在重组面前的重要问题之一便是失业：即使退休会抵消一部分数额，但仍然会有最多 900 人失业。委员会制定了一份持续一年半的工作计划取代了最初设想的 5 年计划。尽管依旧面对储蓄合作社联盟的反对，中央理事会还是通过了委员会的改革决议。[①]

在之后的日子里，14000 名从信用合作社和联盟中选举出的官员都收到了一份征求意见的报告。改革委员会的成员到处去宣讲解释这份报告。其间还召开了一次大型视频会议。中央联盟收到来自基层领导的关于不同组织所拥有的权力、地区之间的差异、治理系统等方面的 600 份质询和建议。中央联盟对每个问题都做了研究和解答。

然而，反对改革方案的一方得到了以魁北克 CSN 工会为首的一部分社会力量的支援。储蓄合作社联盟尽管依然是加鼎集团的一部分，却也加入了这个公开的反对联盟，但是其中的少部分合作社也开始参与到改革的进程中。

1999 年 12 月 4 日，11 个联盟同时举行社员大会。任何决议生效必须要有基层信用合作社和各个联盟超过三分之二的代表同意才行：社员大会上 81% 的地方信用合作社代表同意改革方案，而 95% 的储蓄合作社否决该方案。

从 2000 年到全球危机：加鼎集团的大变革

集团在 2000 年 2 月 19 日召开了一次中央联盟特别大会，确认了各个联盟在社员大会上的表决结果。储蓄合作社联盟最初仍然表示反对，但几个月过后，它们最终又重新回到集团的改革当中。

在特别大会上，艾尔班·达莫斯（Alban D’Amours）从七个候选人中脱颖而出，接替克劳德·贝兰德成为集团新主席，肩负起领导集团实施结构重组计划，并保持在此期间集团正常运转的艰巨使命。艾尔班·达莫斯将他的任务比作“让两架波音 747 飞机一上一下同时着陆，保证每个旅客安全舒适地落地，好像什么事情都没有发生一样，同时，要做好马上起飞赶下一段路

① 再造也包括以咨询服务和日常业务的自助化为特点的服务改进（来源于与皮埃尔·波林（Pierre Poulin）的私人信件往来），155 - 157 页。

途的准备”。①

特别的是，集团必须要在18个月内，在现有的12家金融公司的基础之上重新组建一家公司，接收原有的3800名员工，并尽可能地减少辞退的员工数。此外，要以微观市场为基础从新划分业务区域。协调工作就重组过程中所涉及的十一个不同方面的问题展开，整个实施方案已经设定好时间表。所有岗位都要从新划分，根据员工的资历与新旧工作内容的一致程度来进行员工的岗位分流：这样一来，就很顺利地定好了83%的工作岗位。之前预计会有900人失业，但有一些员工马上就要退休，实际上在3800名员工中，最终也只是解雇了其中的225名。媒体和整个社会较好地接受了加鼎集团的改革，最终的失业情况也远比工会所预料的要好得多。

新联盟的全体大会在2001年的7月1日召开。艾尔班·达莫斯强调应该马上大量投资于市场和技术研发，发展高附加值的业务。他这样说道：“我们必须明晰如何利用盈余资金……我们的网点要遍布魁北克省，既要满足顾客微小的金融需求，也要满足顾客大额的需求，这样才能完全履行我们的使命。这就是我们与银行和其他竞争金融机构的不同之处。”②

根据加鼎合作社运动历史专家皮埃尔·波林的观察，加鼎集团在这一时期：“建立了新的组织架构，战胜了社员和顾客需求的变化和竞争环境变化所带来的挑战。信用合作社经历了一场真正意义上的蜕变。它们投入了很大的精力和资源，通过信用合作社之间的合并和服务中心的重新选址来优化业务网络，发展咨询业务并改进自助服务和网络在线服务。随着1999年一部法律的实行，它们开始向社员提供由集团子公司开发的全套金融产品和综合性服务，从此，将自己定义为金融服务合作社。”③

提到信用合作社业务网络改造，艾尔班·达莫斯遇到信用合作社内部合并这一棘手的问题。一方面，合并在有些时候是很有必要的，但是受全球范围内发生的一连串并购的影响，内部合并的趋势逐渐走强。过度合并的一大危险是信用合作社可能会失去对社区的毛细作用并疏远与大众的紧密联系。他这样说道：“我们建立起叫做‘基层利益共同体’的信用合作社地区网络，

① 再造也包括以咨询服务和日常业务的自助化为特点的服务改进（来源于与皮埃尔·波林（Pierre Poulin）的私人信件往来），169页，来自艾尔班·达莫斯（Alban D’Amours）一封电子邮件里的内容。

② 再造也包括以咨询服务和日常业务的自助化为特点的服务改进（来源于与皮埃尔·波林（Pierre Poulin）的私人信件往来），187页。

③ 2010年8月与皮埃尔·波林（Pierre Poulin）的通信。

用来评估信用合作社之间合并的重要性。这使得我们能够以一种温和而民主的方式参与到合并中去，保持信用合作社高度的地区深入性。”①

艾尔班·达莫斯在任期间的一大里程碑事件就是2003年3月份以“合作社复兴”为主题的加鼎集团第十八届代表大会。集团开展了大规模的调查咨询活动，不仅针对社员，还面向公众：大约4万人通过民意测验或参加信用合作社举办的讲座参与调查咨询。集团通过一系列具体的行动计划重新强调和加强其独特的合作社特色。代表大会的决议使这成为可能，同时也重新确认了信用合作社的目标，成为对合作社理性的（第四章）实践活动的新推动力。这些努力是为了给信用合作社社员提供高质量定制化的金融服务，从客户需求出发，通过贴心的服务来为客户提供一系列的便利条件。他们还致力于促进地区发展和合作社体系的发展。

战略规划是加鼎集团这一时期另一重大进展。艾尔班·达莫斯说道：“新联盟的建立使得整个加鼎合作社运动有了统一的战略方向。加鼎作为一个具有合作社特色的综合性金融集团，信用合作社作为战略出发点和业务中心，由市场和地理因素，即服务网点的重新部署、服务质量、服务的便捷性和普遍性、技术的掌控、可持续发展和加鼎集团的品牌等，来指导信用合作社的合并。推动这些行动是为了强化集团上下的服务意识，而不是唯短期利润马首是瞻。”②

艾尔班·达莫斯领导下的深度组织变革带来了不少显著的效果。首先，这一时期集团的财务表现是加鼎集团史上最好的时期之一。新的组织结构有效地削减了成本。集团成为加拿大资本总额最高的几家金融机构之一。几乎45%的净盈余被返还给社员和社区。

这一时期另一个重大进展发生在企业业务领域，以服务社员的需求和促进地区发展为基础，根据需求的种类和大小，建立社员和顾客满意度指标。作为服务的一部分，这一时期针对社员的合作社、经济和金融等方面的教育有所增加。③ 加鼎集团采取了一些措施来加强自己作为社员资产管理者的地位。得益于企业金融中心、中央信用社、加鼎风险资本公司（Desjardins Risk Capital）、加鼎地区及合作社资本公司（Desjardins Regional and Cooperative Capital）和新成立的地区投资基金，企业金融服务业务继续发展。通过新成

① 2010年对达莫斯（D' Amours）的访谈。

② 艾尔班·达莫斯（D' Amours）在2010年8月5日的一封电子邮件中提到。

③ 艾尔班·达莫斯（D' Amours）在2010年8月5日的一封电子邮件中提到。

立的西岛金融中心（West Island Financial Center）、家乐福加鼎（Carrefour Desjardins）、加鼎中小企业商业服务中心（Centre d' Affaires Moyennes Entreprises Desjardins），信用合作社在蒙特利尔市拓展了业务。通过加鼎中央信用合作社美国分社（Desjardins central caisse US Branch），集团业务继续在美国扩展，在加拿大其他地区，集团的业务也在继续扩张，尤其是在几年的合伙经营之后，将安大略人民信用合作社联盟（Ontario People' s Caisses Federation）纳入集团中。与之类似，集团保险分公司在扩大加鼎在加拿大其他省份的知名度上做了很大贡献。

艾尔班·达莫斯说道："在克劳德·贝兰德的领导下开始的巨大转型的成功，很大程度上应该归功于集团的新型治理结构，其中社员代表和企业员工都能通过民主的方式充分参与治理。这样的治理方式能够使信用合作社在团结一致的网络结构中保持创造力，能够达到政治平衡、组织运作高效、成本削减这样的目标。在经历过向选出的官员强调职责的重要性，帮助总经理认识关键职责，强化信用合作社影响力，有效整合网点分布等一系列活动之后，集团的管理也发生了深入的转变。新的民主基础允许网络、民意测验和咨询等新机制存在。信用合作社代表委员会在合作社运动的政治平衡中发挥中心作用，代表大会一方面负责推动信用合作社融入当地社会和社区，另一方面负责指引合作社运动的战略发展方向。新成立的加鼎合作社学院致力于向选举出的官员、雇员和经理传授加鼎集团的'怎样去做'和公司治理、合作社管理和创新的技巧，提高他们的能力，来完成由他们规划的变革。"①

总结下来，在21世纪的前几年中，加鼎集团通过独特的商业模式极大地增强了自身的实力，为了一个经济和社会发展的共同目标而汇集了数百万人民大众的力量，同时也为应对隐约出现的全球危机做好了准备。

全球危机和未来

当2007年危机开始闪现时，克劳德·贝兰德依旧是加鼎集团主席，他说道："当时，非银行金融机构已经发售360亿加元的资产抵押商业票据。2007年8月，当市场崩溃时，加鼎决定回购这些社员和顾客所购买的并且已经进入资产负债表的资产抵押商业票据。我们像社员和客户所期盼的那样和他们

---

① 艾尔班·达莫斯（D' Amours）在2010年8月5日的一封电子邮件中提到。

共同承担损失，以投资者身份持有了大量这类债券。这样我们就能够在随后的协商中发挥影响力，将这些债券转为长期债券，并将其中大部分证券化。”

克劳德·贝兰德强调：“世界上没有哪个地方的投资者会像加拿大的金融机构那样做，而这要部分归功于加鼎集团在其中的领导。”①

然而这个过程却并不那么容易。就像集团在一份新闻报道中所说的：“既没有能够交易这种金融产品的活跃市场，又必须遵守加拿大的会计准则，加鼎集团不得不评估这些债券在2008年12月31日的公允价值。在2008年第四季度，债券价值的累计贬值率从9月30日的30%增长到12月31日的41%。”②

这着实对加鼎集团2008年的资产负债表产生了负面影响。集团2008年总收入为83亿美元，与2007年相比下降了13.4%。③ 然而，信用合作社的核心业务仍旧保持高度的可持续发展，只有0.4%的坏账率。

像上面所说的，资产抵押商业票据转化为长期债券后，仍然能够保持一部分价值。因此集团在2009年的经济指标就恢复到了原有的状态，当年盈余10.65亿美元（2008年盈余7700万美元）。

2008年9月的经济暴跌本质上并没有影响到集团的基本面。它恰巧发生在莫尼克·勒鲁（Monique Leroux）当选集团新主席之后几个月。加鼎集团2008年的工作计划包括五个要点：集团的战略发展和增长；集团内部部门之间管理和运营的协作、参与和联系；联盟职能和集团组织结构的转换；优化集团运营效率；动员起集团的人力、文化和价值观等全部资源。在2009年加鼎集团代表大会上，1700名代表就合作与参与、社员/顾客体验、增长与创新、盈利能力与金融稳定、领导与调动员工积极性这五个战略定位展开激烈争论。④ 这五个战略定位在2010年3月的全体大会上正式通过。目前还不清楚这些改革要如何进行，因为直到2010年底本书完成之时，这些改革还处在早期计划阶段。

集团的分公司被重新组合成财务、人力资源、技术开发、风险管理四个

---

① 2010年对达莫斯（D' Amours）的访谈。

② Desjardins, Communiqué de Presse, 2 March 2009, http: //www. desjardins. com/fr/a_ propos/salle_ presse/la_ une/communiques/resultats – financiers – 2008. pdf.

③ René Vézina, ' Desjardins termine la plus importante transformation de son his – toire depuis la fusion des fédérations régionales. Le pouvoir revient aux caisses; lesaffaires. com, 01 – 11 – 2009, http: //www. dev – mm. com/lesaffaires/web/archives/commerce/la – revolution – desjardins/504917.

④ 2010年8月与皮埃尔·波林（Pierre Poulin）的通信。

业务部门，每一个部门都有一位集团的主要领导负责。

集团开展了一次新的组织和人力资源结构重新调整，以减少组织层级，更贴近客户和信用合作社，使集团上下更团结。三年中，每年都有300个岗位，总共900个岗位将被削减掉。[①] 尽管希望退休能够抵减部分失业，但这很可能是加鼎历史上最大的裁员之一。

集团也在更多地关注于企业服务。加鼎集团负责媒体关系的理事安德烈·沙普洛（André Chapleau）说道："通过持续的改进，我们将所有的企业业务和服务整合到一个部门之下，像风险资本公司、公共机构贷款、50家企业金融中心等等，这些机构之前像'仓库'一样，有时人们不知道该去哪家机构办理业务。新的组织结构将打破这一分散的状态。所以我们有一个人主管所有这些刚才提到的企业服务。在未来的几个月或几年之内我们将看到这次改革的成效。但我们已经观察到我们在魁北克企业市场的占有率已经上升了1.3个百分点，从26%增长到27.3%，在这样一个竞争激烈的市场上这是很大的一块份额。企业金融中心是我们进入企业市场的入口。我们想帮企业做更多的事，因为每一家企业对环境、就业、地区服务、供应商、会计等都有一些正面的影响。因此帮助企业也就帮助了整个社区。我们目前已经与50万家企业签约。现在我们已经开始从帮扶小企业转移到帮助中型企业，并且已经与一些大企业展开合作。"[②]

考虑到对绩效和生产率的关注，集团主席莫尼克·勒鲁坚持认为这些"想法不是一个合作社所要考虑的。惟一的区别是，我们是在履行自己的使命时考虑它们，而不是在创造利润时。我们不需要给集团领导配置股票期权，或支付给股东股息"。集团的效率必须与"保持一个足够高的、安全的盈利水平，以此来保证合作社运动的长期可持续发展"。[③]

结论

正如我们自始至终所看到的，加鼎集团最先将金融服务民主化和分散化，深入到社会各个阶层中，深入到魁北克各个地区。20世纪前叶，它深度参与

① 'Desjardins amorce 2009 sous le signe du changement', http://www.newswire.ca/en/releases/archive/March2009/28/c5166.html.

② 2010年对沙普洛（Chapleau）的访谈。

③ 莫尼克·勒鲁（Monique Leroux），'Coopérer pour créér l' avenir'，加鼎集团2009年代表大会筹备文件。

农业现代化。二战后，它开始提供住房抵押贷款，扩大了自己的使命，帮助很多家庭拥有自己的房子。它团结起好几代魁北克人的力量，共同努力发展当地和地区的经济。成百上千的人在学校的储蓄合作社里学到了储蓄的基本知识。时至今日，已经有6258名信用合作社的主席和理事会成员，都是普通的市民，学到了银行的运作知识，并正在监督其运行。[①] 加鼎集团创造了成百上千个稳定的工作岗位，是魁北克最大的雇主，也是加拿大主要的雇主之一。集团向50万企业顾客提供一系列的综合服务。加鼎集团总能打破财务约束和社会问题之间的平衡，打破会员长期资本安全和短期盈利期望之间的平衡。[②] 这样，整个系统就在第二章中所讲的消费陷阱和债务陷阱的反方向上运行。的确，这样不会带来系统风险——它支持长期的社会经济发展，培育平等和信任。

将信用合作社重组为一个水平型的集团释放了巨大的经济社会潜能：抛弃了其最初的并且可能继续坚持的分散状态，加鼎信用合作社成长为北美地区最大的金融集团之一，同时又保持深入社区并全力服务当地居民和企业。信用合作社之间大规模的合并趋势得到控制。通过一系列的连续的治理结构改革，加强对子公司的控制，避免了其可能利用技术专家主义的管理方式来增强影响力的危险。

应用合作社自下而上的逻辑，从本地的信用合作社扩张到覆盖加拿大魁北克省（将近800万人口）的金融集团，加鼎集团是“中观经济学”的主要倡导者，一方面在将近一个世纪的时间里，为魁北克地区的经济发展做出主要贡献，另一方面在维护加拿大金融系统的稳定中扮演重要角色。加鼎在这场危机中的作用很明显，使加拿大证明了其是世界上最稳定的金融系统之一。

不同于民主管理成本高（第四章）的观点，加鼎的发展历程表明，其民主决策程序的确会带来一些成本，但对于不可替代的社会功能来讲，比如在边远地区设置网点，实际上加鼎是魁北克地区惟一一家对穷人开放的金融机构，这主要是一项长期的投资，因为这些程序使决议更具合法性，使组织更稳定，也因为讨论的广泛性和复杂性，使得所有观点都被考虑到，从而做出最符合可持续发展要求的决定。

此外，不同于很多股东所遭受的信息不对称，比如顾客和大金融机构之

① 从1995年开始，所有当选官员都能领取报酬，而且从2003年开始，集团主席也有薪水（2010年8月与皮埃尔·波林（Pierre Poulin）的通信）。

② Poulin, 2000, pp. 123 - 5.

间，储户的委托被不透明的分割的合同所替代（第三章），加鼎集团不仅培育和坚持所有者—顾客的观念，还向顾客提供集团信息、讨论文件等帮助他们做决策，并培训他们管理自己的合作社。

加鼎集团的历史还证明，一系列的危机，大萧条、20 世纪 80 年代和 90 年代的经济危机和现在的金融危机，都没有威胁集团的存续，实际上还增强了加鼎集团的实力，给它实施组织创新的机会，完善服务会员的核心使命。

最终，加鼎的发展历程，包括最近的发展，使我们充分认识到政策制定中的民主措施既非过时，也非多余。它表明要反思企业增进责任制和透明度的政策，可以将企业看作一个参与者，并从这个角度入手。这是一个证明企业不是“黑箱”的活生生的例子：理性和道德会起作用，只要它们能够通过制度化、制衡和战略重点确立其发挥作用的机制。

第八章　蒙德拉贡合作社集团：全球化视野，本土化发展

引　言

本章的案例是我们在蒙德拉贡（Mondragon）合作社集团所做实地调研的结果，主要介绍该合作集团成功度过全球经济危机的过程。早在上世纪80年代初期和90年代初期，这个集团就已经过一系列的经济危机。我们着重比较在过去的危机和现在危机时合作社集团所采用的机制和战略①。

该案例旨在向读者说明蒙德拉贡合作社集团体制的复杂性，它的平衡性以及让合作社集团有弹力、效率和创新的团结机制。同时我们还介绍了该集团的结构之所以能够帮助它克服三次困境的原因。这三种困境分别是第二章提及的消费困境、流动困境和债务困境。此外我们还将介绍合作社集团的财富和资本是如何获得的，以及国际合作社“共同所有，民主管理”的原则是如何在一个现代化的企业集团得以体现和实施的。

蒙德拉贡（Mondragon）是一家大型企业集团，由110多家跨行业合作社企业组成，经营活动涉及工业、服务业、金融业、物流业、教育机构以及研究机构，主要分布在蒙德拉贡（Mondragon）镇的周围，散布在西班牙北部的巴斯克（Basque）地区。

蒙德拉贡（Mondragon）集团的第一家工业合作社是由24名工人建立起来的。组建之初，资金相当匮乏。45年之后，这家当初毫无背景的中小企业

① 本章是一本名为雷昂朗特（Roelants）的期刊中关于介绍蒙德拉贡（Mondragon）一文的基础上，进一步发展，2010。

（SME）如今已经发展成一家涉足多个行业的大型企业集团，产品包括白色家电、各种机床、计算机零部件、家居产品、办公用具、建筑材料、汽车零部件、筑模、制冷设备、医药器械、各类食品等。它还囊括了一些了服务业，例如工程咨询、餐饮服务、法律服务、产业研发、纳米技术等。此外，该集团在西班牙国内还经营一家大型连锁超市、一家银行和一所大学。

数据最能说明问题。2009 年，集团资产总额已达 330 亿欧元，年销售额高达 147.8 亿欧元，位列巴斯克地区之首，全国排名第七。随着涉足海外，蒙德拉贡（Mondragon）也加快了自身的国际化进程，目前已经在欧洲、拉丁美洲、亚洲和非洲 18 个国家和地区设立了 73 家工厂和 5 个办事处。

同时，蒙德拉贡（Mondragon）集团还是地区和国家经济发展中的领头羊。集团现有员工 85000 名（是十多年前的两倍），雇员总数名列巴斯克（Basque）地区首位，全国第四（仅次于西班牙电信公司、西班牙邮政，和西班牙全国最大的连锁超市）。多年来，蒙德拉贡（Mondragon）集团一直从长期战略出发，秉承合作社企业的传统，经营范围涉及当地多个产业，囊括了工业、农业、服务业、信托业、投资业、教育业、文化业、科研、社会保障等。

蒙德拉贡（Mondragon）是西班牙北部坎塔布里亚（Cantabric）山脉峡谷的一个小镇，合作社的总部就设在这里。这个峡谷长约 40 公里，约有十万多居民，集团下属的主要合作社都集中在这里。此外，在整个巴斯克（Basque）自治区（200 万居民）和与之相接壤的纳瓦拉（Navarra）地区也有集团相当一部分企业①。

在巴斯克（Basque），民主意识源远流长。在中世纪，全体男性居民选举出市政议会。然而，在 17 世纪，西班牙当局剥夺全体公民的选举权，仅仅是那些最富有的家庭才有选举权。在历史长河中，巴斯克（Basque）地区曾出现过很多基于集群结构的经济团体，如农业上的邻里互助、渔业协会、以及集体开发公共土地等。尽管该地区长期以来均以农牧为主，但制造业的传统同样由来已久，如铸造与造船，且存在的形式都是同业协会。

集团的历史发展主要分为四个阶段：合作社早期创建和发展（1943 ~ 1979）；上世纪 80 年代早期的经济危机和接下来的西班牙加入欧盟以及欧共体统一市场（1980 ~ 1991）；蒙德拉贡股份制集团公司的组建及其国际化过程（1991 ~ 2008）；最后是现在进行中的全球危机（2008 ~ 2010）。最后，我们将

---

① 逍遥（Sanchez Bajo），2007b。

对蒙德拉贡的经验和教训做一个总结。

第一阶段：教育研究和融资创业

起步

在20世纪中叶，蒙德拉贡（Mondragon）仅仅是一个有8000名居民的小镇。尽管当时有一家名为萨拉吉尔（Cerrajera）大型铸造厂，但蒙德拉贡所处的地理位置并没有给其发展提供很好的便利。那甚至连一所中学都没有。

何塞·玛丽亚·阿里斯门迪（Jose Maria Arizmendiarrieta）应该是蒙德拉贡（Mondragon）合作社集团最早的的启迪者。他于1941年，也就是西班牙内战结束两年之后，作为一名牧师来到蒙德拉贡，时年26岁。下车伊始，他就对当地的社会问题表现出极为浓厚的兴趣。

1943年，阿里斯门迪（Arizmendiarrieta）建立了蒙德拉贡职业学校（Escuela Ploitecnica），也就是后来巴斯克（Basque）工程学院（Eskola Politeknikoa）的前身。这是一所专门向14到17岁年轻人提供职业培训的学校。学校的建立很大程度上要归功于15%的蒙德拉贡（Mondragon）地区人民的大力支持，他们提供了初始资金并组成了一个协会。阿里斯门迪定期组织本校的在校生和毕业生讨论某些社会问题，如企业物权制度改革等。第一批学生毕业后，很多人都被当地的萨拉吉尔（Cerrajera）联合公司聘任为领班，工作的同时他们还在当地的一所大学继续研读一些与某些工业技术相关的课程，但不用向在校生那样天天去上课。

1955年，为了公司的发展，萨拉吉尔（Cerrajera）开始通过发行股票融资。当时在公司工作的五名工程学院的毕业生曾建议公司把所有的股份卖给企业的员工并且允许认股的员工参与到公司管理中去。但这一建议却被公司拒绝了。因此那五名学生便决定自己创办一个企业，并按照他们以前在阿里斯门迪职业学校时酝酿已久的理念实行员工自治，共同管理。

但在当时，一个普通的工人想要获得的一张企业经营许可证难度很大。幸运的是，临近小镇的一家公司刚好破产，他们便趁机买下了他们的许可证并开始按照规定的经营范围生产家用器具和电器产品。购买破产企业经营许可证的资金来自于蒙德拉贡当地的居民，因为这些人也对这个项目很感兴趣。新建的公司取名为Ulgor（阿贡），分别由这五名学生姓名的手写字母组成。

一年后，也就是1956年，五名创立人将公司迁到蒙德拉贡，改制为合作社，与其他19名成员经营。

1956年阿贡（Ulgor）建立后，阿里斯门迪（Arizmendiarrieta）学校的其他毕业生又相继组建了三家合作社。1958年成立的阿拉斯赛特（Arrasate）合作社专门生产机床的加工机械，部分产品直接卖给阿贡（Ulgor）使用；1963年库佩奇（Coperci）合作社成立，专门生产工业和民用蒸煮和烹调器具零配件。在其后的许多年里，阿贡（Ulgor）几乎承购了该社的全部产品；同年组建的还有一个铸造合作社，名为阿德兰（Ederlan）合作社。

蒙德拉贡合作社的基本特点

1959年制定的阿贡（Ulgor）内部组织章程适用于之后所有新建的合作社（图8.1）。

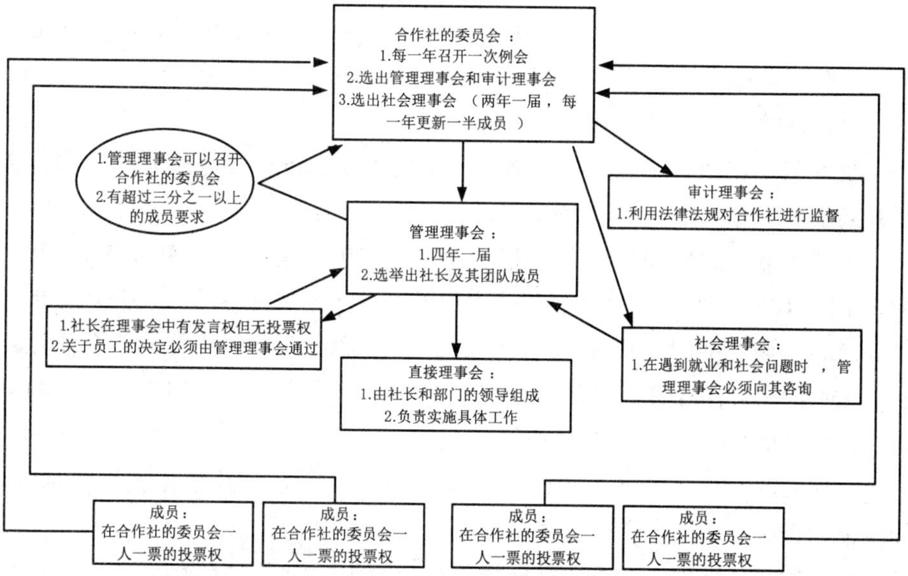

图8.1　Mondragon合作社的基本结构图

和其他所有合作社一样，社员大会是合作社最高权力机构。正常情况下社员大会每年召开一次。如有必要，合作社理事会（Governing Council）有权随时召集社员大会。社员也可以在征集一定比例的人数背书后申请召开社员大会（这个比例在不同时间有所不同）。

理事会是合作社的最高管理机构，负责合作社的管理。理事会成员任期四年，没有任何薪酬。合作社设社长一名，高阶管理若干，均由理事会提名，任期四年年。若理事会经严格考核后认为必要，该社长和其管理团队可以连任。社长在理事会里拥有发言权但无投票权。社长有权就员工问题提出建议，但最终的决定权还在理事会。

审计委员会（Auditors' Council）由三名成员组成，负责合作社财务及财务政策执行情况的内部审计。其成员由社员大会选举产生。

指导委员会（Direction Council）由社长和各部门的部长组成，其职能是就合作社长期及具体的工作计划向理事会建议，并在理事会同意后制定具体的实施细则。

员工委员会（Social Council）负责合作社员工的社会保障、薪酬制度、劳动卫生、员工福利等项目。理事会在就此类问题做出决策之前必须事先咨询员工委员会的意见。该委员会成员由社员大会选举产生，任期两年，且每年至少有一半委员是新选的。合作社不鼓励该委员会成员连任，其目的是为了让所有社员在合作社工作期间都有机会成为该委员会委员的机会。

合作社的每年的盈余用于如下几个部分：

至少10%的盈余用于合作社教育、文化和福利事业；这部分资金作为集团共同基金，另外还有3%的团结基金。

公基金留存的比例视情况而定（20世纪60年代占盈余的35%～52%，70年代为10%～29%，80年代超过了50%，现在大约是45%）。公基金是不可分割的（详见第四章），即使合作社关闭，这部分资产也不能分给合作社社员，也不能在合作社重组时折合成现金支付给受让方，只能作为重组后的合作社公基金留存。

必须强调的是，公基金的留存不但是衡量一个企业社会化程度的指标，同时也为企业未来的投资与长期发展提供了保障。

剩余的部分被称为“合作社回馈”（目前约占年度盈余的45%），主要是根据合作社成员的工作时间以及其薪级分发给社员。尽管将盈余返还给社员是合作社的基本制度之一（见第四章），但蒙德拉贡（Mondragon）集团却有自己独特的做法。他们并不是将盈余全部或当年立即返还给社员，而是在社员离社几年或退休之后才将部分盈余返还给他们。这样一来，盈余资金就可以连续数年甚至几十年作为资本，用于合作社的投资和经营。蒙德拉贡（Mondragon）的创始人始终认为这一政策的制定有利于进一步扩大资本积累。同时也是蒙德拉贡（Mondragon）合作社在20世纪60年代和70年之所以能够取得快速扩张的主要原因之一。

较高的股本是蒙德拉贡（Mondragon）的另外一个特点。社员出资的数量大约等于他们一年的工资。在大部分的合作社中（见第四章），股息分红的利率都是固定的，稍高于银行长期存款的利率。这样就可以抵消因通货膨胀造成的货币贬值。另外，如果有社员离开合作社去一家与合作社有直接竞争关系的公司工作，合作社有权扣除其高达20%的股本作为惩罚。

集团支持机构的建立和发展

若要真正了解蒙德拉贡集团的发展历程，仅仅研究集团属下的合作社企业是远远不够的。除了这些企业之外，集团属下还有很多二级机构，它们经由集团的授权，在投资、信贷、保险、咨询、行业调配、教育培训、以及研究开发等领域各司其职，在集团早期的发展阶段起到了极为重要的作用。

蒙德拉贡（Mondragon）经验的基础：教育机构

蒙德拉贡（Mondragon）合作社集团最早萌芽于教育。如前所述，工程学院最早成立于1943年，比第一家工业合作社足足早了13年。第一家合作社成立伊始，工程学院（Eskola Politeknikoa）便立刻开始了与合作社之间的互动。及至1965年，连学院自己也成了一家合作社。

1966年，工程学院（Eskola Politeknikoa）成立了第一个学生合作社，取名艾尔合作（Alecoop）。当时学校的办学成本和学费始终居高不下，学生合作社的成立对蒙德拉贡（Mondragon）的创始人而言无疑是解决贫困家庭孩子求学的最佳途径。艾尔合作（Alecoop）创办的目的是给在校的学生提供半工半读的机会。他们同周边的合作社签订合同，承接某些产品的生产与加工业务。学生入社后，每天除了5小时上课之外，还可以在他们自己的车间或集团下属的合作社打工4小时。这样不但可以部分解决他们的学费问题，同时也能使他们毕业以后迅速地适应合作社的工作。为此，合作社每天都要安排两个班次轮流上班，学校的同一门课程每天也会讲授两次。

在最初设计艾尔合作（Alecoop）内部组织结构时，蒙德拉贡（Mondragon）合作社的领导们极力想能做到一举两得：既符合合作社的原则让学生参与合作社的决策过程，同时又不至于因学生自己管理决策水平有限而影响到合作社经济发展的能力。为此，他们最终找到了一个两全其美的方法，制定了一种包括三方（老师、学生和其他合作社成员）联合决策的组织结构。

尽早让工程学院（Eskola Politeknikoa）的学生成为合格的生产者合作社

社员一直是阿里斯门迪（Arizmendiarrieta）与其追随者的希望。而艾尔合作（Alecoop）为学生们提供直接体验合作社生活的机会恰恰能够起到这一作用。也正是因为当初的这些做法，后来才会有很多60年代和70年代前加入艾尔合作的（Alecoop）学生才能成为蒙德拉贡的第二代领导集体。艾尔合作（Alecoop）如今依然存在，且在合作社集团内经营的十分红火。

20世纪60年代，教育合作社建立了新的体系，重点集中在技术、管理、和语言培训等方面，且有些已经发展到大学级别的机构。其中最为突出的当属20世纪90年代的伊特奥（ETEO）工商管理学院，现在的蒙德拉贡大学就是在这个学院的基础上逐步发展起来的（详情可参见下文）。

卡加·拉伯罗（Caja Laboral）——集团的银行

在集团的支持机构中，一个机构在蒙德拉贡（Mondragon）早期的创立和发展过程中扮演着重要的角色。这就是卡加·拉伯罗（Caja Laboral）——集团的银行。

卡加·拉伯罗（Caja Laboral）成立于1959年（比最早的合作社，阿贡（Ulgor）晚成立3年）。作为一家信托合作社，卡加·拉伯罗（Caja Laboral）是由4家工业合作社（阿贡（Ulgor），库佩奇（Coperci），阿拉斯赛特（Arrasate），阿德兰（Ederlan）加上一家在同时代成立的消费者合作社共同创立的。早先，它是一家发展银行，专注于西班牙巴斯克（Basque）地区合作社的发展，同时也为解决合作社长期就业的问题①。

卡加·拉伯罗（Caja Laboral）的监管体制是一个创新，因为该体制同时兼顾了合作社社员和其员工两者的利益。这两大利益集团在社员大会中都拥有一定比例的投票权，理事会分别由合作社选举产生的8名社员代表和合作社职工选举产生的4名员工代表。

另外，在其存在的最初28年（1959~1987），卡加·拉伯罗（Caja Laboral）不仅仅是一家银行，同时还扮演着这个集团事实上（de facto）的核心部门：因为在那段时间成立的将近100多个合作社都是通过入股这家银行并签署“联合协议”才成为集团成员的。

卡加·拉伯罗（Caja Laboral）在其内部设立了一个独具特色的“创业部”（Enterprise Division）。80年代末之前，该部门一直在集团的发展中起着极为重要的作用，不但在集团内部催生和扶植了很多新的专业合作社和相关

① 汤姆森和拉甘（Thomas and Logan），1982，p. 43-8。

机构，同时还承担了集团下属所有合作社的技术和管理咨询工作，且在经济危机期间向集团合作社提供过必要的经济指导。

历史上，该银行的坏账率一直保持在一个相当低的水平。一直到 80 年代早期，仅有一次在扶植一家合作社（渔业产业）创业时因为坏账率过高损失过大约 24% 的初始投资份额①。但在此后的若干年里，该银行的坏账率始终保持在警戒线以下，再也没有从未发生过类似的事。②

在卡加·拉伯罗（Caja Laboral）银行创办初期，其资金来源十分有限。正是因为有了很多签约合作社的加入，银行的资本化过程才得以逐步提高：这些签约合作社不但将社员的股本金和储备金存放在这里，保证了银行的偿付能力，同时还取消了它们与其他银行所有的资金与经济往来；在成立最初的 14 年里，签约合作社的公基金全部存放在这家银行；在成立最初的 20 年里，银行只用签约合作社存放在这里的 25% 的股本金便足以保证它所有的资金运作。

与此同时，由于提供给储户的增值和储蓄利率极具吸引力，卡加·拉伯罗（Caja Laboral）银行向社会公众提供的个人储蓄存款业务也取得了令人瞩目的成功。

同时吸引企业和个人存款的政策相当凑效，不久银行便有了大量盈余。1996 年，银行的金融资产仅占集团总体金融资产的 26%，远不如签约合作社的资金实力雄厚。但仅仅 4 年之后，这个比例就升到了 70%③。

拉贡·阿罗（Lagum Aro），蒙德拉贡（Mondragon）的社会保障体系

1959 年，卡加·拉伯罗（Caja Laboral）银行在其系统内建立了一个名为拉贡·阿罗（Lagum Aro）的健康和社会福利保障体系，目地是帮助第一批蒙德拉贡（Mondragon）合作社的职工及其家庭，解决他们的福利问题（健康和安全，救助，社会保障）。当时，政府的社会保障体系还没有覆盖到合作社所有的人，因此不具有社员身份的合作社职工的利益便得不到相应的保障。

1973 年，拉贡·阿罗（Lagum Aro）从卡加·拉伯罗（Caja Laboral）银行体系中剥离，后来逐步发展成一个独具特色的高水准合作社。它在 20 世纪 80 年代所起的非同一般的重要作用，将在下一部分中详细叙述。

基层辖区内合作社的合并

---

① 汤姆森和拉甘（Thomas and Logan），1982，pp. 31 - 2。

② 勒扎弥斯访谈录（Interview，Lezamiz），2010。

③ 奥尔梅奇（Ormaechea），1991，pp. 44 - 52。

1966年，在阿里斯门迪（Arizmendiarrieta）的支持下，蒙德拉贡（Mondragon）第一家工业合作社阿贡（Ulgor）吸纳了本区其他三家合作社（库佩奇（Coperci）、阿拉斯赛特（Arrasate）和阿德兰（Ederlan），组建了一个开始被称作“工业联合体”，后来被称作“区内集团”的合作社组织，取名乌拉卡（ULARCO）。一位阿贡（Ulgor）的创立者，埃尔夫索·哥那高提亚（Alfonso Gorronogoitia），后来写道：“这样做的目的是建立一个产业互补的‘工业联合体’，不仅涵盖消费品的生产加工，同时也从事机器设备和各种零配件的生产与加工。”

乌拉卡（ULARCO）主要职能包括：协调下属合作社的战略及年度规划；制定统一的行政管理体制；拓展新的经营范围及企业组织（包括从现有的经营活动中剥离或独立建制）；建立统一的研发及产品配送渠道；管理新的生产许可证，提供统一的培训项目，制定统一的人力资源管理政策等等。另外，乌拉卡（ULARCO）还制定了统一的二次分配机制，明确了下属合作社的经济责任和利益关系。这就为以后集团设立相应的服务性机构提供了资金支持。

乌拉卡（ULARCO）集团组织的内部结构与基层合作社企业基本相同。社员大会由集团下属的合作社社员以及一定数量的职工代表组成。其中职工代表的名额根据各下属合作社现有职工的人数按比例分配。集团理事会成员由社员大会选举产生，原则上从每一个下属合作社选出两名理事。理事会负责董事会（General Directorate）成员的提名。董事会主要负责建议、制定、协调集团合作社的年度和长期发展规划及政策。此外，它还负责集团的行政管理、代表集团开展对外联系和业务、为成员合作社提供法律和财务服务、协调集团下属合作社之间的临时或长期人事调动。集团也设有集团员工委员会（Central Social Council）。该委员会由来自各个成员合作社的员工委员会代表组成。集团在做出重大决策前必须事先征询员工委员会的意见。

乌拉卡（ULARCO）的组建为后来类似的合作社集团提供了一个基本模式。25年后，蒙德拉贡（Mondragon）合作社集团依照的同样也是这个模式。然而，基层辖区内合作社的合并不是一件轻而易举且自觉自愿的事。阿贡（Ulgor）的另一位创始人，何塞·玛丽亚·奥梅塔西亚（Jose Maria Ormaetxea）回忆说：“当时很多合作社和社员对他们自己的合作社都有着极为强烈的‘自主’意识。我们必须想方设法说服他们才行。”[①] 然而，在我们看来，几

① 奥梅塔西亚（Ormaetxea），1998，p. 97。

个合作社合并后“自主权利”的获得并非完全依据他们的出资比例，那只是传统意义上的股份制公司的做法。相反，要想把合作社产业做强做大，靠的是无私的奉献、崇高的理想、自发而持久道义、以及直面矛盾和冲突勇气①。

研究与开发（R&D）

1966年，工程学院（Eskola Politeknikoa）的一位老师开始着手工业研发并多次造访法国和其他几个国家的工业研发机构。1968年，工程学院的教师利用课余时间组建自己第一支研发团队。

研发团队的成立一方面是为了提高教学质量。另一方面，学校也希望他们的研究结果用于最初与学院签订共建协议的工业合作社，以便为未来的发展打下良好的基础②。

20世纪70年代初，西班牙科技发展的领域极为有限。长期的孤立使本国的技术发严重滞后。向国外购买生产许可证和专利是一个通常的做法，仿造现象极为盛行，造成了对国外的技术依赖。虽然有些公司设有自己独立的研发部门，但研发能力和可用于研究开发的时间却极为有限，研发结果也极少对外推广。研究仅仅局限在一些高等院校，很少用于工业生产。

1972年，学校建立了一家自动化实验室并与蒙德拉贡（Mondragon）多个合作社签订了合作协议。卡加·拉伯罗（Caja Laboral）的一位主管，何塞·玛丽亚·奥梅塔西亚（Jose Maria Ormaetxea）（项目的主要发起者之一）曾在1973年一份命名为“未来研究规划”的文件中对实验中心的组织结构、经费需求、乃至具体选址和未来发展的模式做过十分详细的规划，为该中心的发展奠定了基础③。该研究项目得到了多家工业合作社的支持，并最终于1974年创立了自己独具特色的工业研发合作社，取名伊克兰（Ikerlan）。

同年，伊克兰（Ikerlan）的核心成员相继造访了西班牙和欧洲大陆的几个国家和私立实验室及研发中心，并据此拟定了一份合作社研发中心所需仪器设备清单。

伊克兰（Ikerlan）管理结构的设计同样体现了合作社基于社员民主管理的原则，规定本社员大会的投票权按如下比例分配：本社社员工拥有40%的投票权；与其签约的工业合作社占30%，相关支持机构，如卡加·拉伯罗（Caja Laboral）和工程学院（Eskola Politeknikoa），拥有剩余30%的投票权。

① 奥梅塔西亚（Ormaetxea），1998，p. 97、99。
② 逍遥（Sanchez Bajo），2007b。
③ 逍遥（Sanchez Bajo），2007b；韦达和韦达（Whyte and Whyte），1991，p. 64。

银行在合作社的创建和早期发展中的作用

在蒙德拉贡（Mondragon）发展的初期阶段，卡加·拉伯罗（Caja Laboral）银行是参与到合作社的创建和早期发展的主要实体。银行在合作社企业的创建和联合中所起的指导作用基本上都是通过其内部设立的创业部（Enterprise Division）实现的。

在银行参与到合作社企业经营指导之前，创业部与受益合作社必须签订一份“合作协议”，具体规定合作社的主要指导方针，尤其是是对创造就业机会的强调[①]。根据这个协议，合作社必须在卡加·拉伯罗（Caja Laboral）银行缴存过一定数量的初始资本，并承诺对银行向其提供的所有项目贷款提供足够的配套资金。卡加·拉伯罗（Caja Laboral）银行每四年对合作社的资金状况进行审计。对签约合作社的其他规范还包括：合作社员工薪酬的最大级差、企业盈余二次分配的比例、以及职工试用期满后必须被接纳为正式社员等。

卡加·拉伯罗（Caja Laboral）银行对合作社的创业指导主要是通过企业孵化这一过程实现的。创业部在合作社创建之前要对其进行可行性研究。接下来，还要负责从当地挑选合适的核心人选负责项目的执行。上世纪90年代，蒙德拉贡（Mondragon）先后成立了99个合作社，其中有45个都是通过这种方式创建的[②]。

另一种主要的企业创建方法是从一个现存的企业中分离出一个新的合作社。这同样也少不了银行创业部的参与。如果基层辖区合作社集团中有人想创建新的合作社，他们首先必须向集团董事会提出项目申请，然后经由集团董事会转给银行创业部。然后，项目申请人必须在其原有合作社关键岗位经过两年的轮岗锻炼，以便为新建合作社的经营管理积累必要的经验。按规定，原属合作社应给申请人足够的时间进行项目策划，一般为正常工作时间的一半。此外，申请人至少还应在合作社之外寻找2~3人作为新建合作社的候选人创始人。申请人所在的合作社应给这些社外候选人提供临时的工作机会和与申请人相同的工作条件。两年时间结束之后，集团董事会再对该新建合作社项目进行可行性研究。若结果表明该项目的确可行，合作社集团既可直接对该项目提供资金支持，也可以在卡加·拉伯罗（Caja Laboral）银行为其提

---

① 韦达和韦达（Whyte and Whyte），1991，pp. 69 – 71。

② 奥尔梅奇（Ormaechea），1991，p. 101。

供贷款担保，或者同时采用上述两种方法。在新建合作社项目筹建的 2 ~3 年时间里，申请人和社外候选人的工资由集团以专项创业贷款的方式先行支付。大约有 10 家左右的生产合作社是通过这种方式创建起来的[①]。

合作社成立之后，卡加·拉伯罗（Caja Laboral）继续在他们发展道路上扮演着关键的角色。主要方式是为其进一步发展提供贷款支持，尽可能创造更多的就业机会等等[②]。

卡加·拉伯罗（Caja Laboral）还在重组方面起作用。在 20 世纪 60 年代和 70 年代，有 5 家传统的私人企业转换为合作社。1969 年，卡加·拉伯罗（Caja Laboral）还曾介入过另外一项重组项目，帮助 9 家经营惨淡的小型消费者合作社的兼并重组。这次兼并重组对蒙德拉贡（Mondragon）集团的命运产生了极为深远的影响。20 多年之后，重组之后成立的埃罗斯科（EROSKI）消费者合作社如今已经发展成为集团下属合作社员工人数最多，且经济实力最为雄厚的企业之一。也正是因为这次重组，蒙德拉贡（Mondragon）才开始涉足一个全新的行业——商品配送。在此之前，每个消费合作社都有自己独立的配送渠道与销售网点，但彼此之间却相互封闭，缺乏创新，经营一度陷入困境[③]。埃罗斯科（EROSKI）成立后便形成了自己独特的内部管理机制。作为消费者的社员和职工拥有同等的权利，在社员大会和理事会中各占 50% 的投票权。

在其所有的项目运作中，卡加·拉伯罗（Caja Laboral）银行始终秉持严格的经营理念，努力创造尽可能多的就业机会。汤姆森（Thomas）和拉甘（Logan）通过研究发现，与传统企业相比，蒙德拉贡（Mondragon）旗下合作社的生产对资本的需求更高。1976 年，蒙德拉贡（Mondragon）旗下从事工程机械加工与制造的合作社每创造一个就业机会所需的资本投入大约是 250 万比塞塔（Pesetas，西班牙货币单位）。而在该地区的传统企业中仅仅需要 150 万。虽然一般的传统企也需要持续不断的投资，但其资本密集的程度相对较低，且大量员工会因公司经营不善而失去工作。如果合作社既想维持较高水平的资本需求又要扩大就业机会的话，惟一的可能就是对其资本需求进行严格的监管。单靠社员自己是不可能募集到如此巨额的资金的。1975 年，在绝大多数蒙德拉贡（Mondragon）合作社组建时，发起人出资的比例仅占合作社

① 奥尔梅奇（Ormaechea），1991. pp. 96 - 101。

② 汤姆森和拉甘（Thomas and Logan），1982，pp. 43 - 8。

③ MCC，2007，p. 8；韦达和韦达（Whyte and Whyte）1991，p. 55。

启动资金的20%，另外20%来自于政府低息贷款，而剩余的60%就全靠卡加·拉伯罗（Caja Laboral）银行了。5年后，由于在创造就业机会的成本越来越高，职工出资的比例从原先的20%缩减到10%，即便如此，考虑到合作社企业相对较高的资本基数，10%的出资比例依然是一笔高昂的就业代价。如果没有卡加·拉伯罗（Caja Laboral）银行提供的高达60%的配套资金，要想在资本如此密集的合作社企业创造新的就业机会几乎是不可能的。

第二阶段：经济危机，加入欧盟，全球化进程(1980~1991)

20世纪80年代初，巴斯克（Basque）地区经历了史无前例严重的经济危机。在正常的就业人口中，失业率高达25%，其中年轻人的失业率甚至超过了50%。其后西班牙又于1986加入欧盟，紧接着又迎来了全方位的经济全球化。这些接踵而至的挑战（经济危机、加入欧盟和全球化）驱使蒙德拉贡（Mondragon）集团进行了意义深远的改革。

贾维·萨拉伯利亚（Javier Salaberria），当时弗根电气（FAGOR Electrodomesticos）（阿贡（Ulgor）的别名）的法律主管，曾解释道："70年代，我们完全没有料到这场经济危机会如此严重。我们原以为我们会一直成长下去。由于政府的保护，西班牙国内市场极少受到外界的冲击，出口也很少。尽管我们从80年代的那场危机中汲取了很多教训，也制定了一些对策。但加入欧盟后，我们没有了保护主义的保护。如果我们当时没有采取任何相应改革措施的话，估计当时任何一家合作社都无法继续生存下来。"①

20世纪80年代早期的危机

社会保障体系的改革

20世纪80年代早期，拉贡·阿罗（Lagum Aro）开始对其社会保障体制进行了改革。新的保障体制保证合作社失业职工享有再就业的绝对优先权。而不是像传统社会保障那样给失业人员提供财政补贴（失业补偿金）。这是蒙德拉贡（Mondragon）独一无二的创举，不仅把保障合作社职工就业放在重中之重的位置，同时也把合作社原则应用的范围从社员延伸到了职工。

---

① 萨拉伯利亚访谈录（Salaberria interview），2010。

新的保障体制包括：临时安置本社失业职工到其他合作社就业；向实在无法找到工作的职工提供失业补贴（但两年内该职工最多只能享受12个月的补贴）；实行部分失业（partial unemployment）、提前退休（年龄达到58岁就退休）；向待业职工提供再就业培训等。

当一个合作社精简职工的比例超过10%或裁员人数超过40人时，该合作社可按规定享受为期一年的补贴。但享受补贴的合作社必须在此后的五年之内全部或部分偿还这笔补贴，以便日后再遇到此类情况时循环使用。为此，享受补贴的合作社必须从他们连续五个行政年度的净盈余中拿出20%作为此类补贴的备付金。

贾维·萨拉伯利亚（Javier Salaberria）这样回忆道："在那时候，合作社职工的身份和个体经营者一样，并不享受政府提供的失业保障。为了解决这一问题，新的合作社职工保障体制规定，所有的合作社都必须设法安置来自其他合作社的失业职工，否则，当他们也遇到类似困难时，别的合作社也就不会给他们提供类似的帮助。鉴于所有职工此前都为合作社的经济发展做出过多年的贡献，合作社理所当然会在他们失业时给予失业补助，但这一做法并不是解决此类问题的首选，只有万不得已时，合作社才会对失业职工提供失业补贴。"①

在危机时为了挽救合作社的一些干预手段

卡加·拉伯罗（Caja Laboral）银行与签约合作社之间的联合协议（contract of association）规定该银行创业部（enterprise division）有权在经济衰退时对合作社采取多方面的干预。这个条款在20世纪80年代的早期发生危机时显得尤为重要。

在实施相关干预时，创业部通常会与拉贡·阿罗（Lagum Aro）密切合作。首先，创业部会草拟一份可行性研究报告。通常情况下，该研究报告会就如何挽救合作社提出一系列重大或极端的干预措施，例如：改组签约合作社现有的生产线或营销结构、缩减职工工资、强制推行新的认股比例、极端情况下甚至要裁员。在所有这些措施均无济于事的情况下，最后对合作社进行清算。

大部分的干预行动都是成功的：在经济危机最为严重的1983年，企业部共对34个合作社实施了干预，其中仅有两家小型的合作社最后遭到清算。但

① 萨拉伯利亚访谈录（Salaberria interview），2010。

即便如此，由于当时已经有了新的跨社安置机制，遭到清算的合作社职工几乎全部得到了妥善的安置，无人失业。

下面我们将以扎比欧拉（Zubiola）合作社为例，具体说明卡加·拉伯罗（Caja Laboral）银行是如何与拉贡·阿罗（Lagun Aro）联手，帮助这个合作社摆脱困境的。

扎比欧拉（Zubiola）是一家专门生产木质家具加工机械的生产合作社，于1966年由一家传统企业转制而成，同年（1966年）成为卡加·拉伯罗（Caja Laboral）银行旗下的签约合作社，并于1970年成为了拉贡·阿罗（Lagum Aro）的成员。经济危机之前，借助卡加·拉伯罗（Caja Laboral）银行所提供的资金支持和经营指导，该合作社的产品已经成功地占据了西班牙国内70%的市场。员工人数也从开始的15人增加到1979年巅峰时期的144人。

然而，当危机到来，由于客户不能及时付清货款，导致合作社的利润急剧缩水。扎比欧拉（Zubiola）的管理层不但没有立即意识到情况的严重性，反而继续从卡加·拉伯罗（Caja Laboral）银行申请贷款以弥补客户拖欠货款造成的资金不足，结果陷入恶性循环，最终不得不请卡加·拉伯罗（Caja Laboral）介入。经过诊断，卡加·拉伯罗银行认为合作社的主要问题在于过度生产，这也意味着合作社126名职工中至少有50位要下岗。

1983年，50名下岗职工只有23人得以在集团其他合作社中得到跨社安置。其余27名只能得到临时安置，其中6名员工自愿创建了一个他们自己新的合作社。此外，作为继续留在合作社不用下岗的一项附加条件，卡加·拉伯罗（Caja Laboral）银行则要求他们每人提供相当3000欧元的股金（这笔资金作为个人贷款，由卡加·拉伯罗（Caja Laboral）银行提供，在其后的5年内由银行从他们的月薪中扣除20%来偿还）。最后，银行还给该合作社制定了一个大胆的重组计划。

然而，这项重组计划不久便被迫终止了。因为扎比欧拉（Zubiola）几位负责执行重组计划的高管相继离开合作社转而在其他传统的私人企业另寻出路。接着，扎比欧拉（Zubiola）所属的乌克帝（URKIDE）集团开始策划一个新的计划。新的计划包括扎比欧拉（Zubiola）的生产部门和集团内的另外一个合作社进行合并，当初下岗没有得到妥善安排的职工也由合并后的新合作社负责安排工作。经过长时间的磋商，大家最终同意了这个方案。作为部分免除合作社所欠债务并继续提供贷款的条件，银行创业部要求扎比欧拉

(Zubiola) 拟定一个新的商业计划。仅仅到了 1986 年，扎比欧拉 (Zubiola) 就开始从危机中恢复过来：创业部对该合作社的指导与干预前后长达 5 年之久。所有的岗位得到了保留①。20 年后，也就是 1998 年，为了提高其生产能力，该银行又对合作社注入了一大笔投资②。如今，即便该合作社已经脱离了蒙德拉贡 (Mondragon) 集团，它依然是巴斯克 (Basque) 地区发展势头极为可观的合作社企业。

这一时期用于企业救助资金均由卡加·拉伯罗 (Caja Laboral) 银行与合作社共同出资。如果合作社企业处于“警告”等级的话，创业部给予的贷款利率是 14%；进入“中等风险期”，贷款利率为 8%；一旦处于“高风险阶段”，其利率则降为 0。创业部咨询费用的 40% 用由卡加·拉伯罗 (Caja Laboral) 银行自己承担，60% 由受益的合作社承担，再一次体现了银行与合作社企业之间成本分担的原则③。

基于创业部所实施干预案的次数，卡加·拉伯罗 (Caja Laboral) 的领导人奥梅塔西亚 (Ormaetxea) 估计：如果没有卡加·拉伯罗 (Caja Laboral) 银行强有力的“干预”政策的帮助，至少有一半左右的蒙德拉贡 (Mondragon) 合作社难以度过那段困难的金融危机。而合作社一旦破产又会反过来拖累银行本身④。这是一个双赢的策略。如果坐视不管，银行本身蒙受的损失更大，正如基于地域的集团法根 (FAGOR) 的其中一位领导人，贾维·萨拉伯利亚 (Javier Salaberria) 所说：蒙德拉贡 (Mondragon) 集团及其旗下的卡加·拉伯罗 (Caja Laboral) 银行在危机期间为下属合作社企业的重组付出了巨大的代价。如果没有集团的支持，许多合作社都将不复存在。反之，倘若当时坐视不管，集团和银行蒙受的损失可能更大。另外，这场危机也使得集团加速自身的改革成为了可能：正是通过同业合并和专业技术重组，合作社企业才能实现其产品的更新换代。因此整个集团的国际化也得以实施⑤。

危机期间，基层辖区合作社的盈余分配及员工薪酬制度

作为应对 20 世纪 80 年代危机的措施，法根 (FAGOR) 辖区合作社集团决定将旗下合作社盈余上缴集团作为集团公基金的比例由 20% 的最低额度提高到 50%。审视这一决策形成的过程便不难发现其民主决策是如何形成的。

---

① 韦达和韦达 (Whyte and Whyte), 1991, pp. 181 - 92。
② 看 MCC 年度报告 (See MCC annual report), 1998。
③ 韦达和韦达 (Whyte and Whyte), 1991, pp. 179 - 81。
④ 韦达和韦达 (Whyte and Whyte), 1991, p. 192。
⑤ 萨拉伯利亚访谈录 (Salaberria interview), 2010。

这项计划首先呈交给法根（FAGOR）集团员工常任委员会（Central Permanent Commission，CPC）。该委员会由法根（FAGOR）下属的各合作社员工委员会（social council）代表组成，向下负责向员工解释管理层的建议，向上负责传达员工们的意见。按照管理层提交的计划，职工工资不但每年都要根据当地生活成本做一次调整，而且工资水平的确定还要与集团整体经营业绩挂钩。此外，计划还建议通过降低职工工资来节省一部分资金，用于集团下属合作社的重组。

在广泛征求全体社员和职工意见的基础上，CPC 形成了一个报告，对计划的很多内容提出了不同意见。然后 CPC 又派代表将员工意见向上反馈并获得集团理事会的反馈。这样几经反复，讨论持续了数周。

此间，合作社员工按照各自所属的利益群体展开了分组讨论，其中也有工会和独立方参加，最后提交给集团高层的方案共计四个：分别由库佩奇（Coperci）合作社员工委员会、工会、巴斯克（Basque）政治团体和其他协会以及希望保持现有工资体制不变的员工。

接下来，CPC 在法根（FAGOR）全体员工中就这四个方案进行了问卷调查。参与问卷调查的人数占全体员工的 68%。其中支持改变工资体制的高达 90%。虽然保持现有工资体制不变的方案在员工委员会里取得了绝大多数人的支持，但集团管理委员会方案得票仍以微弱的差距名列第二。

在对自己的方案又做了一些修改之后，管理委员会将最后两种方案——管理委员会修改后的方案和员工委员会赞成保持现有工资体制不变的方案——一起提交社员大会做最终的投票表决，结果管理委员会的方案以超过三分之二的有效多数得以采纳。整个过程前后大约历时四个月[①]。

加入欧盟与蒙德拉贡集团重组的开始

1986 年，西班牙加入欧盟，紧接着，欧洲统一市场形成。这也意味着蒙德拉贡（Mondragon）不得不在国内与国际两个市场上同时与世界上的企业巨头进行直接的竞争。1980 年，西班牙的进口关税大约是 35%，但到了 1991 年，进口关税大幅下降到只有 5%。跨国公司开始以令人瞠目的价格大量收购西班牙的关键企业并在整个欧洲展开了一轮轮并购重组的狂潮。1990 年，西班牙国内排名第二和第三的白色家电生产企业（而白色家电正是蒙德拉贡

① 逍遥（Sanchez Bajo），2007。

（Mondragon）的核心业务）分别被国外的企业（瑞典的伊莱克斯（Electrolux）和德国的博世—西门子）收购。而法根（FAGOR）集团却是个例外，直到现在依然是西班牙惟一的白色家电民族产业。之所能有今天，是与几年前危机期间法根（FAGOR）在成本控制、避免裁员、员工培训以及产品研发方面所做的努力息息相关的。但凡经历过那个时期的人都坚信，如果法根（FAGOR）当时没有采取那些措施，根本就不可能在一些列的危机中生存到今天[①]。

继上世纪20世纪80年代初期的衰退之后不过几年，西班牙再次陷入经济萧条的困境。恰恰也就是在这段时间，随着欧洲内部的开放，资本流动和企业重组在整个欧洲大陆也不再受到任何限制。在1987～1989年，西班牙国内经济增长率连续3年都在4%以上。但到了1990年和1991年，增长率却分别降到了2.5%和不足2%。自从20世纪80年代中期开始集团内的工业合作社就没有增加过就业岗位。蒙德拉贡（Mondragon）的领导层意识到集团的重组进程必须加快[②]。

实际上，有关集团内部重组的讨论早在1982年经济危机期间就已经开始。当时的核心议题包括三个方面：（1）有没有必要改变卡加·拉伯罗（Caja Laboral）银行原有的职能，使其重组为一家更具传统意义上的合作社银行，而不仅仅作为集团发展所需资金的提供者和协调者；（2）有没有必要成立一家新的机构来代替卡加·拉伯罗（Caja Laboral）银行行使其原有的职能；（3）有没有必要拆解现有的基层辖区合作社集团，然后再按照不同的产业属性进行跨区重组。

由于蒙德拉贡（Mondragon）的扩张，卡加·拉伯罗（Caja Laboral）银行的发展已经到了一个极限。如果继续让它在传统的银行业务之外，再为集团兼行其他非银行职能的话，那将使它陷入极其危险的境地[③]。就这个问题，当时的行长，何塞·玛丽亚·奥梅塔西亚（Jose Maria Ormaetxea），曾做过更为具体的解释："在1964至1982的16年间，蒙德拉贡（Mondragon）集团的销售增长了38倍；但此间卡加·拉伯罗（Caja Laboral）的资源（这还不包括拉贡·阿罗（Lagum Aro）的那部分）却已增长了127倍"。[④] 更为重要的是，卡

① 萨拉伯利亚访谈录（Salaberria interview），2010。
② 逍遥（Sanchez Bajo），2007a。
③ 韦达和韦达（Whyte and Whyte），1991，pp. 197 - 200。
④ 奥梅塔西亚（Ormaetxea），1998 p. 553。

加·拉伯罗（Caja Laboral）的非银行业务也越来越不符合西班牙银行的监管条例。贾维·萨拉伯利亚（Javier Salaberria）曾这样总结道："卡加·拉伯罗（Caja Laboral）不能再继续扮演集团管家的角色了。作为一个金融实体，继续开展非银行业务至少在经济上是行不通的。更不用说这样做也有违西班牙央行对金融机构的相关规定。所以，蒙德拉贡（Mondragon）集团必须重新创建一个新的部门，代替卡加·拉伯罗（Caja Laboral）行使管家的职能。"①

1982年，奥梅塔西亚（Ormaetxea）在卡加·拉伯罗（Caja Laboral）内部刊物上发表了一篇题为《关于蒙德拉贡（Mondragon）改革的思考》的文章。在这篇文中，他首次提出了成立"合作社代表大会"和"集团管理委员会"的设想，以期作为将来建立行业合作社集团体制的基础。这篇文章极力主张按照产业属性重新组建合作社集团，认为这样做将会大幅度提升蒙德拉贡（Mondragon）合作社所属行业的专业生产技术。此外，作者还提议卡加·拉伯罗（Caja Laboral）应该将其金融服务的范围扩张到合作社以外，并且设立一个集团内合作社团结互助基金（Inter－Cooperative Solidarity Fund，FISO）②。

1983年，卡加·拉伯罗（Caja Laboral）草拟了第二篇题为《行业重组政策的基础》的文章。文章认为"按照产业属性组建合作社集团有利于进一步发挥集团旗下合作社的技术专长"，并按行业首次对108个签约合作社进行分类。该文还试图对整个蒙德拉贡（Mondragon）集团进行重新定位，提升了集团的企业化属性，使集团旗下合作社的行业属性更加突出。

1984年，卡加·拉伯罗（Caja Laboral）银行第三篇文章发表，题为《基于基层辖区与基于行业属性》。围绕这篇文章，奥梅塔西亚（Ormaetxea）专门组织了一场辩论，认为按照基层辖区组建合作社集团已近不再适合提升蒙德拉贡（Mondragon）集团的规模效益。法根（FAGOR）和其他一些集团一开始并不认同这个观点。

同年，一个由350名成员组成的蒙德拉贡（Mondragon）合作社代表大会章程也已草拟完毕。章程规定，每个合作社在代表大会中至少应有一名代表。为了限制与会代表的总数，代表名额的分配不应以合作社规模的大小为依据。代表大会每两年至少召开一次，主要职能包括：就集团重大问题制定长期规划；负责完善大会章程；制定内部管理条例；确定集团在社会事务中的作用；处理集团与本国及其他国家政府的关系，等等。提交给大会的所有建议均须

---

① 萨拉伯利亚访谈录（Salaberria interview），2010。

② 奥梅塔西亚（Ormaetxea），1998，pp. 553 － 4。

以书面形式且附有正反两方面的论证。建议一经表决通过，即以决议的形式由代表大会公开印发。章程还用整整一章的篇幅对合作社的基本组织做了详细的规定，明确了所有合作社必须共同坚守的原则和大政方针，如社会保障和退休养老等。代表大会负责选举产生理事会。该章程还对将来按照行业组建的集团管理委员会做出了具体的设想，规定集团管理委员会由代表大会主席和 12 名辖区合作社集团经理，外加埃罗斯科（EROSKI）、拉贡·阿罗（Lagum Aro）以及伊克兰（Ikerlan）三个集团的经理组成，专门负责集团产业政策的执行。该理事会每三个月至少召集一次会议，协调集团合作社金融、投资、促销、研发战略的实施。

1987 年 10 月，首届社员代表大会召开。埃尔夫索·哥那高提亚（Alfonso Gorronogoitia）当选理事会的主席，何塞·玛丽亚·奥梅塔西亚（Jose Maria Ormaetxea）当选集团管理委员会的主席。哥那高提亚（Gorronogoitia）和奥梅塔西亚（Ormaetxea），他们两位都是 21 年前蒙德拉贡（Mondragon）合作社的创始人，分别创建了卡加·拉伯罗（Caja Laboral）和法根（FAGOR）集团。如今两人双双当选，依然在新的蒙德拉贡（Mondragon）集团的最高领导位置上。这说明集团领导思路的延续性。但他们两人对合作社究竟应该按基层辖区还是按行业属性重组这一问题上的观点却大相径庭，并由此引发了集团内部大范围的讨论。这又在一定程度上佐证了合作社经年不变的民主文化传统。

尽管 1987 年召开的首届员工代表大会并没有解决是否应当按照行业属性重组合作社的问题，但是一系列机构改革却在悄然进行。首先，卡加·拉伯罗银行所有的非银行业务已经开始转交集团内部的二级机构，剩下的全部都是传统意义上的银行业务①。银行企业部的部分员工（大约 150 人）正着手筹建一个新的协调中心，其余的人去两家新成立的合作社，LKS 工程和 LKS 咨询合作社。其次，决定设立集团内部团结基金 FISO（由各合作社盈余的 10% 和卡加·拉伯罗银行盈余的 20% 构成）。

当然，关于基层辖区和行业属性两种集约组合争论还在继续。1988 年，集团管理委员会组织一次有 70 家合作社领导人参加的研讨会。会议为期三天，研讨主题为“蒙德拉贡（Mondragon）集团与和欧洲”。这次讨论的结论明确提出集团旗下的合作社应该根据行业属性进行联合或重组，并按行业集团合作社设置各自的研发中心，且将更多的企业管理权力从合作社向集团转

① 戈洛尼奥格提亚访谈录（Gorro ogoitia interview），1992。

移。

1989 年，奥梅塔西亚（Ormaetxea）草拟一份 73 页的名为《由早期的社会实验向真正的企业集团过渡的报告》，强调："为实现合作社所肩负的历史使命及其相应的目标，合作社集团必须增强自身的竞争意识、加强其人力资源的开发与协调、不断创造并合理利用自身的经济资源。"① 另外："集团必须对合作社员工提供所需的创业服务及全面的福利待遇，不断扩大经济规模，提升技术创新与研发能力，创造更多的系统内就业机会，并采取必要手段确保集团核心产业在欧洲单一市场的领先地位。"②

该文件同时还建议按照行业属性对集团旗下的合作社进行"产业调整"，并对 12 产业部门做出了具体的界定。这一文件在 1989 年召开的合作社代表大会上全票通过。

后来，集团又花了两年的时间，起草了《同业联合基本准则》，规定"集团所有下属合作社均须按其所属的行业归口加入相应的集团"。③

第三阶段：蒙德拉贡合作社的发展（1991 ~ 2008）

1991 年 12 月，蒙德拉贡（Mondragon）员工代表大会第三次会议召开。会议决定将蒙德拉贡（Mondragon）改组成集团公司，即蒙德拉贡合作社集团公司，并且将现有的基层辖区合作社按照所属行业重新组合。至此，这一持续争论九年的问题终于有了个结果。

执行重组进程

新的组织结构并没有改变基层合作社自下而上的民主管理体制。实际上，集团旗下的所有机构依然保留着各自的社员大会和理事会。1991 年 12 月集团召开了第二届代表大会，通过了关于组织结构调整的决议。在此次会议上，所有合作社都有代表参加，且在会前都有机会在社内就该议题进行充分探讨。贾维·萨拉伯利亚（Javier Salaberria）回忆道："我们以'公约'的方式，通

① 奥梅塔西亚（Ormaetxea），1998，p. 569。

② 奥梅塔西亚（Ormaetxea），1998，p. 569。

③ 奥梅塔西亚（Ormaetxea），1998，p. 570。

过自由的民主的协商步骤来改变规则①。”

当然，改组的过程也不是轻而易举的。贾维·萨拉伯利亚（Javier Salaberria）在介绍法根（FAGOR）改组的情况时说：“法根（FAGOR）是典型的基层辖区合作社集团，共由八家合作社合并组成，原有职能包括集团金融、人力资源、劳工标准、雇佣政策的制定等。代表大会结束后，我们也曾商讨过有关法根（FAGOR）转制改组的问题。但我们发现改组后会有很多职位重合的问题。比如说，按照新的体制，法根下属的合作社则可以分成三个不同的行业集团，这样我们就需要三个集团总管。转制改组同时还牵涉到很多人事变动。例如，我原来是在法根（FAGOR）集团的法律顾问办公室，改组之后，我所在的办公室与卡加·拉伯罗（Caja Laboral）的法律顾问办公室合并组成了一个新的咨询机构 LKS。这样一来，我就得离开法根（FAGOR）加入 LKS。”②

合作社按所属行业重组之后，接着又被并入几个更大的部门。1995 年，集团共设9 个大部，其中属于实体产业的大部6 个，属于金融业的1 个，另外还有1 个属于产品配送与食品行业③。2005 年，集团又对这一体制进行了改革，将按行业组建的集团与上述9 个大部进一步合并重组，将上述的大部变成了集团总公司的二级机构，成为总公司与其下属 110 个合作社之间的媒介。

然而，改制重组的确给集团带来个更大的效益。萨拉伯利亚（Salaberria）强调说：“这一转变非常重要。如果我们依然固守原有的体制，肯定会付出更高的代价，因为在原有的体制中，尽管集团内很多合作社均属同一产业或行业部门，但由于他们分属不同辖区，彼此间很少互通有无，很难形成行业优势。”④

蒙德拉贡（Mondragon）合作社集团公司（MCC）的成立不但说明集团的内部体制极具灵活性且充满活力，同时也大大提高了集团的国际影响以及应对全球化挑战的能力。随着国际范围内的兼并重组日趋常态化，国际市场上的竞争也日趋激烈，集团内部组织必须进一步改革以便更好地协调各种资源的配置。

---

① 萨拉伯利亚访谈录（Salaberria interview），2010。

② 萨拉伯利亚访谈录（Salaberria interview），2010。

③ MCC，1995.

④ MCC，1995.

扩张和国际化

统一协调公司扩张与国际市场是蒙德拉贡（Mondragon）集团公司众多职能中的一个。集团的国际化确实是其创建的一个主要的推动因素，也是其最主要的贡献之一。在集团公司的领导下，国际化服务、海外办事处、海外分支公司的数量成倍增加。[1] 将生产和市场中心布局到其客户所在区域的策略被认为是其扩张的必要因素。

新政策同时也使蒙德拉贡（Mondragon）在全球化经济浪潮中得以继续扩张。1993 年，公司首次造访中国并且迅速在北京设立了一个永久办事处。1994 年，蒙德拉贡（Mondragon）因其“质量—服务—价格”被美国通用汽车（General Motors）评为欧洲年度公司。伊雷泽（Irizar）合作社成功地推出并生产了一种名为“世纪”的新型公共汽车，目前正在为进入英国市场改造其驾驶系统。建筑业合作社奥热那（Orona）和尤萨（Urssa）修建了塞维利亚（Seville）国际博览会和巴塞罗那奥运会的许多建筑和体育场馆。1995 年，尤萨（Urssa）在比勒宝（Bilbao）修建了全金属结构的贾根海因（Guggenheim）展览馆并且赢得了该市地铁（Metro）招标项目。法根（FAGOR）的良好市场形象使其成功地被选为塞维利亚（Seville）国际博览会的官方供应商。1994 年，法根 - 阿拉斯赛特（FAGOR Arrasate）负责美国通用电气承运重达 50 吨的冰箱门生产线，其空运能力得到了通用电气的首肯。类似的例子不胜枚举[2]。

新的金融机制

如今，卡加·拉伯罗（Caja Laboral）的投资大部分集中在合作社系统之外。新设的投资部门也将其投资重点转移到巴斯克（Basque）地区之外。它的备用金储备是如此之高，以至于向蒙德拉贡（Mondragon）提供的贷款数量仅占其中的一小部分而已。1964 年，蒙德拉贡合作社从该银行的借贷比例高达该行全部资本储备的 64%，1980 年这一比例降到了 36%，1993 年降到了

---

① 可以在 17 个国家和地区发现此工厂：巴西、中国、捷克、法国、德国、印度、意大利、墨西哥、摩洛哥、波兰、葡萄牙、罗马尼亚、泰国、土耳其、英国和中国的台湾。在智利、俄罗斯、美国和越南也有公司办公室。详见 http：//www. mondragon - corporation. com/language/en - US/ENG/Mondragon - in - the - World/Corporate - Offices. aspx.

② 逍遥（Sanchez Bajo），2007a。

10%，1996 年又降到了 6%，到了 2009 年，这一比例仅剩 3%①。尽管如此，该银行向集团合作社提供的信贷绝对值还是相当高的。

集团公司成立之后，对旗下合作社的资金借贷体系也进行了改革。除与卡加·拉伯罗（Caja Laboral）签订有信贷协议之外，还与西班牙所有的大银行签订了协议。此外，他们还可以通过统一的担保体系（common guarantee system）相互拆借。

每年，公司旗下的所有合作社和卡加·拉伯罗（Caja Laboral）银行均须从各自的盈余中拿出 10% 和 20%，交由集团公司直属的蒙德拉贡（Mondragon）投资部统一管理。然后这笔资金再以项目资助的方式返还给下属合作社，用于下属合作社国际化、发展以及新合作社组建等。具体的项目资助由投资部管理委员会负责确定。管理委员会首先组织专门人员就相关项目进行分析讨论，讨论结果经投资部管理委员会批准后上报集团公司管委会委员会。

合作社团结基金（solidarity mechanisims）的设立分为两类。一类由集团总公司管理，规定所有合作社均须将其盈余的 3%（最高 10%）上缴集团总公司，作为员工薪酬在集团系统内统一分配；如果合作社出现赤字，合作社可向总公司申请，从这笔资金中获得高达 50% 的亏损补助。另外一类由总公司下属的二级机构管理，规定其下属的合作社可自行决定将其利润的 15% 至 40% 上缴给合作社所属的二级机构，然后由二级机构根据下属合作社工资级别进行重新分配②。

商贸与流通的发展

第三阶段的一个主要特征是消费者合作社埃罗斯科（EROSKI）的快速扩张。蒙德拉贡（Mondragon）集团决定在非巴斯克（Basque）地区快速扩大埃罗斯科（EROSKI）的市场份额。1990 年，集团计划总投资 24.9 亿美元（史上最大，比前一年整整提高了 36%），其中的 40% 被用于埃罗斯科（EROSKI）的扩张。结果，埃罗斯科（EROSKI）的销售额从 1990 年到 2000 年整整增长了 6 倍。在伊比利亚半岛之外，合作社作为大股东与亚都·皮耶斯（Adour Pyrenees）消费者合作社共同出资，在法国南部的阿提斯（Altis）设立商贸网点。此外，埃罗斯科（EROSKI）还在西班牙国内并购了 7 家连锁超

① 加列特圭（Gallastegui）1994，p. 19，与米克尔·勒扎弥斯的交流（Communication MikelLezamiz）。

② 甘罗特访谈录（Garate interview），2010。

市，卡帕罗伯（Caprobo）就是其中的一个[①]。

作为这种快速扩张的结果，埃罗斯科（EROSKI）成为当时蒙德拉贡（Mondragon）集团内部拥有员工人数最多的企业，大约有46000名员工，占到了这个集团员工总数的50%。但其中仅仅9000人是合作社正式成员，其余5000人都是合作社雇员，尚未正式入社。这些雇员大部分都在辅助岗位上工作。

自从20世纪90年代中期，埃罗斯科（EROSKI）计划改变其垂直矩阵型的结构，试图将经营活动向合作社系统外扩张。从1995到1997年，它先后组建了三家符合西班牙"民间团体法"（civil societies）且有点类似民营公司的经济实体。三个实体中有好几千名员工都是合作社社员，分别在500到600个零售店工作。在这三家实体里，尚未入社的雇员也可以通过入股参与公司的管理，享受利润分成。这就为将来这些实体改制为合作社奠定了基础。

埃罗斯科（EROSKI）的总裁杜卡斯特（Dacosta）这样解释道："为了在合作社系统外组建这三家'民营公司'，我们首先起草了一份文件，花了一年的时间修改完善，后来又用了两年多的时间反复讨论。在这三家公司中，一家主营体育器材，一家经营大卖场，另外一家经营超市。与蒙德拉贡（Mondragon）合作社一样，这三个公司也有自己的管理委员会、社员大会以及员工委员会。但由于员工分散在西班牙各地，他们在参加全国社员大会之前需首先按地区召开预备大会。我们（埃罗斯科）不参加他们的预备会，只参加地区预备会之后召开的全国代表大会。在三家公司的管理委员会中，一半的代表从雇员中产生，另外一半分配给埃罗斯科（EROSKI）。"

三年前，我们又向前迈了一大步，不但为制定了未来三家公司转制为合作社的章程，而且先后就该章程进行了两次全民公决，一次是三家公司全体员工表决，一次在埃罗斯科内部表决。两次公投均以全票赞成通过。经过长达两年多的辩论和两次全体公投，该章程最终于2009年1月17号正式通过。条例计划在五年之后将三家公司转制成一家合作社集团。虽然现在我们已经有了新的章程，但组建合作社的进程却因危机的到来被迫推迟。一来危机带来了很多不确定因素；二来因为危机期间消费大幅下降，雇员担心投资回报太低，可能会退股撤资；更有甚者，有些雇员甚至怀疑合作社故意想将危机转嫁到他们身上。因此我们决定再等一等。等到危机结束，如果剩下的3万

① 逍遥（Sanchez Bajo），2007a。

名员工同意的话，我们再继续。眼下我们要做的首先是营造一种大家都能认可的企业文化。这是基础，不是一时半会一蹴而就的。我们不确定是不是要为此付出代价，但我们相信这样做肯定利大于弊，如果不这样做的话代价可能更大。①

在可以预见的未来，埃罗斯科（EROSKI）计划只在西班牙国内推进其商贸网点的合作社化进程，要想将其复制到法国境内的网点可能会牵涉到诸多复杂的问题，难度太大。但是，一旦埃罗斯科（EROSKI）成功地完成了这一合作化进程，肯定会成为集团其他工业合作社值得借鉴的先例，因为那些工业合作社在世界范围内也设有很多分支机构，有些甚至已经开始试图在其内部实施合作社的民主参与制度。

探索新的业务：社会服务

危机爆发之前，公司内部启动了一个养老福利项目。负责技术和产业创新的副总裁贾维·斯提尔（Javier Sotil）曾说："当时，我们有 10 个养老院，共有 450 名雇员，照顾大约 800 余人。在某些方面，我们是养老院的所有者，但在某种意义上，我们只不过是这一公共服务事业的管理者而已。在巴斯克（Basque）地区，这种需求是巨大，也正因为如此，这是一个巨大的挑战。其实我们的服务远比别人好，但成本却比其他类似的服务机构低 30% ~40%。一方面，当时的政府部门很少关心养老经费具体的支出项目。另一方面，私营养老机构唯利是图，导致住宿环境日趋恶劣，退休的老年人的和他们家庭的利益得不到应有的保障。另外，还有一些纯粹靠募捐支撑的慈善机构，他们在这方面做得的确不错，但他们常常向政府索要资金。如果得不到满足，就会威胁说要关闭这些场所，所以这也给政府带来了很多难题。但在我们这，所有的财务信息都是透明的，即便有盈利也重新分配给下属员工。养老福利项目的营销宣传由 LKS 咨询合作社负责，另外一家合作社负责物业管理。如今，这些养老院中很多已经转制成了合作社。"②

教育和科研产业

合作社的教育产业包括该区域的教育合作社、附属的研究机构以及相关的培训项目。蒙德拉贡（Mondragon）的教育系统很广泛。如今，除自己的 6

① 杜卡斯特访谈录（Dacosta interview），2010。

② 斯提尔访谈录（Sotil interview），2010。

个性质不同的教育机构之外，蒙德拉贡（Mondragon）集团还负责向伊卡斯特拉斯（Ikastolas）教育系统内的巴斯克（Basque）中小学提供语言教学服务。

但是最令人振奋的创举是在1997年创办的蒙德拉贡大学。该大学由工程学院（Eskola Politeknikoa）（工程类）、ETEO（管理类）以及Huhezi（教育及人文科学类）合并而成。蒙德拉贡（Mondragon）大学现在在校生4000余人，开设22个不同的学位课程。此外，该大学还开设15个研究生课程以及8个特色专业课程①。

提供全方位的素质教育是该大学的核心宗旨，教学内容不但包括合作社理念及价值观，同时还包括相关的科技知识和必要的专业技能，以便应对科技、社会以及经济不断发展所带来的挑战。

以蒙德拉贡（Mondragon）大学商学院为例。该学院的学术研究强调企业创新与专业技能，不但向学生传授最新的理论知识、研究手段及研究方法，同时还强调理论结合实践。目前，商学院正致力于社会发展的理论、模式、方法论等领域的研究。这些研究不但有利于促进整个人类社会组织的管理与发展，同时也有助于提高微观企业组织管理与技术的效率。②

大学下设的兰克（Lanki）研究院专注于合作社作为一种企业组织形式的研究，目的是将合作社实践与自我管理方面的跨学科研究结果作为合作社发展的指导思想及培训内容。

与蒙德拉贡（Mondragon）大学不同，奥特拉罗（Otalora）是一个培训中心，于1984年由卡加·拉伯罗（Caja Laboral）银行组建，20世纪90年代早期开始发展壮大。培训中心设置的核心目标是提供合作社的教育。此外，培训中心还专门为合作社各级领导提供广泛的企业经营与管理培训。它针对不同教育水平的合作社成员设计出不同的教料和培训课程，特别是那些合作社的管理委员会和员工委员会成员。中心不但致力培养新社员的合作社意识，同时也在强化现有合作社领导和普通社员的合作社意识方面发挥重要的作用。培训课程的开设完全根据集团下属的合作社各自的需求。不过最近有消息称，该中心已经决定在集团系统内开展一次为期两天的全员培训，包括合作社各级领导。

奥特拉罗（Otalora）还给国内外的其他合作社和组织敞开其大门。例如，1992年和1993年，一批来自中国的合作社领导在奥特拉罗（Otalora）接受培

① http：//www. mondragon. edu/home/view? set_ language = en.

② 逍遥（Sanchez Bajo），2007b。

训。在1998年，来自中东欧的合作社领导层也参与了类似的培训课程。来自拉丁美洲的很多组织也曾在这培训。根据其领导人米克尔·勒扎弥斯（Mikel Lezamiz）的说法，只有通过长时间的验证，才有可能评价这些交换培训的价值。①

研究开发

自20世纪90年代开始，随着全球经济一体化进程的加快，整个世界也变得越来越小，技术创新业已成为提升企业核心竞争力的关键。如今，伊克兰（Ikerlan）（见上文，创建于20世纪60年代）已经成为一个在产品开发领域有着较强能力的技术研究中心。该中心还与很多企业合作，根据企业具体的情况，运用合适的技术与方法，向他们提供新颖有效的解决方案，帮助他们提高技术创新能力。以前，伊克兰（Ikerlan）曾在西班牙对整个欧洲敞开国门以及蒙德拉贡（Mondragon）成为产业集群的时候发挥过至关重要的作用。如今，在全球化进程下，其战略地位变得愈发重要了。

伊克兰（Ikerlan）R&D项目包括：建筑机械模拟操作与训练系统、油漆浓度自动检测仪、黑白家电网络自动化控制系统、集装箱港口物流自动化运能扩展系统、以及微重力环境蛋白质分离实验电控单元等。

但是伊克兰（Ikerlan）并非蒙德拉贡（Mondragon）惟一的R&D中心。自从20世纪80年代末开始，伴随着整个集团的部门重组，多家新的技术中心相继成立。迄今已有12个，研发领域涉及自动控制、纳米技术、机械设计、各类机床、组装技术、焊接、电子等领域。

第四阶段：成功应对经济危机（2008~2010）

危机对蒙德拉贡的影响

在与多位蒙德拉贡（Mondragon）领导人的谈话中我们可以清楚的认识到，这场席卷全球的经济危机是蒙德拉贡（Mondragon）所经历过最恶劣的危机，甚至比20世纪80年代早期的那场大萧条还严重。在过去的15年里，他们取得了非同寻常的成就。但到了2007年，他们却隐约地感觉到危机似乎正

① 勒扎弥斯访谈录（Interview，Lezamiz），2010。

在逼近。当时市场消费大幅度下滑已经引起了埃罗斯科（EROSKI）的警觉。2008年早期，工业合作社对即将来临的危机感受更为强烈，因为他们突然发现集团内部雇员的跨社安置比以前任何时期都频繁（而这一现象自20世纪90年代早期至今还从未发生过）。这一问题在汽车业尤为突出。汽车业占了整个蒙德拉贡（Mondragon）销售额的20%，且其中30%的合作社都已陷入了困境[①]。

2008年，集团的总盈余骤然下降到7100万欧元，而2007年这一数字却高达7.92亿欧元[②]。2009年，集团利润进一步下降，只有6100万欧元，比2008年又下降了14.2%[③]。米克尔·勒扎弥斯（Mikel Lezamiz）针对这一现象评论道[④]："当然，这样的业绩对集团而言根本就算不上辉煌，但如果与大部分在危机边缘或已经倒闭的企业来比，能够保持这样的业绩还算过得去。"

在西班牙国内受冲击最严重的一些行业里，集团蒙受的损失更大，建筑和家庭用品领域。对欧洲的出口也与西班牙本土的销售类似，仅2009年一年，总销售额就下降了11.9%。正如何塞·玛丽亚·甘罗特（Jose Maria Garate）所说："汽车行业受到的冲击极为严重，大量成车积压库存，企业停止下单，生产陷入瘫痪，订单下降了50%。2009年，欧洲许多国家的政府开始出手救助。虽然这之后出现了一定的复苏，但这个临时措施之后，不确定性局面依然存在[⑤]。"

尽管卡加·拉伯罗（Caja Laboral）银行并没有出现亏损。"但在2008年，我们受到的冲击也不小。由于卡加（Caja Laboral）不得不拿出一部分盈利来弥补雷曼兄弟造成的损失，所以2008年全年的利润只有10亿欧元。当时我们之所以投资雷曼兄弟，主要是因为评级机构给它的信用评级很高，我们也信任这些评级机构"，米克尔·勒扎弥斯（Mikel Lezamiz）承认道。2009年，银行的利润进一步降低，仅有6500万欧元（尽管在合作社银行整体市场份额全面提升之后，贷款有0.2%的提高，个人储蓄有4.5%的提升。这个我们在

---

① 埃尔迪克达、杜卡斯特、勒扎弥斯、甘罗特、戈伊迪亚访谈录（Aldekoa，Dacosta，Lezamiz，Garate，Goitexea interviews），2010。

② http：//www. mondragon – corporation. com/language/en – US/ENG/Economic – Data/Most – relevant – data. aspx.

③ http：//www. mondragon – corporation. com/ENG/Press – room/articleType/ArticleView/articleId/1475. aspx.

④ 勒扎弥斯访谈录（Interview，Lezamiz），2010。

⑤ 甘罗特访谈录（Garate interview），2010。

第四章中分析过）。[①] 勒扎弥斯（Lezamiz）还说：“我们与拉贡·阿罗（Lagum Aro）有同样的恐惧感，毕竟利润变得很微薄了。但至少我们没有亏损。”[②] 2009 年，拉贡·阿罗（Lagum Aro）的账面数字更难看了，但和卡加·拉伯罗（Caja Laboral）银行一样，拉贡·阿罗（Lagum Aro）好歹还有盈利，没有陷入亏损的境地。[③]

工业所受的冲击也很沉重。例如，加工机械制造业的需求比前一年减少了 50%，且这一趋势估计要延续到 2010 年。以前每天 24 小时要 2～3 班轮换工作，现在已经缩减到白天一个班次了。[④]

2010 年，在埃罗斯科（EROSKI）所属的商品贸易与流通领域（distribution），消费能力还在继续下降，且短期内不会出现任何改观。[⑤]

应对危机的措施

蒙德拉贡（Mondragon）公司的现任总裁何塞·玛丽亚·埃尔迪克达（Jose Maria Aldekoa）总结了三种方式来应对危机：

第一是我们所谓的“态度”，也就是如何正确面对所面临的困难和问题。在这个问题上我们大家的态度是完全一致的，即本着负责任的态度勇敢地面对我们所面临的问题：首先要相信集团，保持冷静，受危机影响的不单单是我们，世界各国都受影响，结果肯定有输有赢；其次要团结（我所说的团结是不分职位高低，大家同舟共济），因为危机产生的原因不是单一的，既不是管理层的原因，也不是员工的原因，不景气的时候所有人都会受到影响；此外还要随机应变，因为危机所带来的不单单只有困难，同时也有机遇；再之我们需要保持前瞻性的眼光。相信凭我们的实力一定能够度过这场危机。[⑥]

第二是我们为应对危机采取的短期措施。

第三是中长期措施，这个更具结构性影响。

下面我们具体介绍一下这三项措施。

---

① 卡加·拉伯罗（Caja Laboral），2009 年经济和社会报告 https：//www. cajalaboral. com/clweb/pdf/sobre_ nosotros/informes/2009/es/Informe_ Economico_ y_ Social. pdf.

② 勒扎弥斯访谈录（Interview，Lezamiz），2010。

③ 参见网址：http：//www. seguroslagunaro. com/corporativa/secciones/informacion_ corporativa/quienes_ somos/memorias. php？ idioma = es. （LagonAro’ s）2009 年度报告。

④ 巴伦恩奇访谈录（Barrenechea interview），2010。

⑤ 杜卡斯特访谈录（Dacosta interview），2010。

⑥ 埃尔迪克达访谈录（Aldekoa interview），2010。

态度

我们之所以能有这种“态度”，部分原因在于合作社本身的组织模式。何塞·伊格·甘罗特（Jose Ignacio Garate），曾经负责整个公司的机构关系调整，并在蒙德拉贡（Mondragon）的领导岗位上超过30年。他说：“员工是我们合作社内部管理的基础，而且合作社本身也在不断地调整自己以适应新的变化。在这个意义上讲，我们在内部管理上不会发生任何危机。”他还认为：“公开透明的管理及财富分配模式给合作社带来了超常的应变能力。为了应对危机，无论我们的决定多么艰难，即便是万不得已，也会得到全体社员的认可[①]。”埃罗斯科（EROSKI）的总裁康斯坦·杜卡斯特（Constan Dacosta）用自己部门的实际情况同样证实了这一点：“合作社内部的员工控制避免了管理者的狂热与孤注一掷。这是我们在管理体制上的竞争优势。我们对实体经济的规划都是长期的，而且总是着眼于未来的可持续发展。”[②]

持有这种“态度”的另一个原因在于蒙德拉贡（Mondragon）集团本身的结构。“集团是一个整体，我们的前瞻性和广阔的视野是那些和我们规模类似的常规企业（SMEs）难以企及的。”甘罗特（Garate）说[③]：“较之平时，危机期间的局势更加变化莫测。这反倒更能体现出合作社协调机制的效率。当然，这些协调机制并非此次危机中的创新，而是以往多次危机中经验的结晶[④]。”

甘罗特（Garate）继续说道：“早在2008年8月，公司就通知旗下所有合作社关于危机到来的消息。同年11月，公司又下发了关于如何应对危机的建议。每年的11月，公司照例都要召开一次由合作社主任参加的全体大会，规模大约150人，发布各下属合作社次年制定管理计划的指导方针。就在那年的全体大会上，我们意识到将会面临一次严重的危机。有些合作社，例如那些专门生产生产资料的合作社，2008年的业绩相当理想。因为执行了这些建议，2009年的业绩也很出色。那些原先没有落实集团建议的合作社也争相效仿，打算在2010年执行这些建议。最早执行建议的是集团旗下涉足汽车行业的合作社，他们早在2008年10月建议刚刚下发之后就立即执行了。”[⑤]

短期措施

① 甘罗特访谈录（Garate interview），2010。

② 杜卡斯特访谈录（Dacosta interview），2010。

③ 甘罗特访谈录（Garate interview），2010。

④ 埃尔迪克达访谈录（Aldekoa interview），2010。

⑤ 甘罗特访谈录（Garate interview），2010。

资金保障：与我们接触过蒙德拉贡（Mondragon）领导人大多认为，资金保障方面的措施极为重要，无论是内部资金（例如现金流管理）还是与银行之间的关系等等。

蒙德拉贡（Mondragon）自身的融资或资本化系统包括两个部分：一部分是不可分割的公基金，另外一部分是作为资本留存的盈余。正如我们前面提及的那样，这部分资金只有在员工退休之后才能动用。当危机降临之际，这部分资金的确起到了不可估量的作用。

此外，基层合作社也采取了一系列措施，包括：最大程度上缩减一般性开支（包括取暖费用）；2008 和 2009 年连续两年减少 30% 投资；变卖集团内所有闲置和无用资产；大幅度降低库存；加大应收账款回收力度；尽量争取政府财政补贴及税收减免；通过民主协商后将员工薪酬下调 8%①。

眼下，我们又在集团系统内采取一些最新的措施，比如团购。“如果集团所有下属合作社需要购置的总额为 50 亿欧元，哪怕通过团购只能降低总价的 1%，节省下来的资金都比降低员工 3% 的薪水还要多②。”与此同时，我们还启用了集团账下的团结基金，来帮助一些财务状况极其困难的合作社摆脱困境。

为了应对危机，有些合作社已经决定合并。丹皮特（Danobat）机械制造行业集团旗下的两家合作社已经开始合并。另外四家合作社的并购也在研究之中。丹皮特（Danobat）公司的总裁雷法尔·巴伦纳其亚（Rafael Barrenechea）具体介绍了他们是如何实施合并的：首先是行业集团经过研究提出建议，然后经过管理委员会反复辩论批准，最后再提交当事的两个合作社社员大会讨论通过。由于合并牵涉到员工自身的经济利益，所以两个合作社社员大会投票必须同时进行。因合并必须离开原有岗位的雇员要么被安置到本行业集团下属的其他合作社，要么被安置到蒙德拉贡（Mondragon）集团总公司旗下的其他单位工作③。

集团对外融资主要通过资产抵押贷款。这对于埃罗斯科（EROSKI）这样一个从事商贸物流的行业集团来说极为有利，因为早在危机之前他们已经拥有大量可供抵押的固定资产了：“我们的运营方式很像过去那种传统的街区商

① 埃尔迪克、勒扎弥斯、达甘罗特访谈录（Aldekoa, Lezamiz, Garate interviews），2010。

② 埃尔迪克达访谈录（Aldekoa interview），2010。

③ 巴伦恩奇访谈录（Barrenechea interview），2010。

店，经营场所和店面的产权基本上都在我们手里[1]。”丹皮特（Danobat）机械制造行业集团目前的中期贷款也是通过自己集团下属合作社资产的互相担保从银行获得的。另外，EROSIK 还公开发行了没有投票权的企业债券，大约有 18000 名小投资者购买，募集资金总额高达 6 亿欧元。

社保基金制度改革。拉贡·阿罗（Lagum Aro）的社保基金来自于两个渠道：一是各合作社按员工薪酬 35% 的比例上缴的养老保险（其中有 11% 属于国家社保基金）；一是合作社员工本人按自身工资 6.6% 的比例上缴的养老保险。所有这些资金加在一起用于支付政府社保、集团自身附加保障、病休补助、冗员裁减补助、以及员工跨社安置补助等。

合作社的社会保障体系很好，员工上缴的部分比传统企业少，但享受的保障比传统企业要多。尽管如此，拉贡·阿罗（Lagum Aro）社员大会还是不得不于 2010 决定对这一保障体系的构成比例进行部分调整。在此之前，员工社会保障的 70% 靠集团通过拉贡·阿罗（Lagum Aro）投资所得来支付；政府社会保障支付的比例只占 30%。修改后的方案是：年龄在 50 或 50 岁以下员工享受的社会保障 60% 从政府社会保障中支付；集团自己支付的比例从 70% 下调到 40%。这一调整的确是无奈之举，“金融危机对拉贡·阿罗（Lagum Aro）造成了极为严重的影响。而且我们都知道此前集团承担的比例的确太高，这样风险很大。”甘罗特（Garate）解释说[2]。

就业：蒙德拉贡（Mondragon）公司总裁埃尔迪克达（Aldekoa）解释了集团如何看待失业这个问题的：“我们从来不讨论如何对待失业的问题，我们只关心如何处理就业的问题。为了应对危机，我们采取的第一项措施是裁减所有多余或产能低下的岗位。在危机之中，我们并没有削减员工法定的工作时间和报酬，但这些工作时间的分配必须根据需求随时调整。所以我们在日程安排上采用了弹性工作制。”[3]

埃尔迪克达（Aldekoa）继续道：“另外，尽管我们不愿改变员工工作的权利，具体的说就是保持员工原有的隶属关系和岗位级别，但这并不意味着他们的岗位不能调整。在危机期间，员工必须根据情况随时被安排到需要他们的地方去上班。当然，通常都在不超过 50 公里的范围内。”

员工重新安置按以下程序运作。首先，公司设有一个就业委员会，通常

① 杜卡斯特访谈录（Dacosta interview），2010。

② 甘罗特访谈录（Garate interview），2010。

③ 埃尔迪克达访谈录（Aldekoa interview），2010。

由6人组成。委员会定期召集会议，对下属合作社是否存在冗员展开评估，并界定冗员的性质究竟是由非常规事件引发的暂时性冗员（一般至多三年），还是由于结构性导致的永久性冗员。接着，拉贡·阿罗（Lagum Aro）会安排这些员工到其他合作社进行再就业。安置工作涉及的再培训或者交通费用由拉贡·阿罗（Lagum Aro）根据两个涉事合作社之间的分配差距按比例支付。这笔费用由两部分构成：一部分是合作社定期上缴给拉贡·阿罗（Lagum Aro）的专项经费；另一部分按涉事合作社的薪酬标准临时拨付。如果接受安置合作社的薪酬水平高于派遣合作社的水平，则高出的部分由拉贡·阿罗（Lagum Aro）支付。反之则由派遣合作社支付。不能在内部重新安排岗位的冗余员工，他们的开销由拉贡·阿罗（Lagum Aro）和合作社支出，支出最长的时间是两年。如果问题是结构性的，在58岁的年龄提早退休是一个选择，退休前的两年不再安排再就业。

在这场危机中我们究竟重新安置了多少冗余员工？“2009年，我们大约安置了600余人；2010年，约有400人得到重新安置”，蒙德拉贡（Mondragon）总裁埃尔迪克达（Aldekoa）说道[①]。这也包括35名来自一家被迫关闭的工业合作社的员工。剩下几个真正失去工作的员工几乎全部都是自己申请提前退休的。幸运的是，冗员的问题是陆续发生的，并不集中。“例如，2008年末汽车行业的合作社总共有300名员工被调配到其他部门。但到了2009年，这些员工不但全部返回了原来的工作岗位，合作社同时还从其他情况不太好的合作社接纳了300多名冗余人员。”[②]“2009年丹皮特（Danobat）机械制造公司最困难的时候共有多达160名员工需要重新安置。但现在已经有120人返回原来的岗位，剩余的几十个人也已提早退休了。”[③] 为了应对危机，埃罗斯科（EROSKI）中心办公室的部分职员被派到基层店面去当营业员，为了分担他们留下来的工作，剩下来的职员每天必须无偿地加班10%的时间。

长期措施

蒙德拉贡（Mondragon）公司总裁埃尔迪克达（Aldekoa）将集团公司的长期战略总结如下：

重点提高创新能力是集团长期战略的一个重要组成部分。为此，我们将不得不对集团的内部结构做进一步调整，进一步加强集团下属的大学、生产

① 埃尔迪克达访谈录（Aldekoa interview），2010。
② 戈伊迪亚访谈录（Goiketxea interview），2010。
③ 巴伦恩奇访谈录（Barrenechea interview），2010。

者合作社以及研发机构三者之间的在产学研方面的密切配合。此外我们还必须进一步加强和提高我们在国际市场上的推广与国际化水平，特别在美国，金砖四国（巴西、俄罗斯、印度和中国），以及我们已经有一定份额的德国。作为一个集团公司，我们必须从大局和整体出发，进一步转变经营模式，根据下属合作社各自的特点，通过协商改变目前单一的管理体制。①

创新的方法：随着这场危机，在集团内部关于创新的讨论加强了："我们一直在讨论关于创新的问题。我们最为关注的是如何利用我们现有的技术通过在现有的产品中增加更多的服务来提高产品的附加值。"伊格·甘罗特（Ignacio Garate）曾说②，创新本身就是解放思想的过程："危机促使我们不得不比以前更加重视产品的说明书的外观设计。我们以前就不太重视这个问题，现在不一样了，我们必须把说明书设计的尽量精美。"公司负责创新和新部门的副总裁，贾维·斯提尔（Javier Sotil）评论道。③

产品策略：根据贾维·斯提尔（Javier Sotil）说的："我们生产和经营的很多东西都是在20世纪60年代设计的（家用产品，汽车，金属锻压等），如今很多已是落后淘汰产品。我们早就知道这一点，但不到万不得已我们很少做任何改进。危机加速了这一过程，使这些产品的盈利能力明显下降，已经不再是拉动本地经济增长和就业的引擎了。我们需要迅速改变，没有时间给我们继续等待。我们以前也曾在技术研发上投入过大量资金，但那些技术如今已经不再是能够推动经济发展的主导因素。例如，我们曾向家用产品行业投入巨资来进行创新，也曾创造过大量的就业机会（至今还有8000个之多）。虽然那些产品也曾经给我们带来很多盈利，但眼下这些行业的景气度却今非昔比了。"④

贾维·萨拉伯利亚（Javier Salaberria），在法根（FAGOR）集团的家用产品领域一直处于领导层，他说："20世纪60年代，来自西班牙很多地区人纷纷涌进蒙德拉贡（Mondragon）来找工作。如今，巴斯克（Basque）劳动力的教育程度比过去任何时候都高。他们都上过大学，或者接受过西班牙最好的职业教育。既然巴斯克（Basque）地区占尽各方面的优势，再继续从事电冰箱装配就毫无意义了，无论我们如何设法改善其物流、提高其质量、改进其

① 埃尔迪克达访谈录（Aldekoa interview），2010。
② 甘罗特访谈录（Garate interview），2010。
③ 斯提尔访谈录（Sotil interview），2010。
④ 斯提尔访谈录（Sotil interview），2010。

技术和创新。现在我们必须把电冰箱的生产从巴斯克（Basque）地区转移到其他国家和地区，以便集中力量专注于设计、市场以及其他一些高附加值的服务。"①

丹皮特（Danobat）机械制造公司的产品也在不断更新换代："我们正努力让我们的产品更加先进，我们也在改变我们的销售策略，譬如将产品与服务结合起来，为客户提供具有较高附加值的整体解决方案。"②

未来我们计划重点发展电动汽车、塑料、铝材、健康、老年服务、能源、机械设计、成套设备的生产与安装等领域。"我们正在寻找一些具有高附加值的产品以及跨行业的服务，以创造事半功倍的效益。"蒙德拉贡（Mondragon）公司的总裁 Aldekoa 说道。③

市场策略：另一个关键的长期战略是市场的重新定位。"全球化的过程至少还需 20 多年的时间。所以我们必须在价值链当中找到自己合适的地位。"何塞·伊格·甘罗特（Jose Ignacio Garate）说道④。以机器制造为例：我们正在寻找新的市场。20 年前中国只不过是我们的第 14 大市场，而现在已经成为我们的第 2 大市场，仅次于德国。1993 年，机器制造行业在世界范围内爆发了危机，其产能被迫缩减 50%。危机对整个行业造成了严重影响，迫使我们不得不进行行业调整。但是如今情况不同了，我们在开发新市场方面投资巨大。我们有新的工厂和新的产品，我们有世界级的销售平台，而且我们还对所售卖的产品进行培训、设计、组装等售后服务。这样不但降低了成本，同时也提高了产品的适应性，方便了我们的客户。我们使用客户所在国的语言、按照当地的作息时间、在当地进行生产与经营。⑤

"关键是要提高边际利润，以最小的成本生产最高附加值的产品与服务。要想做到这一点，我们肯定需要更多地资金。在此之前，我们对资金的需求还算正常。但随着更大项目的上马，资金需求肯定会随着提高。"贾维·斯提尔（Javier Sotil）说道。⑥ 由于集团有自己的银行、自己的非银行金融工具、以及集团内部的相互担保机制（joint guarantee system），其化解金融危机挑战的能力肯定比欧洲其他一些中小企业要强得多。

---

① 萨拉伯利亚访谈录（Salaberria interview），2010。
② 巴伦恩奇访谈录（Barrenechea interview），2010。
③ 埃尔迪克达访谈录（Aldekoa interview），2010。
④ 甘罗特访谈录（Garate interview），2010。
⑤ 巴伦恩奇访谈录（Barrenechea interview），2010。
⑥ 斯提尔访谈录（Sotil interview），2010。

体制改革：2009年，蒙德拉贡（Mondragon）集团公司合作部，后来更名为蒙德拉贡（Mondragon）人社部（Mondragon Humanity at work），决定增设一名专门负责推广知识与技术创新的副总裁，直接对总裁负责，并将工程和服务行业集团下属合作社中所有非生产性合作社的人员组织在一起，成立了一个新的部门，专门从事知识与技术创新的推广活动。

与公共管理部门的关系：这对“普通的私营”企业制定长期规划特别重要。公司体制部负责人塞·伊格·甘罗特（Jose Ignacio Garate）认为：“我们与公共管理部门的关系历来很密切，危机期间更是如此。这与我们的民主管理及信息公开是息息相关的。对他们来说，我们就像一个实验室。所以政府在制定有关政策时总是会考虑到合作社。根据我们与地区政府签订的协议，我们每三个月都要与政府会商一次，商讨有关提升竞争的计划、国际化、以及产业政策。”①

环境和新的增长方式：蒙德拉贡（Mondragon）合作社的产品已经全部通过了ISO环境认证。但未来的生产方式并非仅仅局限于环保与节能。蒙德拉贡（Mondragon）已经开始考虑新的增长方式。确实，“过去10年的增长率很难继续，或者说没有可能继续保持。没有资源也没有材料来继续如此增长。”埃罗斯科（EROSKI）总裁杜卡斯特（Dacosta）说道。甘罗特（Garate）认为：“所有的危机都会过去，再大的错误也能纠正。但资源是结构性的，我们必须接受一个事实，那就是我们的生活水平将会降低。”因此，“我们需要新的增长方式，这确实是一个重大挑战。”勒扎弥斯（Lezamiz）总结道。

结论：蒙德拉贡集团的经验

努力创造就业岗位

从20世纪90年代开始我们与蒙德拉贡（Mondragon）领导层的所有交流和访谈中，其领导层都一直强调蒙德拉贡（Mondragon）的主要宗旨是创造就业机会。对此我们必须有一个正确地理解。蒙德拉贡（Mondragon）在就业方面的努力不是一时半时而是长期且可持续的，只有这样我们才能真正地推动地方经济的发展和共同富裕。集团内部之所以先后设立了那么多的服务机构，

---

① 甘罗特访谈录（Garate interview），2010。

如我们自己的财务、教育、研究、或者社会保障机构等，全部都是为了增加就业机会这一宗旨。

为了创造更多的就业机会，蒙德拉贡（Mondragon）服务机构所推行的金融投资模式至关重要。正如我们在前面所看到的，在20世纪80年代早期，汤姆森（Thomas）和拉甘（Logan）就已经认识到蒙德拉贡（Mondragon）每增加一个就业岗位都需要大量的资金投入①。前面我们还提到，增加岗位所需的部分资金是通过员工入股的方式募集的，其股金大致相当于该岗位一年工资。由于高科技企业的运营需要一系列辅助机构来支持，要想在这些企业增加一个长期就业机会所需要的资金显然要比那些简单的劳动密集型企业提供一个短期就业岗位多得多。

同时，集团还创建了独具特色的内部社会保障体系。这一体系的主要作用并不是给裁减员工提供失业救济，而是在合作社遇到危机时通过跨社安置避免员工失业。

合作社独特的就业模式，据蒙德拉贡（Mondragon）领导层自己说，是他们之所以能够保障员工持续就业的另一个主要原因。首先，合作社通常不会把当地的企业和经营转移到国外，即便是国际化浪潮席卷全球的时候，蒙德拉贡（Mondragon）集团也没有这样做。诚然，蒙德拉贡（Mondragon）的生产经营活动的确已经扩展到了世界各地，但他们从未因此而裁减自己的员工。其次，蒙德拉贡（Mondragon）的就业模式注重系统内部“工作”的合作化，也就是把员工视为合作社的主体成分，是集团内部的主要股东。即便在集团内部的服务机构里也有基层合作社的参与，员工也拥有一定股权和管理权。这就极大地调动了基层员工生产与经营的积极性，无论他们是基层店面的营业员还是生产一线的员工。这与那些超级连锁企业和在全球化过程中拼凑起来的联合企业的官僚与非人性化恰恰相反。这些我们在第三章“生产者的作用”中已有介绍。

这一政策导向所起的作用是明显的。在好的时候，集团内部的服务机构可以成倍地增加就业岗位。1957到1959年之间，在卡加·拉伯罗（Caja Laboral）银行尚未创建之前，蒙德拉贡（Mondragon）平均每年只能新增60个就业岗位。但在银行建立后的7年，蒙德拉贡（Mondragon）合作社每年平均创造了将近570个岗位，是原来的10倍之多。②

---

① 汤姆森和拉甘（Thomas and Logan），1982。

② 罗兰滋（Roelants），2001。

在危机期间，集团服务机构的主要任务是维持现有的工作岗位。自从蒙德拉贡（Mondragon）成立迄今，尽管已经有多达10家合作社倒闭清算（最后的一家在2009年），但由于有拉贡·阿罗（Lagum Aro）和其他服务机构的协调机制，倒闭合作社的员工可以得到跨社安排再就业，因此集团的失业人数降到了最低。即便暂时得不到跨社安置，拉贡·阿罗也会给他们提供好几个月的下岗补助，直到他们重新被原单位召回为止。在20世纪80年代早期的经济危机期间，就业出现了前所未有的负增长态势。1980年的就业增长率为负4.1%。但这一数字最终还是因绝大多数下岗员工的重新安置被抵消了（最终的失业率仅为0.6%），而该地区当时的总体失业率却高达27%。虽然1983年又出现了一次负增长（负0.6%），但不久岗位数量慢慢的开始正增长。此后，西班牙于1987年加入欧盟，国内工业再次面临危机，但合作社的就业率的增长还算不错（大约3.76%）。1990年，合作社就业形势发生了真正的改观（4.25%的增长，923个新岗位）。1990年，在集团内部只有20名失业员工，占到其总劳动力的0.08%。1991至1993年，合作社又经历了一次比较困难的时期。此间共有近2000名员工（占集团员工总数的8%）失去了工作。为了解决他们的生活问题，拉贡·阿罗（Lagum Aro）提供了好几个月的补助，直到他们全部在集团内部的合作社找到新的岗位。

在2008年，随着全球经济危机的爆发，岗位增长率自从1983年后第一次变为负数（-1.1%）。在2009年这一下降趋势更加明显（-8.3%），在这一年，平均岗位数从92000个下降到了85066个。然而，938个（三分之一）的工业岗位在2009年末恢复。大部分在岗位上的缩减包括了提早退休，这样也就是事实上没有永久的退休。

重视教育和培训，推进社会性项目

重视教育和培训是蒙德拉贡（Mondragon）成功的重要经验之一。蒙德拉贡（Mondragon）的创建者阿里斯门迪（Arizmendiarrieta）曾说："人们普遍认为合作社是通过教育培训而组织起来经济活动。但我觉得这话应该反过来说，即合作社是通过经济运作而开展的教育活动。"[①] 而蒙德拉贡（Mondragon）所开展的这种教育活动反过来又进一步推动的合作社文化的发展以及整个社会理念的转变。也正是因为如此，我们的社会项目，无论是地方的还是跨行政

---

① 阿里斯门迪（Arizmendiarrieta），1984，P68。

区域的，无论是社会方面的还是经济方面的，才能够得以有效实施。蒙德拉贡（Mondragon）不仅仅只是一个实行民主管理的合作社集团，同时它还负有促进集团系统本身、当地以及集团所在地区社会与经济发展的特殊的使命。事实上，从一开始，蒙德拉贡（Mondragon）的一个核心目标就是“推动社会发展”。

各个合作社的团结和合作，以及一个明确的企业道路

另外一个核心要素就是团结。“我们的团结有其牢固的基础。我们有自己的共同基金；必要的时候集团旗下的各个合作社均可以得到其他合作社的支持和帮助。其他独立存在的合作社既做不到这一点，也不可能做到这一点。”贾维·萨拉伯利亚（Javier Salaberria）这样说道，他是斯库佩（CICOPA）的总裁。

当然，蒙德拉贡（Mondragon）团结是以严格的企业管理为基础的。贾维·萨拉伯利亚（Javier Salaberria）又一次论述道：“对下属企业的管理不能靠廉价的社交，靠的是相互之间的竞争。这就需要有一批优秀管理人员和领导。董事会将企业的大部分日常管理权下放给专业的管理团队。如果他们不合适，他们就会被替换。”①

团结还通过合作社企业间强有力的合作形式表现出来。根据贾维·萨拉伯利亚（Javier Salaberria）的观点，如果离开了集团下属合作社之间的合作，“所有的大规模投资、质量管理进程以及集团合作社对外提供的综合产品服务就不可能实现。这对新成立的合作社尤为重要。集团可以通过旗下的合作社迅速满足客户全方位的需求。反过来，下属合作社也可以利用集团的整体优势和地位获得政府的帮助和支持，比如集团下属的大学。而这绝非单个合作社可以做到的。”②

特别值得一提的是，集团企业之间的合作具有以下三个相互依存的特征：一是统一向下属企业提供管理咨询服务；二是统一向下属企业提供资金支持（一般是贷款形式）；三是（在协议的基础上）管理咨询及提供资金的部门有权对签约合作社的经营管理实施必要的干预。

我们之所以能够做到这一点，不但因为集团内部的企业相互信任，同时我们还有一套十分健全的监督和协调机制作为保障。

① 萨拉伯利亚访谈录（Salaberria interview），2010。
② 萨拉伯利亚访谈录（Salaberria interview），2010。

平衡和适应变革

蒙德拉贡（Mondragon）始终致力于在合作社经营所面临的各种矛盾和冲突中之中寻求一个最佳的平衡。这些矛盾和冲突包括：民主管理与效率；经济发展与社会责任；权利平等和等级关系；集团和员工的个人利益与社会公众利益；坚持合作社自身的组织原则与对其他企业组织形式的认可等等。为了使合作社自身的企业文化能够适应时代的发展与变化，我们必须不断改革创新。这种改革与创新有些出自于基层合作社，有些出自于集团本身。

蒙德拉贡（Mondragon）是一个超大型的生产机器，在工业、服务以及消费品生产领域投入了数以亿计的资金。正因为如此，集团必须在整个系统内提供一个广泛的讨论与协商的平台。这些平台既包括民主选举的董事会，也包括中层的行业集团公司，以及基层合作社群体。尽管蒙德拉贡（Mondragon）是一个高科技产业集中的地方，有一个大学和十多家研发中心，但它的管理并非完全是由技术支配的。正如我们在第三章所看到的，集团的管理靠的是全体股东。这就使得集团有能力根据形势的变化不断调整以应对诸多不可预见的问题。而单靠技术本身是做不到的。

公司第一任总裁贾维·摩根勒斯（Javier Mongelos）曾在1993年北京的一次交流会上谈及这种应对变革的能力："坚持不懈的探索和创新是我们最根本的经验。迄今为止，在体制建设上我们依然在探索，根本就谈不上大功告成。"

蒙德拉贡模式可以复制么？

最近反复讨论的焦点是：蒙德拉贡（Mondragon）到底是一个种族例外还是一个文化例外。贾维·萨拉伯利亚（Javier Salaberria）曾在法根（FAGOR）高层任职数十年，现在是工业和服务合作社国际组织斯库佩（CICOPA）的总裁。他不但对蒙德拉贡了如指掌，同时也熟知世界其他国家合作社的现实情况。他对这一问题看法是："我不认为蒙德拉贡（Mondragon）模式是一个例外。当然，我们所在的巴斯克（Basque）地区的确有很多与众不同的特点，比如该地区长期积淀的工业基础和文化。但这并不是根本的原因。巴斯克（Basque）地区的奶牛业历史同样也很悠久，照理说我们现在的畜牧养殖业也应该是相当发达了，但事实并非如此。面对危机，巴斯克（Basque）地区的确是在不断地根据自身的特点探索自身发展的途径。合作社的创始人也确实是一群非常特殊的人，没有他们合作社不可能发展到今天这个地步。弗朗哥专制统治时期的政策也确实给我们带来过不少机遇，因为它让我们积累了第一笔原始资本，容许我们模仿别人的技术并加以创新。但所有这一切都不能说明蒙德拉贡是一个例外。自主管理的做法适用于所有的文化和环境。非洲和印度的文化与环境和我们有很大的差异，但那里的妇女照样可以通过合作社方式来开展生产和贸易活动，且取得了令人瞩目的成就。合作是人类的天性，只有合作才有力量。所以我坚信蒙德拉贡（Mondragon）的很多经验是可以借鉴的，尤其是集团下属的各个基层合作社之间的紧密合作。人们完全可以创建出更多和蒙德拉贡（Mondragon）一样的合作社。当然，规模可能更大，也可能更小。”

当然，我们必须承认，蒙德拉贡在完善其内部体制方面的做法的确有其独创的一面，但在对旗下机构实行统一管理这个问题上与传统企业的做法并没有太大的区别。事实上，蒙德拉贡（Mondragon）最大的创举兴许就是它至高无上的合作的理念，比如集团上下各级多达一百多个企业和部门都必须严格按照合作社的原则，始终如一地奉行合作社的理念，特别是民主决策、实时监督、动态协调等。

第九章 全球危机：前车之鉴

引 言

在一段很长的时间内，整个世界市场被认为是有充足的空间容纳各种竞争以及一家公司能无限扩张。在这样一个过程中，资本和债务如同接力棒一样手手相传。但是时代在变化，全球化导致这样一个悖论："大而不倒"。公司都想法设法扩大其业务的量级，紧密连接其财政和经济系统。在这样一个新的循环之下，债务这种惯用手法便不再是一种可持续的手段。由于其内在联系，过多的债务可能导致整个系统崩塌，正如世界自然资源的快速耗尽导致的生态灾难一样。运用"毒药"这个词语来描述这场危机毫不为过。不仅仅使我们这个星球的自然环境，我们目前的全球财政—经济系统也同时在加速失去平衡。

在下面的第一部分，我们总结了公司的状态（在第一章到第三章中分析了)，并且提出了我们能够重新思考的一条路径。在我们讨论了各个合作社(第四章到第八章）之后，我们论述了这些合作社对经济的直接贡献以及他们间接的贡献，而这些贡献都成为了其他经济实体和大型经济体的一些灵感来源。确实，我们需要发展机制来评定资金的价值，以便慢慢地从债务危机中脱离出来。这种债务危机深深的存在于现如今的经济体重，并且将资本转化为我们常说的"债务（debtism)"。正如在本书中所阐述的四个例子，合作社对危机有着天然的抵抗力，因为他们会产生长期的财富、技巧、知识以及公信力。

我们以一个论述结束本章：基于目前的经验，变革的时候到了。而这一点在不久之前，大家都还没意识到。

走出一条新路

第二章中我们叙述了三种陷阱，尤其是债务陷阱。从广义上讲，每次危机都能毁灭大量的财富。财富需要慢慢积累，而且其在反复的泡沫中不能很好的积累。现在在世界范围内大家都努力吸取教训以制定各种未来的组织：特纳评估报告（Turner Review）、罗西埃报告（Larosiere）、日内瓦报道（Geneva Reports）以及 20 国集团（G20）所草拟的报告，国际货币基金组织（IMF）、由保罗·沃尔克（Paul Volcker）主导的三十国集团、全球银行金融系统委员会等等。关于批评现有经济理论的论调不绝于耳，这也导致了在一些理论性假设[①]反思。“自由市场”和“完全信息”等观点正在失去吸引力，尤其是在遭受了如此重大的损失之后。政府和各大央行的权力中心汇聚。在 2009 年，世界货币组织则提议：“央行们应该拥有一个更为宽广的视角，将价格因素、信贷繁荣、杠杆原理以及系统风险等等统筹规划，统一考虑。应对规模较大的失衡现象以及资本流动迹象所需要的耗时以及空洞的政策需要重新审视。”[②] 与时俱进的理论和公众审查制度是必不可少。但是三年过去了，债务问题依然存在，这就像是低需求、低信贷、低投资和低就业率所导致的后果一样。

在另一方面，正如我们在第三章看到的，在经济发展中基本角色是变革，将控制等关键问题提出，并对债务危机造成了巨大的影响。大型经济体通过垂直结构控制机制领导大部分的“实体经济”的全球生产链，但如今这些大型经济体似乎在社会—经济两者平衡方面遇到了发展瓶颈。消费者变成了用户，直接面对一些基于标准化过程的选择，并且他们通过一些精巧的手段被诱使消费，包括一些常规的手段和售后服务。随着对员工自身就业条件的控制能力的减弱，员工成为了服务的销售者。地区企业也慢慢成为全球产业链和资本经济的一环。公司常常很难进行中长期规划，因为变化太快，公司的拥有者也很难控制风险。在“实体经济”中的股权拥有者也被动地适应一个变化越来越快的环境。投资者成为了未出席的控制者，在金融和交流方面的技术标准化使投资变得越来越容易。然而，许多投资者，尽管在一些大型单

---

① 请参见如：Smith，2010。

② 国际货币基金组织（IMF），2009。

位中很活跃，但他们还是没有得到一些信息的合适途径。第三章介绍了这种在控制模式上的变革是如何加速债务危机的，因为债务是在获得某一具体东西时产生的，例如发展全球产业链，避税和所有权的风险等等。另外，尽管共同管理，大型公司直接参与制定一些宏观经济政策。因此，在微观层面的经济实体和在宏观层面的债务就有了很紧密的联系。这些趋势没有缓和。如果没有产生新的替代方式，新的危机还将不断出现。结果，我们需要慎重地考虑让我们避免陷入债务困境的行为以及策略。

正如我们所见到的，如果仅仅一方面在透明信贷信息的基础上的宏观监控，另一方面监控个人贷款的话，这将导致错误的后果。风险的提高、相互联系的减少以及债务杠杆都依赖于各个组织在经济环境中是如何组织的。个体和宏观层面上的联系是通过在公司内部的机构化来完成的。因此我们需要更加关注经济实体和他们的机构以及机构的价值和措施。这样就可以更好地掌握在所有权和控制之间的联系的多种模式所导致的结果。

2009 年经济学诺贝尔奖获得者埃莉诺·奥斯特罗姆（Elinor Ostrom），在《管理大众》介绍了传统的市场经济将会摧毁日常货物，相反，由股东大会所共同控制的这种管理模式能很好地保存那些日常货物。

在她的介绍中，奥斯特罗姆（Ostrom）关注与对自然空间的管理（灌溉计划、休渔保护等）。这些与自中世纪以来的传统常识相适应。然而，她还介绍了在政策分析中的合作关系（即使她没有阐明合作社的具体含义），正如她下面清楚地分析道："凭借一系列的规则一个充分精细的集体理论可以组织其员工来保持其努力，而这恰恰是在通常的政策分析所缺少的，同时也是如今发展很全面的人力组织理论所缺少的。自我组织的企业的例子随处可见。大多数法律公司就是一些很明显的例子，大多数合作社也是这样的例子。但是直到基于选择的来解释自组织和自管理企业的理论，经过了充分的发展和被世人所接受，主要的政策决定在继续实施，这种实施有个假设，也就是个体不能自我组织，只能通过外部管理来组织。"①

奥斯特罗姆（Ostrom）所用的例子展示了经历过时间考验的有组织的实例，而且这些事例还在继续应用。因为他们提供了持续的、连续的解决办法。现如今我们所需要的就将持续的、连续的管理手段应用到我们主要经济体中，这样就可以很好地克服我们这个时代的挑战。

---

① 奥斯特若姆（Ostrom），1990，pp. 24 - 5。

合作社对经济的直接贡献

系统贡献

正如在第四章中所叙述的，合作社就是奥斯特罗姆（Ostrom）所指的有自我组织和自我管理的大型集体，并且其在自然空间管理之外还参与到一系列最基本的日常物品管理：食物、就业、储蓄、信贷、水和电力供应、垃圾管理、健康、社会服务、当地发展以及一些生活必需品。合作社趋向于不仅在一个合适的时间和空间来分发这些普通物品，还在一个长期的经济周期来规划。他们具有系统的行为，包括有制约和平衡的民主管理、日常财政保留金的系统构建、普通大众的企业教育的发展、保持良好就业率、商业支持机构的建立、企业平台系统和合作社平台的建立。正如在第四章所述，这些都是"通常一个人"的经济行为。随着越来越高的期望，大型的商业组织变得越来越债务缠身，短期视野、就业率不确定、办公场所自动化以及非人性化，同时还缺少对社区的责任心。

同时我们在第四章还了解到，合作社对经济危机具有一定程度的抵抗力，并且其还是一种积累财富的模型。这个世界的成千上万的社会经济组织（员工、生产者、消费者、住宅拥有者、存款持有者等）都允许成百上千的合作社企业来积累保留金基金，这个基金的目的是加强企业发展动力。积累的生产基金开始在大型经济体中扮演了重要的角色，为社会经济转型提供了一个强有力的工具。合作社还试图根据如下的原因来从投机买卖和债务陷阱中保存实力：合作社的股份不是可市场买卖的；在财务方面，合作社遵循账簿记录来提供财政公开；并且他们还通过每年末给成员以额外的再分配来稳定物价。

我们在第五章到第八章所展示的四个典型的例子展示了合作社参与经济发展的程度以及在他们的组织模式有能力提早反应问题和进行创新，并且生产高附加值的物品和提供服务。其中的两个例子还深入比较了他们过去的商业行为与现如今的行为，因为他们经历了早期的危机，最早的危机能追溯到1929年的大萧条。我们了解了这些危机如何在合作社内部引起关于企业价值观的争论，并且有一个清楚的趋势来避免纵向控制模式，这样就可以通过合作社的行为来加强横向控制模型。我们还清楚地意识到，在危机时刻必须做出快速反应。因为如果减少反应时间和控制成本的话，先期的在人力资源和信息流方面的投资会大幅下降。相反，如果不这样做的话，会花费更多。

同时，我们还试图实事求是地介绍了几家合作社。在这当中，许多社承受过失败、挫折，甚至是丑闻。然而，这些问题并不能说明合作社这种商业模式有任何问题。这些问题不是简单的“支持”或“反对”合作社这种商业模式，而是让人们意识到无论富裕还是贫穷、左派还是右派、农村还是城市，人们都可以利用合作社这种商业模式来发展自己。

关键经济活动事件

合作社直接或间接地促成了世界经济的诸多实质性进展。

合作社银行在稳定经济体系的作用不能过分夸大。这种类型的银行实体在许多关键的工业化国家占据了较大的银行市场份额，尤其在美国、加拿大、德国、法国、意大利以及荷兰。合作社银行在许多危机中形成了反向缓冲，正如最近所发生的一样。我们在第四章和第七章可以看到，他们试图拥有一个高于平均水平的风险保护以及有等级资金（tier－1），保证金在等级资金中占了较大的比例，也因此使其更安全。他们有一个较低的破产比例。另外，他们还有比其他银行更多地当地出口，并且为当地参与生产的团体提供信贷。他们比其他银行更多的给当地 SMES 和其他生产性经济实体（家庭作坊、农场等等）借钱。同时，他们不给那些存在债务风险的顾客借钱。

在 2009 年的 6 月，意大利经济部长朱利奥·特雷蒙蒂（GiulioTremonti），在 Confcooperative（意大利三大合作社联邦之一）的全体大会上的演讲中，承认了合作社银行在危机中对稳定意大利（世界第七大经济体）的财政系统起了重大的重用。在加拿大，正如在第七章所见，加鼎（Desjardins）集团从其成员手中购买了不良资产，而这些成员都从哪些非银行的投资者手中获得。这样，加鼎（Desjardins）就中和了投资者的损失并树立了信心，因而也就提升了其在国家谈判中的影响力。这次国家谈判的关注点是：是否将这些资产注入长期的公债，这样就可以让后者有一个实质的重新估值机会。加拿大是世界上惟一的国家来重新评估先前被认为是不良资产的国家，这种措施在提高财政稳定方面起了一个非常重要的作用，加拿大也因为这样而受到了全世界的赞誉。这是合作社银行对世界第九大经济体的财政稳定方面做出的重大贡献。

不同类型的用户的合作社（银行、零售商、家居、能源输送等等）为那些用户是实际控制者的企业提供了范例。他们既不希望陷入第二章提到的消费陷阱或者是债务陷阱，同时他们也不希望对他们服务的方式失去控制（第三章）。他们趋于降低和稳定那些物品和服务的价格，并且保持或提高这些东西的质量。他们还给那些最边远和最贫穷的地区提供类似的物品和服务，在整个国家的共同致富道路上扮演了重要角色。

家居合作社一般都在房屋边上进行组织，其在避免房屋泡沫例如美国的次贷危机等方面起了重要作用。次贷危机是提供良好的住宅给数百万人们。在一些家居合作社实力较强的国家，例如德国和挪威，类似的家居危机根本不存在或者减弱。

在历史上，农业合作社在保障农民的收入方面起了重要作用，尤其是一些发达和新兴国家在其工业化道路上。他们极大地缓和了在商品领域的投机活动。正如在第一章指出的，尤其是这些投机活动极大地危害了这个国家的生活水平。

生产者合作社在工业和服务业较多，一些支持机构网点的帮助使这些生产者合作社落户当地成为了可能，并且通过长期商业运作和组织化以及技术创新来提高这些合作社。这些合作社同时还给当地居民带来了稳定的就业和收入。当用户合作社在当地存在时，生产者合作社则表现得更好。他们不仅是启动者，同时还在商业转换方面有巨大的潜力。在2006年，欧洲理事会证实有三分之一的欧盟企业，主要是一些家庭合作社在下个十年将会消失。预计每年大于有多余69万家商业团体，大约有280万岗位（在欧盟成员国）会面临着变更拥有者的问题，并且指出："如果没有合作社继承者的话，这些商业团体将不能保持很好的连续性，因而也会对就业率造成影响。"①

成百上千的经济实体将要消失的风险在2011年被越来越重视：这个问题不只存在于没人想要的商业中，而且还存在在易于发现的商业中，这些商业由于竞争或转换不当而陷入债务问题，最终破产倒闭。2009年度的联合国贸易暨发展会议（UNCTAD）世界投资报告预计："估计将有大量的私人公司由于这场危机破产倒闭，这些存活的公司或许更加权力集中，这种现象一般存在在中小型公司中（SMEs）。"② 在第一章，我们看到英国最近发起了有巨大

① COM（2006）117 final. 委员会的沟通"实施里斯本社区对经济增长和就业项目：商业转化——通过一个新开端的连续性"。

② 联合国贸易暨发展会议（UNCTAD）（1999）《世界投资报告》（日内瓦：联合国贸易和发展会议，联合国贸易与发展会议），p. 27。

的退税的"企业投资计划"，同时法国也在中小型企业中加强私人企业投资额度。如果这个政策没有很好的执行，那么我们必须从财富和就业两方面来关注这个政策的结果。我们见到了赛若莱普（Ceralep）的例子（第六章），个体资产投资者是如何加速一家中小企业（SME）的破产的，而这家中小企业（SME）如果转化成一家合作社的话将会生存很好。在法国，有376家合作社濒临关闭的边缘，例如赛若莱普（Ceralep），其在2000年到2009年被转换成一家合作社，有大约79%的生存概率。成功的比例，包括其中的困难，不仅取决于那些成为他们自己命运掌握者的员工手中，同时也取决于整个合作社系统，因为整个合作社系统在顶层专业化设计中所提供的一系列的支持机构也扮演了重要角色。这些企业落户于某地，那么某地的数千个岗位保留了，以及多家经济团体也因为这些企业的进驻而得以发展。考虑到合适的公共政策，改变商业组织的老板的可能性在过去比在现在更高。

在消费者合作社中的银行和消费者模式情况下，多家银行和消费者合作社集团在财政管理中进行了大范围的培训项目，目标是普通市民。银行和消费者合作社在市民的金融和消费教育中扮演了重要角色，这样就可以较好地抗击债务危机和消费危机。

有长期策略的水平管理模式的集团可以提高合作社的长期稳定性，这些已在一些地区展示了。这些集团中现如今已开始了快速的国际化进程（第八章），这样就给那些垂直管理全球业务的集团提供了一个可替换的模板。然而，为了完全发展这些水平管理的商业模式，对于旗下公司的国际化管理是必需的。考虑到现如今 Mondragon 的规模和视野在20年前是很难想象的，合作管理生产和物流的系统可以在20年内存活的设想是非常合理的。迈克尔·勒扎弥斯（Mikel Lezamiz），蒙德拉贡（Mondragon）的奥达鲁拉（Otalora）培训中心的主管，已经将其目光定格在："在蒙德拉贡（Mondragon）集团，我们将会有10万个，并且在50年的时间内，我们将有20万个。我不知道我们将会如何应对，但我们会给予充分准备的工作、文化、理念和价值观。我们的理念是通过稳定有序地创造就业岗位来保证社会财富。"

创造共同财富

由于合作社是某地大家共同拥有和民主管理的开放企业，他们所积累的金融保证金，所创造的附加价值，产生的岗位以及经济团体等都将留在某地。

蒙德拉贡（Mondragon）集团的总裁何塞·玛丽亚·阿里斯门迪（Jose

Maria Aldekoa）认为："工作和资金都需要他们公正的补偿，但是资金仅仅是产生财富的一种途径。在社会中就业能保证产生财富。如果某家企业有过多的资金，那么其必须创造新的商业团体，创造更多的价值、更多的岗位，否则这些钱就是死的。"

合作社所做最基本的就是长时间地创建实际财富，然而经济交易仅仅依赖于资金的报酬，否则这样就既不创造财富，也不直接摧毁它（正如我们在第三章所看到的，以及第六章的赛若莱普例子中所避免的）。这样就要求这些关系的发展依靠于信任而不是"经济战争"或者"适者生存"。在前几章看到的，合作社存在的合理性，是基于旗下各经济体之间的信任关系，以及在合作社拥有者和合作社本身之间的信任。

财富的创造还需要开放思想，而开放思想，恰恰是合作社结构所能推动的。然而，内在的封闭性还是会消耗掉经济发展的动力以及将其带入衰退的境地，这正是克鲁格曼（Krugman）合作社所遭受的（第二章）。另外，如果合作社系统越开放、规模越大，以及在一个较大范围的草根合作社内生产，那么他们保证创建长期财富的可能性越大，并且可以有更大的能力来抵抗诸如竞争性强和带有危机的经济环境。

在较大范围内的合作社集团内部，二次发展合作社经济的能力很大程度上基于共同所有以及民主控制，这样就使在地区级别上发展小型灵活的经济实体成为了可能，包括那些全球经济体的直接分支。银行以及其他支持性机构，提供了这些有必要的经济实力和经济规模的团体来让他们能直面全球竞争。

那些合作社特别密集以及组织成合作社集团的地区，诸如意大利的艾米利亚—罗马涅区（Emilia - Romagna）和西班牙的巴斯克（Basque）地区，都是欧洲经济发展最好的地区，他们并且还是在购买力平价 PPP（purchasing power pratiy）方面与他们相邻的国家有最高国内生产总值（GDP）相关的地区（排除了马德里和米兰地区）。[1]

然而，正如第四章所论述的，合作社所创造的财富不能简单地通过量化指标来衡量，例如营业额、保留金、利润或者岗位的数量，因为其不仅仅只与量化经济财富有关。合作社系统创造并处理了地区不可计数的事物，并且提供了了合适的途径去获得信息，创造了社会共识和创新。所有这一切，反

① 欧盟统计局，regional GDP per inhabitant 2007 年地区居民人均生产总值，2010/2/18。

过来也产生了公共意识、策略和系统的解决问题的能力。这就是当罗伯特·帕特南（Robert Putnam）研究了意大利的艾米利亚—罗马涅区（Emilia - Romagna）地区（这个地区是合作社高度集中的地区，之前论述过）之后所论述的“社会资本”。①

何塞·玛丽亚·阿里斯门迪（Jose Maria Arizmendiarrieta），蒙德拉贡（Mondragon）经验的创始者，关于这部分他写道：“如果我们必须用一个词语来概括合作社企业在我们历史中最重要的贡献的话，我们将会毫不犹豫的说：人。一个合作社企业不能为仅仅一个人的设计或意志而创造：我们常常将其归功于一批极具创造力的群体的功劳，并且合作社的扩张也与这些人动员其他人的能力正对应关系。因此，无论任何人希望通过他们的投资去计算合作社企业的‘特殊重量’的话，这些都是错误的做法，因为合作社未来发展的基础在于那批人的潜力，而这些潜力通常是他们通过纵向和横向的动员自小受文化所熏陶的。”②

阿里斯门迪（Arizmendiarrieta）在20世纪70年代所论述的观点被约瑟夫·斯蒂格利茨（Joseph Stiglitz）和阿玛蒂亚·森（Amartya Sen）所发起的争论所加强了，这场讨论是关于通过国内生产总值（GDP）计算来衡量人类的进步程度的必要性的，这个我们在第四章论述过。③ 新的衡量工具将会评价经济体的长期稳定性、就业岗位数量的稳定性、经济的级别、普通市民的关于金融和企业的受教育程度、在经济决策中普通人的参与程度、内向型合作社的团结程度等等，这些将会为合作社在经济中的贡献提供一个更加有说服力的数据，当然，比仅仅通过利用国内生产总值（GDP）增长来评价全面的多。

合作社所带来的经济现象在许多时候仍然被忽略，但不会太久。正如现在世界各地的政策制定者都开始意识到环境变化这个事实（与20世纪90年代相比，这是一个巨大的进步）。我们相信，合作社，作为稳固经济发展的重要支柱，也作为创造持续和公共财富的主体，在不久的将来会越来越被人们重视。

---

① 帕特南（Putnam），1993。

② 阿里斯门迪（Arizmendiarrieta），1984，p. 106。

③ 哈桑·玛萨母（Hassan Masum），斯蒂格利茨（Stiglitz）和森（Sen），2009年9月30日经济表现和社会进步宣言，September 30，2009，网址：http：//www. worldchanging. com/local/canada/archives/010574. html.

合作社对经济的间接贡献：灵感的来源

正如我们所看到的，合作社因其在普通商品、财富、就业岗位、抵抗能力、稳定能力、资源的公正的再分配等领域对经济的直接帮助，而成为经济发展的重要部分。但是，合作社或许因其在经济发展所扮演的间接角色而更重要，其作为一种发展灵感的来源对于政策制定起了关键作用。

首先，通过系统的保留金的积累，并附之以参与动力，合作社给那些没有陷入债务危机的企业提供了一个合适的模板。无论什么时候他们不得不借贷来加强投资以提高竞争力，这些有风险的行为将会被拥有者成员共同决定，成员们将会对一些关键政策问题和立法问题进行商讨，然后令合作社承担起实实在在的责任来避免陷入债务危机。另外，当这些政策是民主意愿的产物时，那么企业中所有的开销将被很好地控制。资金积累、成本控制策略，再加上多种形式的民主政策，这三项结合可以成为大部分经济体的一个发展灵感来源。普通保证金的实施同样也保证了企业拥有者的自由，这些拥有者可以离开企业（在规定条款下），或者企业可以接收新的成员，而在没有保证金的情况下，新拥有者的变更会导致企业常常出现波动。因此，企业可以顺利地交接给下一代的拥有者。

至于所关注的具体民主措施，合作社所启发的发展灵感不仅关于集团成员的民主控制（在雅典集市中有体现），也关于“共和”体制的民主机构，这样就可以提供制约和平衡（我们在第四章所解释过，同时我们在第五到八章的几个例子也叙述了）。目前关于企业中经济民主的一种最新想法是基于“大会（general assembly）”模式（甚至可以基于一人一票的的民主形式，类似于19世纪投票制度）。在合作社的惯例中，民主的制约和平衡很重要，并且这也是为什么合作社是一家兼执行的民主企业。在大型合作社集团，例如加鼎（Desjardins）或者蒙德拉贡（Mondragon）中，民主的制约和平衡正变得越来越切实。如果这个可以顺利地通过，并且花费不是很大的话，那么，民主的制约和平衡需要被看作一个长期的战略投资。

生产者合作社的经验中包括了相互支持性机构（非银行的金融工具、普通保证系统等）可以被用于在中小企业（SMEs）中，通过在复杂的进程中相互融合的结构，有重要生产收益和经济规模的中小型商业合作社的运作方式，是可以介绍到多个国家的模型。这种水平模型还可以用于艺术家和专业人士

(包括建筑师、律师、医生等)。在一个不同的规模上，水平管理模式的商业集团例如蒙德拉贡（Mondragon），拥有长期的战略，他们正在向那些急于垂直管理模式的经济链（见第三章）介绍一种可替换的模型：这样就可以在多个不同风格的经济体中形成有效率的控制。

正如我们所看到的，合作社模式有很多优点，但这并不意味着每个经济体都需要变成一家合作社。我们需要不同形式的经济体，但这些经济体需要有一套公共的价值体系，从共同决策的新想法（员工参与体系提供了一个非凡的价值）到中小企业（SMEs）的创新集群。

在20世纪90年代中期，柯林（Cowling）和瑟顿（Sugden）一起提出了欧洲工业战略，这个战略强调提升当地社区参与公司运行的必要性，这样就可以保证经济和社会发展的可持续性，并且减少由信息不对称所导致的主要执行者问题。他们考虑了三种可能的战略：通过一个公正的体系，拓宽共同管理公司的成员数量来包括不同的股东、员工、供应商和当期社区；改变所有权，将其给一群员工和生产者（正如在员工合作社）；或者是一种基于当地社区控制的新形式的公共企业，同时，这个公告企业会成为大家共同拥有的公司。[①] 但是，也如我们在第三章看到的，所有权的内在含义在改变，并且有可能在未来完全不同。共同控制，而不是共同所有权，正在变得越来越重要。

更广义地说，这种水平和民主管理模式的合作社，许多时候在一个特定的地区或国家有很大数量的人口，这样就提出了一个新的问题：市民如何在一些直接影响他们未来的经济和社会发展决策中发出自己的声音。虽然这个问题超过了本书的范畴，但这个讨论需要在某些时刻提出来，正如合作社的成功经验表明，普通市民也有能力来参与重大的经济决策，也有能力消除泡沫经济与不法经济行为，也有能力来创造一个稳定的、长期发展的实体经济。

变革即将来临

世界过去的30年经历了一系列巨大的发展历程，根本没有人可以在如此短的时间周期内预测未来：拉丁美洲军事政权的终结，柏林墙的倒塌，东欧中央集权计划体制的崩溃，非洲、东南亚大部分地区的民主发展，以及最近的阿拉伯地区的“民主之春”等等。同时，世界范围内的政治民主进步与股

① 库林和萨格登 Cowling and Sugden，1994，pp. 44 - 5。

东权利的大步倒退充斥着最近的 10 年。政治民主由于经济体中没有很好的执行而失去了部分实质性内容。在想象用一个替代体制来解决目前的问题时，主要的难点在于很大程度上我们常常陷入一种无意识的重复过去的想法和行为，这样，我们就面临着与过去相同的问题了。

尽管 2001 年阿根廷的崩溃已经事先预知，但难预料的是其发生的如此之快。“ya basta!”（“现在够了!”）含义的剧变是失败政策的一个最好的例子。阿根廷的例子是一个重大的警告信号，因为这是 21 世纪一开始的大规模的剧变，同时，这也标志着开始于 1997 年的经济危机的终结。在之后的政策制定中，大家为了避免出现紧缩现象，都开始大规模地发展房屋泡沫经济，以致到现在的全球危机。允许现如今的经济体系保持不变（更甚是无效的改革）可能导致更大范围内类似的后果。尽管很多其他政策需要制定执行，这些在本书的范畴之外，但我们认为最为关键的一步就是在经济体内部构建强有力的控制。虽然可以等待和观望，但如果试着在经济体系中进行某些民主改革（制约和平衡、信息的透明、公民的教育）的话迟早会大量缩减成本。如果另外一场危机要爆发的话，那么那些懂得共同所有和民主控制的人将会更有机会安全度过。

克劳德·贝兰德（Claude Beland），1989 年到 2000 年的加鼎（Desjardins）集团的总裁，这样论述道：“在民主国家，我们自豪于民主的价值，但是当资本变得重要以及政府来规定游戏的规则的时候，人们将不得不决定他们是否想继续生活在民主中，并且在政治、经济和国内社会生态中间取得一个良好的平衡。这就是我们在合作社中取得的平衡——政治势力不能主导经济发展，反之亦然，而社会发展是二者发展的一个终极目标。”①

这场危机是关于无任何改变的体制下的债务问题，通过借贷，我们常常可以表现得更为繁荣。正如我们在第一章所论述的，这不是所有危机的起源，但是这恰恰是所有危险的起源。

在最后，如果我们要回答这个问题：“经济是用来干什么的?”那么除了产生财富以及享受经济发展带来的便利之外，还有其他答案吗?

---

① 克劳德·贝兰德访谈录（Claude Béland interview），2010。

跋

本跋草于该书第一版发行后两年[①]，意在梳理前面各章节内容之脉络，重点解读2007年爆发的全球经济危机之起因，并说明合作社相对亢进的适应性和社会财富的持续生成如何支撑了经济危机的其他时期。第一部分我们从广泛的角度审视这一次危机；在第二部分里从合作社以及他们的适应性角度分析危机的过程；最后在第三部分我们讨论当下体制为什么难以继续支撑下去，且容易发生危机？合作社在什么程度上起到起死回生的作用来解决21世纪全球性的需求？简言之，如何解决环境可持续发展问题。

全球危机：我们现在身在何处？

全球经济危机发生近六年以来，需要求解的问题是，为什么危机无休无止，我们又如何得以脱身。

有人断言，这场危机现在已经结束，至少对某些国家而言如此。比如在中国，2012年比之2009年贸易顺差大为改进。然而，虽有不少如中国、巴西和墨西哥这样的国家在本次经济危机中，比起过去的债务危机来他们遭受了较少的损失，并暂时持续地以令发达国家羡慕的速度保持增长。但是维持其高速增长的经济活动和资本流入已经开始减缓，有的下降得非常严重。同时，经济危机的重灾区发达国家，制服经济危机的手段显现出越来越多的内部分歧：一方面美国与日本在复苏经济的政策上有分歧，另一方面美国与欧盟也

① 参见相关的评估批评意见：http：//www. capital – and – the – debt – trap. com/。本书有2013年西班牙翻译版本，中文版本和正在出版的斯洛文尼亚版本。相关研究提交给10月6~8日魁北克市2012合作社经济国际畅想会议。

存在分歧。在竞争力和经济政策方面，欧盟南北两方也各持己见。在后者看来，政策的不连贯制约了政府债务，使这类国家得到不同的待遇。

正如巴西的玛丽亚·达孔塞桑·塔瓦雷斯（Maria da Conceio Tavares）教授所述（见第一章结尾引言），本次全球经济危机给我们留下了一个混乱的制度，次生危机此起彼伏。这种解释至少说明了本次经济危机为什么不能斩草除根。即将面临的次生经济危机随处可见，如英格兰银行2014年对私人公司的再融资计划。的确，2013年3月英格兰银行受到全面警告，称从2014年起，如来年再给予受到重创的融资收买公司融资，会发生私人股权收购①。被兼并公司企业把收购自己的贷款作为抵押，每五年或七年再度融资一次。就当前形式来看，再融资更为艰难，并可能触发新一轮全球经济危机。然而，这倒不足为奇，还会有新的解决方案。

由此，正如在第三章所述，只要眼下不发生全面的经济崩溃，世界经济重建会一直沿着高度金融化和技术化道路走下去。某些全球经济重建的初始方案在那段时间暂时失效，危机发生后七年再次启动：美国与欧盟大西洋两岸的谈判以及全球化和股票市场整合等方案，这在第一章进行了详解。

就“债务陷阱”而言，本书讨论的所谓“资本主义”向“债务主义”过渡的可行性，仍然是贴切的。这一点，意大利锡耶纳牧山银行（MPS）最近遇到的麻烦就是一个例子，远远地超出象征意义②。这不仅仅是一个个案，而

① 见英格兰银行季度公报2013年第一期，“私人股本与金融稳定性”http：//www.bankofengland.co.uk/publications/Documents/quarterlybulletin/2013/qb130104.pdf，Larry Elliot的“私人股本碰撞触发新一轮金融危机浪潮——银行的忠告”，《卫报》，2013年3月14日版，http：//www.guardian.co.uk/business/2013/mar/14/private-equity-financial-crisis-bankof-england.

② 资料来源于意大利商业银行：

1）意大利锡耶纳牧山银行基金会，http：//www.fondazionemps.it/eng/introduzione.asp？id=1。

2）维基网，http：//en.wikipedia.org/wiki/Monte_ dei_ Paschi_ di_ Siena。

3）金融：Rachel Sanderson：“深陷于托斯卡纳”http：//www.ft.com/cms/s/0/7809ab88-7541-11e2-b8ad-00144feabdc0.html#ixzz2UQY3fJJZ，2013年2月13日。

4）意大利商业银行：scandalo o prassi normale delle banche?，http：//www.lastampa.it/Page/Id/1.0.1193132872，2013年1月26日。

5）Caso Mps，Monti bacchetta il Pd ma candida ex membro del Cda di Mps，http：//www.ilsole24ore.com/art/notizie/2013-01-25/caso-monti-bacchetta-candida-162723.shtml？uuid=AbTIS4NH，by Antonio Larizza，2013年1月25日.

6）Mps，lotta contro il tempo si punta sulla vendita di filiali，by Adriano Bonafede，2012年5月28日：，http：//www.repubblica.it/mobile-rep/affari-e-finanza/2012/05/28/ news/mps_ lotta_ contro_ il_ tempo_ si_ punta_ sulla_ vendita_ di_ filiali-36304669 相关例子见衍生物：银行的无规则全球赌场，就银行论银行，美国http：//demonocracy.info/infographics/usa/derivatives/bank_ exposure.html.

是范例。因为MPS是世界上最老的银行，始创于1472年，被当时的锡耶纳城邦当局视为神明。而今当下，在经济危机发生、与安托瓦内特（Antonveneta）银行兼并后，美国、俄罗斯、中国和欧洲国家等都把它列为重要性为第三位的意大利银行了。这种兼并自然也是MPS背上的最后一根稻草，削弱了它的资金。从前，发展实体经济有其保障的机制，历经了几个世纪考验，是无章可循和阴影般的金融化制度把它投入了混乱之中，而银行的高管和职员对此竟一无所知。地方权贵一直参与建立于1995年的MPS基金会并驾驭银行的发展方向。然而其他股东却实际操控了银行。2001年该行与日本摩根大通公司、野村证券、德意志银行（Deutsche Bank）、高盛集团（Goldman Sachs）、美国银行以及意大利米第欧班卡投资银行（Mediobanca）建立互惠信贷以便掩饰衍生的经济损失，结果使他们堕入经济衍生狂潮。随着金融危机来临，欧盟需要更高一级的资本，因为当时MPS基金会发现了它的某些管理者如何卷入冒险的金融交易、损失大量资金，并将其置于资产负债表之外。这样的资产负债表是难以认可的；国内股东陷入了货币与政治的冲突；市政当局无能为力，因为自身的资源也在紧缩。银行经欧盟委员会同意后获得国家补贴，因为惧怕MPS一旦垮台，意大利会向欧盟寻求财政援助。但是从蒙蒂（Monti）政府那里得到的国家补贴是一种贷款，实际上使得MPS的状况更加恶化。这些贷款的附加条件要求MPS基金会放弃对外部或外国的投资者的一切限制，除非银行已经被出售。谁是损失者？不仅是锡耶纳银行和该地区，连整个意大利都是受害者，因为在称为“第三意大利”的著名发展模式中，锡耶纳银行扮演着至关重要的作用。最重要的问题是，作为意大利第三大银行，它的困境也使得意大利经济漂浮不定。

第三章所述有关资产所有权与控制权间的分离情况是滋生“债务陷阱”的深层原因。很明显，它继续成为制度性风险的携带者。人们采取了一些措施来解决这个问题，比如英联邦政府宣称它要求国家要确保所有的公司了解是谁最大限度地拥有和操控了他们公司，要求他们通过注册中心“去获取足够、精确和及时的信息，掌握受益的资产所有者”。[①] 尽管尚不清楚这种注册是否能公之于众。但这一惯例在逻辑上是可行的，因为政府支持操作的透明性和问责制。

虽然当前都普遍地认为全球需求在降低、失业率持续上涨达到难以接受

① http：//www. belfasttelegraph. co. uk/news/g8 – summit/g8 – summit – world – leadersreach – deal – on – tackling – tax – avoidance – and – money – laundering – 29354299. html.

的程度，但是本书所描述的金融业得到最大关注的趋势仍然存在。最高决策机构层面已着手解决经济危机问题，如20集团和巴塞尔协议III都继续聚焦于金融问题。当然，他们的表现有点软弱无力，如像2012年6月墨西哥20国集团会议和2013年莫斯科会议；人们对巴塞尔协议III的执行情况的疑虑也反映出这点。[①] 另一方面，2013年北爱尔兰8国集团会议对整治偷税漏税和非法金融的决议即是对经济合作与开发组织（OECD）税收咨询交换协议与对话和20国集团2011年报告的对应手段。的确，20国集团已经委托OECD从2014年起考虑修改税务法规，以约束它的成员国实施谈判。反过来，曾一度无关紧要的、在2003年资金匮乏的国际货币基金组织则接受了新资本的大量涌入和众多国家的监督，以此获得了新的生命。

在会计制度方面，如第一章第一节、第二节和第三节所述，即使推进财务申报的制度不变，各自为阵的状况仍然很强势。美国已经推迟执行由国际会计准则委员会（IASB）制定的《国际财务报告标准》（IFRS）。IASB在2011年首次改写了它对股权的定义，并在2013年首次提交了定义的草案。

本书所预言的诸如贸易和资本对策等其他趋势还在继续发展，因为全球总需求的降低促使不少国家担心它们无法进入国外市场、担心它们发生贸易逆差。顺差国则试图强化其顺差，甚至保护自己的国内市场，炮制出类似“购买美国货”这样的政策。而有的国家采取强硬措施促进出口贸易。更多的国家开始阻止破坏经济稳定的资本猖狂外流；甚至国际货币基金组织现在还声称调整资本外流是一件好事。为防止通货紧缩，美国发起了所谓的“量化宽松”政策，这一政策在其三轮过后也必会走到尽头。同时类似的政策在日本和英联邦得到落实。这种做法已经释放了大量的资金（免手续费，以无息或低利率的方式），通过资产收购注入世界各地。因新兴的市场即惧怕资产泡沫也易于出现迅速的资金回流。的确，在未来几年难以再次有增长率上升的国家出现了“走出去”这样的术语：即出口。巩固地获取国外资产。这一现象使人回想起19世纪80和90年代那些已经退却的岁月，提示我们随之而来的巨大经济危机。与之不同的是如今美国当局在迅猛发展的电子网络贸易中足以获取巨大资金，突然改变路线全身而退，离开新兴的欠发达经济实体和国家。

我们由此可观察到，本书所分析的全球危机依然是准确的，不仅很好地

① 2012年6月18－19日，20国峰会在墨西哥洛斯卡沃斯召开得非常轻松，而2013年2月中旬在俄罗斯莫斯科举行的20国财长和中央行长会议却对再出口汇率辩论激烈。

地解释了危机本身的产生，而且提供了各种有益的暗示，揭示了过去两年来所发生的演化过程和脉络。

合作社保持了适应性吗？

2013 年中期在撰写这些内容时，本书所引证的四个实例（纳蒂维达德，赛若莱普，加鼎，蒙德拉贡）都说明他们正像合作社一样功德圆满，经受住了危机的考验。但这并不表明他们没有遇到困难，而是说明他们足以强大而找到了解决问题的正确方案，乘胜前进。我们无法深究这个问题，这需要本书的全新的升级版本。然而我们可以确信，在整个危机中合作社具备了适应性和革新的能力。眼下各类研究调查、证言报道、报刊文摘和影视纪录片均证实了此种走势①。下面我们会谈到，合作社会展现其发挥实体经济，促进非掠夺、包容平等和持续发展迅的潜力，尽管存在着固有限制。

除了浅析适应性和持续发展问题，本书最大的论题是：合作社是新路线建设的不可或缺部分。不仅因为他们使经济反弹而富有活力，还因为他们引领大众走出债务陷阱的泥潭，解放了社会和经济力量，致力于社区发展，创造长效的社会财富。自从本书第一版发行后的两年，合作社总体发展趋势强化了这一论点。

本书所考察的那些案例一直证明，由于合作社的局域化和会员制的特色，他们能够在危机来临时彼此灵活地保持和增加就业水平。为了维持就业机会，他们继续不断地集中思考如何尽快发挥自己创造性、调整结构、开启新的事业、使市场多样化和开辟新型市场。他们的共同资金在开始时是有限的，但随后他们彰显出重要性，成为相互信任和团结的主心骨。由于股本基数和资本准备金健全，他们得以继续抵抗危机带来的冲击，重新思考他们长效的策略。

此外，本书研讨的合作社案例说明了对付危机的恢复能力需要预先建立起来。本书第一版发行已经过去了两年，这一结论得到普遍的认可。合作社具有反弹适应性和创造性能力，不是靠理想和价值（虽然这对企业之成功至

① 可参见国际劳工组织 2009 年：合作社商业的复苏模式，可持续发展企业项目。另见奥维咨询报告“2012 欧洲合作银行前瞻”http：//www. oliverwyman. com/the – outlook – forcooperative – banking – in – europe – 2012. htm#. UbctP82Ezdw 和 2013 年 1 月 2 日 “银行家”：http：//www. thebanker. com/Banking/The – co – operative – lesson.

关重要），而是靠建立了动态机制，传递了正当、快速、灵活和负责的信息，使他们有能力迎接所有困难，在危机面前镇定自若，保持航行路线。

合作社的联合监管和所有制形式（这正式合作社的定义，见第四章）的民主框架证明了它对适应性起到的重要作用。因为这样一个框架可以首先防止高额的举债经营。正如第三章所述，监管问题大于债务问题本身，它是全球经济危机的根本原因所在，因而也是需要解决的根本问题。监管必须共同执行，扎扎实实地落到实处。

然而，过去的两年也显现出面对抉择时合作社适应性的局限性，他们影响了整个经济，带来了通货紧缩或萧条，或增加了人群的贫困与不平等，社会排他性和易损性。[①] 这一情况对有些合作社来说尤其明显，他们不断地为像意大利这样的国家提供物质和服务，而意大利往往拖欠多年才能支付账单。合作社并非经济的孤岛，如果他们得不到产品的付款就无法永久地支撑下去。

英国合作社银行（Co - operative Bank）2013 年所遇到的麻烦值得赘述几句，因为它的灾难会影响合作社在英国的形象。必须指出这是一个商业银行，一个彻头彻尾的所谓“合作社集团”（Co - operative Group）消费者合作社的全资子公司。因而它自身绝不是一个由第七章中提到的加鼎合作银行社员那样构成的合作社。此外，这个银行起源于消费者运动，而在欧洲其他地方，合作银行业的起源可追溯到地方性的信用社[②]。与本书普遍谈及的问题相比，这是一个特殊的案例，我们饶有兴趣地期待对英国更多的研究。

无论怎样，我们在本书第二部分读到了合作社对付适应性、持久发展和创新性等方面的强大劲头，这一趋势在本书第一版发行后两年依旧强劲。由此，正如本书所暗示的一样，他们的潜力对我们来说，与两年前一样，仍然是一个鼓舞。

---

① 见 2013 年 3 月“欧盟就业和社会现状季刊”：http：//ec. europa. eu/social/main. jsp langId = en&catId = 89&newsId = 1852&furtherNews = yes，以及“国际劳工组织全球就业趋势 2013 年摘要”：http：//www. ilo. org/wcmsp5/groups/public/ - - - dgreports/ - - - dcomm/ - - - publ/documents/publication/wcms_ 202215. pdf.

② 参见西蒙鲍尔斯 2013 年 6 月 17 日发表的“六个合作银行麻烦制造者”：http：//www. guardian. co. uk/business /2013/jun/17/ 和 http：//www. guardian. co. uk/business/2013/jun/17/co - operative - bank - stock - market - listing#show - all 以及 http：//www. guardian. co. uk/politics/2011/oct/07/moodys - downgrade - osborne - british - banks.

21 世纪的合作社

第九章中我们解释过，我们看到的并非是“资本主义”的崩溃，而是观察到前车之鉴的后果，即是说这个制度已难以支撑下去。

正如本书所述，这场危机是特殊的，其影响和关联性都是独一无二的。一方面，在发达经济国家，所有重要的成员大部分都在金融和实体经济中负债累累：从地方到全国甚至更广的范围内，包括了银行、公司、家庭和公共结构。绝大部分经济通过债务机制获取资金。我们使用了“债务陷阱”术语，因为一般的公共债务危机陷得更深。另一方面，如第三章所述，我们正在进入一个新的经济体系中。在此体系中人们蜂拥而入，其金融贸易流量（美国 2013 年超过了 60%）高度计算机网络化。借款者继续彼此借贷，彼此在对方违约的问题上下赌注，陷入不断关联的连环套，由此产生系统性的不稳定体制。同时，如本书也提出的那样，当今有些对待劳工和债务的做法让人想起了维多利亚时代，甚至回忆起法国大革命前的旧制度。比如在塞浦路斯，公民一旦进过监狱则失去工作①。过去 30 年的历史轨迹被我们成为“资本主义”，它越来越容易产生内部爆裂。普通民众比政府当局更清楚这点。例如 2013 年巴西的示威活动，抗议铺张浪费导致的公众债务问题。公众不仅意识到其中的危险性，还呼吁他们平等发展和工作的权利。

对经济理论孜孜不倦的辩论集中在增长与不平等上。2012 年，国际货币基金会注意到收入差距越来越大，发现收入过于集中。这些问题就是不稳定和家庭负债的重要因素，并且最终影响到宏观经济。公众所看到的是数学和统计数据，这里面没有预报衰退趋势的可能性，因而造成大系统的危险性。我们还注意到货币政策本身将权利交给了制式主义理论解决。这个政策在今后 10 年或许获得收益。

而危机和恶果需要更为快速的反应。我们观察到许多国家的大多数民众都表现出越来越大的疲惫和愤怒情绪，如 2013 年意大利的选举中导致三党派的胜利者争相组阁就是例子。民众对超国家机构，如欧盟组织等的不满情况日益上

① 付不起债务和罚金增加了居住拥挤和住房失修问题，甚至不能把被收容者分离开。特里冯尼德斯说，12 个塞浦路斯人中的绝大多数都是失业者，他们还不起债务但他们的家庭成员想与检察总长达成协议，以便逐步还清债务。P·史蒂文森，2013 年 7 月 23 日：http：//cyprus－mail. com/2013/07/23/rise－in－debtors－adds－to－prison－overcrowding.

涨。然而单一民族的国家也有自己的局限性。这一点也是本书要论述的问题，即使说全球危机带来了历史断层，急需在超国家机构内部重建统治制度。

19 世纪末期和 20 世纪初期的一些教训值得借鉴参考。那个时候合作社发挥了至关重要的作用，将普通民众和整个地区从债务、贫穷和濒临破产的罪恶漩涡中解放出来。比如魁北克加鼎集团，德国赖夫艾森集团和斯洛文尼亚合作社的经验就源自他们在各自国家和地区①中对普遍债务状况的处理，这些债务问题一度使人民置于罪恶的贫穷漩涡中。利用合作社摆脱债务机制和掠夺，触发了这些社区、地区和国家人民追求幸福的潜力。在目前的危机情形下，考察这些情况有助于我们重新思考合作社的作用。

本书所讨论的合作社的案例证明，如果团结一致，防患于未然，建立灵活的预防机制，在危机来临时完全可能保证就业安全。为了一方面挣脱债务陷阱，另一方面重新建立健康的需求，必须为老弱病残阶层提供能养家糊口的工作和体面的工作条件福利。国家福利政策从 20 世纪 30 年代就开始实施绝不是偶然的。最终我们深信此次危机也大同小异。前面已经讨论过在德国和意大利为失业者和最弱势群体提供最低生活收入问题。然而要团结一致地建立更加安全的将来社会，还要在经济实体中而不是金融实体中关照利益相关者，促进中小企业、艺术家和自由职业者的合作和聚合力。

合作不仅靠各类机构组织，而且可以建立在地区的多种相关利益团体中。建立多样化合作社能维持小型化，植根于社区。通过合作社的网络和财务机构他们可以相互提供资源。利用附属机构和高层合作，他们能革新创造、从事专门的活动、涉猎或更新其技艺和知识。这一道路会缺失个性化的想象，而反过来却使得有个性的个人处于核心地位。这种非个性化的个人可设想为合作伙伴、合作者和合作管理监督者。的确，我们不可能期待从一个社员那里得到综合全面的解决办法，合作社需要所有社员去复制他们的不同模式。

本书第一版发行后两年，我们论及的合作社案例继续显示出他们各种机能，不但在合作中创新能力、回应社区居民未来需求愿望，还能进一步形成专业化队伍。特别有必要认真地研究这些机能，因为这类知识和信息不仅对合作社本身很有用，对中小企业、社会团体和非政府机构以及社区都有好处。第九章中我们已经粗略地谈到，论题从微观层面转向了建立中央级别的经济体，整合足够的资源、流动资金和社区的亲和力，以解决社区民众不同需求、

① 2012 年在介绍本书所举办的有关合作社问题的系列发布会上，这一点也曾被历史专家们确认。

发挥积极性，甚至提高全球可持续发展的生存能力。

重新思考增长问题尤为必要，空前紧迫。必须解决生态耗竭问题、越来越严重的不平等问题和失业率不断上升的问题。这些问题限制了经济复苏，使大量人口濒临困境。急需发展可持续的实体经济，制定稳固、公平和透明的长远规划。经济增长要按照“老百姓”和大众财富的意志重构再建，克服纯粹的私人财富的金融概念。因此，我们的论述不局限于罗戈夫和雷哈尔特所使用的临界债务水平上，它不能用来为自暴自弃的紧缩政策辩护，因为失业、减薪和高税率对普通公众来说就意味着贫穷和不稳定，使他们陷入困境，成为下一轮债务的牺牲品。而更多的公司也得不到为政府服务而支付的款项①。

努力的焦点在于建立一条新的道路，宛如时间的标杆，降低债务带来的风险和侵害，重新建立全新的工业政策保证可持续发展和创新，重视团结合作与伦理道德价值，做到内化自然价值，呼吁向社会机构组织投资，达到信任、透明和明确责任。进入这一条道路，即第三章所述的金融化和技术化还必须稳固，必须为人所理解。减少债务和重建虽有必要，但是不增加消费和投资也不可能取得成功。僵硬的意识形态和自私的态度都不利于重建的实施。最后，消费与投资的模式必须加以转变改造。债务陷阱与生态耗竭是一回事。为避免债务陷阱，我们必须首先设计和规划新的路线图。有必要集中考虑如何生成真正的价值以产出可持续发展的公众财富。要实现这一目标，至关重要的是我们如何洁身自好。

就生态环境的可持续发展性，第五章有关墨西哥纳蒂维达德合作社非常值得借鉴，也让人叹为观止，因为这个合作社企业一开始就遵循一条深度发展道路，避免对自然的过度掠夺，以科学家的姿态行事。当然，自然的回报很大，以至后来该合作社进入了工业、出口、旅游和自然保护等行业。成功也携带着责任。该合作社不得不防止其他形式的掠夺。这个案例为解决系列问题提供了非常有趣的答案：如发展与深度发展的论战，气候变化、萎缩的渔业资源以及环境等问题辩论。

正如历史上其他大的经济危机一样，新的能源和新型的交通提升复苏能力。这次危机中，能源体现出更多微观的形式，关联交错。占支配地位的能源类型无疑将对世界可持续发展与和平产生巨大的影响。反过来将导致工业

① 罗戈夫和雷哈尔特：这次不一样：荒唐金融的八个世纪，普林斯顿大学出版社，2009 年。

结构和布局的变化，改变生产单位和社会结构。合作的必要性会更大，全世界合作社二百年的经验强有力地证明了这一论点。应对 21 世纪的挑战，需要我们横向协调，利用合作社的价值和原则经验去组织结构性创新。

逍遥（Claudia SANCHEZ BAJO）
罗兰滋（Bruno ROELANTS）
2013 年 8 月 8 日